WISE
와이즈 트렌드
TRENDS

2019~2029 전세계인이 주목하는 10년 미래통찰

WISE
와이즈 트렌드
TRENDS

〈트렌즈〉지 특별취재팀 지음 | 권춘오 옮김

전 세계 2만 명의 산업별 전문가가 참여한

핫이슈 빅트렌드 분석

마인드
빌딩

와이즈 트렌드, 큰 줄기를 읽고 폭넓은 시야를 확보하라!

한 권의 책에 꽤 많은 글로벌 트렌드를 담다 보면 다소 피상적인 지식만 전달하진 않을지 우려하는 사람들이 있을 것입니다. 그러나 이 책의 역자로서 저는 '그렇지 않습니다'라는 말을 확실하게 전달하고 싶습니다.

하나의 주제에 대하여 그 깊이와 범위를 무한하게 넓힌다면 각 주제마다 수십 수백 권의 책과 보고서, 각종 분석 자료가 필요한 것은 사실입니다. 그러나 그것은 이 책을 읽고 그 주제를 정하여 독자들이 선택하고 행동하는 영역이라고 생각합니다. 이 책은 바로 그 직전까지 안내합니다. 바로 큰 줄기를 읽고 폭넓은 시야를 가질 수 있도록 말입니다.

이것은 매우 중요한 미래 통찰력을 가져다줍니다. 어떤 기술과 문화, 정책, 과학이 어디서 어떤 계기로 시작되었고, 현재는 어디까지 진행되었으며, 향후에는 어떻게 될지를 예측한다는 것은 오늘날 매우 중요한 일입니다.

0.001도만 잘못 계산해도 우주의 미아가 되는 우주선처럼, 우리의 세계가 어떤 방향, 어떤 컨셉으로 움직일지를 조금이라도 잘못 판단하면 곧바로 길을 잃게 되고, 그 잘못된 길로 가다 보면 돌이킬 수 없는 상황에 부닥치게 됩니다.

더불어 폭넓은 시야를 갖지 않으면 '통섭'이 중요한 오늘날, 변화하는 세계에 발맞춘 융합적 사고가 가져다주는 큰 기회를 놓치게 됩니다. 이제 개인들은 개인대로 앞으로 세상이 어떻게 변화할지 큰 줄기, 즉 방향을 읽는 통찰력과 이를 좀 더 폭넓게 적용하는 능력을 필요로 합니다. 기업들과 조직들은 말할 필요도 없고, 국가 또한 그러합니다. 그렇지 않다면 그때그때의 시류에 휩쓸려 정신을 차리기조차 쉽지 않은 세상이 되었습니다.

자율주행 자동차를 예로 들어 볼까요? 아마도 대부분의 사람들은 그 기술이 어떠한 수준까지 올라왔는지 확인하고 감탄합니다. 뉴스에서는 최근에 일어난 자율주행 자동차 관련 사건 사고를 보도합니다. 기술은 이미 실현 단계보다 더 높은 수준에 있고, 아주 미세한 확률의 사건 사고는 종종 뉴스를 통해 볼 수 있습니다. 하지만 이것에 만족하고 그치면 이는 바로 그때그때의 시류에서 만들어지는 지식과 정보에만 만족한다는 의미입니다.

자율주행 자동차의 진정한 큰 줄기는 바로 산업화와 상업화입니다. 산업화로 가기 위해 무엇이 필요한지, 상업화의 가장 큰 장애물이 무엇인지에 대해서는 많은 사람들이 큰 관심을 갖지 않고 있습니다. 진정한 기회는 바로 그곳에 있는데도 말입니다.

개인, 기업, 정부 간의 역할과 방향에 대해 인식해야만 그 큰 기회를 바라볼 수 있습니다. 그리고 그 정도에서 멈추면 안 됩니다. 바로 관련 분야를 알고, 융합적 사고를 해야 합니다. 자율주행 자동차와 융합할 산업 분야는 바로 '하늘을 나는 자동차'입니다. 자율주행 자동차와 하늘을 나는 자동차가 합쳐진 풍경이 바로 미래의 풍경이니까요. 인류가 보편적인 이동 수단으로, 땅, 즉 지상이라는 제한적 요소를 벗어나는 이동수단의 혁명, 그에 필요한 인프라 구축과 상업적 응용력, 그리고 정부의 정책과 지원 등이 어우러지는 시대를 모두 이해해야만 이 혁명의 과실을 누릴 수가 있습니다.

이것은 비단 자율주행 자동차뿐만이 아닙니다. 인터넷, 인공지능, 헬스케어, 에너지 등 모든 산업 영역에서 혁명적인 일들이 현재 진행 중에 있습니다. 그리고 이 혁명적인 사건들은 모두 융합된 형태로 나타납니다. 따라서 앞서 강조한대로, 큰 줄기와 폭넓은 시야를 확보하는 것이 그래서 중요합니다.

인간이 다른 동물과 다른 점 중 하나는 예측에 대한 니즈가 있다는 점입니다. 이 책은 각 주제에 대한 근, 중장기 미래에 대한 예측 정보를 포함하고 있습니다. 올바르게 이해하고, 정확하게 예측해야, 미래를 준비할 수 있습니다. 길을 잃지 않습니다.

이 책이 그러한 과정을 밟고 있는 혹은 밟고자 하는 이들에게 작은 도움이 될 수 있다고 판단합니다. 하나하나 찬찬히 읽고, 그 하나

하나가 서로 융합되는 미래에 대해 함께 고민해보시기 바랍니다.

역자의 말을 읽어 주셔서 감사드립니다.

권춘오 북집BOOKZip 대표

| 차례 |

PART 3 노동과 일자리

PART 4 정보통신과 과학

PART 5 글로벌 세계 동향

PART 1

생활문화

WISE
TRENDS

개인주의의 부상 : 개인주의의 확산에 숨어있는 의미

조사 전문가들은 점점 더 증가하고 있는 개인주의 풍조가 한 지역이 아닌 지구촌의 공통적인 현상임을 지적하고 있다. 왜 개인주의가 더 커지고 있을까? 그 반대의 개념인 전체주의에는 어떤 문제가 있는 것일까? 정치에서 경제, 문화에 이르기까지 개인주의의 확산에 숨어있는 의미는 무엇일까?

적어도 지난 3세기 동안 서구 국가에서는 개인주의가 계속적으로 성장해왔다. 그런데 이 현상은 이제 서구 국가만의 점유물이 아니다. 최신 연구에 따르면 이제 이 현상이 전 세계적인 확산으로 나타나고 있다. 〈사이콜로지컬 사이언스Psychological Science〉에 실린 새로운 연구에는 시간이 지날수록 점점 더 커지고 있는 이러한 개인주의적 관행과 가치의 배후에는 사회 경제적 발전이 강력하게 존재한다고 밝히고 있다.

나르시시즘이 높아짐에 따라 이혼율도 상승한 것과 같이, 개인주의의 성장에 대한 대부분의 연구는 미국에 그 초점을 맞추고 있지만, 새로운 연구 결과들은 이 패턴이 단지 비서구권 또는 산업화되지 않은 다른 국가에도 적용됨을 보여준다. 여전히 개인주의 대 전체주의의 측면에서 국가간 차이가 여전히 있는 것처럼 보이지만, 데이터는 대부분의 국가들이 더 큰 개인주의로 발전하고 있음을 나타내고 있다.

세계가치조사World Values Survey가 모은 데이터와 전미 인구통계 조사 데이터를 통해, 연구자들은 총 78개국에서 개인주의적 관행과 가치를 좀 더 자세하게 보여주는 51년간의 데이터를 조사했다.

일반적으로 '개인주의 문화'는 사람들을 자발적이고 자율적인 존재로 생각하는 경향이 있으며 문화적 가치로서 독립성과 독창성을 우선시하는 부분이 있다. 반면 '전체주의 문화'는 사람들을 다른 사람들과의 연결적인, 그리고 더 폭넓은 사회적 맥락 속의 존재로 생각하는 특성이 있다. 따라서 전체주의 문화에서 상호의존성, 가족관계, 사회적 순응을 강조하는 경향이 있다.

각 문화를 관통하는 개인주의적 관행을 측정하기 위해, 연구자들은 가구 규모, 이혼율, 독거 인구율에 대한 데이터를 조사했다. 더불어 개인주의적 가치를 측정하기 위해, 사람들이 친구 대 가족의 중요성, 자녀에게 독립성을 가르치는 것의 중요도, 그리고 국가적 목표치로 자기표현에 우선순위를 두는 수준에 대한 데이터를 조사했다.

연구자들은 또한 사회 경제적 발전 수준, 재난 빈도, 전염병 발병률 및 각국의 극심한 기온을 포함하는 특정한 사회학적 환경적 요소들에 대한 데이터도 검토하여, 시간이 지남에 따라 개인주의의 변화를 설명할 수 있는지를 판단했다.

전반적으로 그 결과는 명확한 패턴을 보여줬다. 즉, 개인주의적인 관행과 가치 모두 전 세계적으로 증가해오고 있었던 것이다. 특히, 각 통계 모델들은 1960년 이후 전 세계적으로 개인주의가 약 12% 증가한 것을 보여줬다.

카메룬, 말라위, 말레이시아, 말리 4개국만 51년 동안 개인주의적 관행이 크게 감소했을 뿐, 41개국 중 34개국에서는 크게 증가했다. 한편 아르메니아, 중국, 크로아티아, 우크라이나, 우루과이 5개국은 개인주의적 가치에서 큰 하락을 보였고, 53개국 중 39개국에서는 상당한 증가세를 보였다. 연구자들은 이 데이터들이 전 세계적으로 개인주의가 커지는 경향을 보여주지만, 국가간 차이는 상당하다는 점을 나타내고 있다고 밝혔다.

개인주의의 증가는 다양한 양태의 경제 개발과 연계되는데, 특히 사무직, 교육 수준, 가계 소득에 비례하고 있다. 개인주의적 가치에서 증가세를 보이지 않은 국가 대부분은 데이터 기간 동안 사회 경제적 발전이 최저 수준이었다. 이것은 사회 경제적 발전이 개인주의의 증가를 주도하고 있다는 결론을 지지해준다.

단, 중국은 이 패턴에 있어 주목할 만한 예외 국가다. 극적인 경제 성장을 경험했음에도 불구하고 중국에서의 개인주의적 가치는 줄어들었기 때문이다. 이것은 중국의 복잡한 사회 경제적 역사에 기인하는 것일 수도 있다. 중국의 매체는 전체주의에 친화적인 메시지를 전달하며, 이는 모두 중국 공산당의 프로그램에 기반하고 있다. 이로 인해 풍요와 산업화의 성장세과 함께 수반되는 개인주의적 영향력이 상쇄되는 것으로 보인다. 중국 공산당의 프로그램은 경제적 불평등 증대로 인한 사회적 갈등을 선제적으로 해소하기 위해 고안된 것이다.

오늘날 그리고 향후 개인주의에 대한 세계적 트렌트는 특히 중요한 주제가 되었는데, 그것은 새로운 연구가 사람들의 웰빙Well-being에 있어 자유와 개인의 자율권을 포함하는 개인주의의 핵심 양상이 금전보다 더 중요하다는 것을 보여주기 때문이다. 〈저널 오브 퍼스널러티 & 소셜 사이콜로지the Journal of Personality and Social Psychology〉에 게재된 전 세계 데이터에 대한 새로운 연구는 다음과 같은 질의를 던진다. "사람들에게 금전을 제공하는 것 혹은 선택권과 자율권을 제공하는 것 중에, 웰빙에 더 중요한 것은 무엇인가?"

이 연구는 약 40년 동안 63개국에서 420,599명의 사람들을 대상으로 했고, 사람들에게 더 많은 자율권을 제공하는 것이—상대적으로 부와 관계없이—부정적 심리 증상을 줄이는 데 중요하다는 점을 확실히 증명했다.

즉, 이 연구는 '개인주의의 사회적 가치'가 '웰빙에 대한 최적의 예측 변수'였다는 진실을 밝혀냈다. 또한 부富만이 유일하게 중요한 예측 변수일 때 이 효과는 사라졌는데, 결론은 '돈은 자율권이라는 측면으로 이어지지만, 돈 그 자체가 독립적으로 복지나 행복을 더하진 않는다'는 점이다.

이전 연구는 더 높은 수입, 더 큰 개인주의, 인권과 사회적 평등이 모두 더 높은 웰빙과 관련있음을 보여줬다. 그러나 행복에 대한 돈의 효과는 정체 상태임도 보여줬다. 즉, 사람들이 일단 그들에게 필요한 기본적 욕구를 충족시킬 수 있는 시점에 이르게 되면, 더 많은 돈을 가지는 자체만으로는 기껏해야 한계이득marginal gains에 이른다는 것이다. 돈은 사람들이 '존스네 따라하기Keeping up with the Joneses'를 걱정할 때나 약간의 웰빙과 관련이 있는데, '존스네 따라하기'란 '이웃 효과'를 말하는 것으로, 친구나 이웃 사람에게 뒤지지 않는 생활을 하는 것을 의미한다. 이러한 패턴은 새로운 연구에 의해 이미 확인된 사실이다.

전반적으로 '사회적 수준의 개인주의로 분류되는 더 많은 자율권과 자유'가 더 큰 웰빙과 관련이 있다. 그러나 웰빙에 이르는 길은 때로는 울퉁불퉁하다. 예를 들어, 전통적이고 전체주의적인 사회에서는, 개인주의의 증가는 불안과 더 낮은 웰빙과 관련될 수 있다. 반대로, 유럽, 북미, 호주와 같은 개인주의가 더 만연한 국가에서는, 더 큰 개인주의가 확실히 더 큰 웰빙으로 이어진다.

그러나 더 높아진 개인주의와 결부된 웰빙의 증대가 극단적인 개인주의로 고착화될 수 있는데, 너무 많은 자율권이 점진적으로 개인과 사회에 도움이 되지 않을 수도 있다. 예를 들어, 미국과 같은 극도의 개인주의적인 사회 일부에서는 가족과 사랑하는 사람들로부터의 독립이 스트레스와 반웰빙 지수를 더 높일 수 있다. 그러나 문화와 지역을 관통하는 지배적인 패턴은 개인주의가 전반적으로 웰빙 증진과 관련되어 있다는 것이다.

따라서 이러한 세계적 트렌드를 볼 때 우리는 다음과 같은 4가지 예측할 수 있다.

첫째, 글로벌 기업들은 개인주의 및 집단주의 문화의 소비자들이 제품 가격을 받아들이는 차이에서 최대한의 이익을 얻는 방향으로 가격을 책정할 것이다. 〈저널 오브 컨수머 리서치Journal of Consumer Research〉의 새로운 연구에 따르면 집단주의 소비자는 제품의 가격으로 품질을 추론할 가능성이 더 높다. 따라서 이들은 고가 브랜드를 위한 더 나은 잠재적 시장을 형성할 수 있다. 특히 브랜드들이 품질을 기준으로 경쟁할 때 더욱 그렇다. 전 세계의 소비자들이 거래 및 가격 인하에 반응하지만, 일반적으로 저렴한 가격을 기준으로 경쟁하는 것은 전체주의 시장, 특히 새로운 브랜드를 출시하거나 가격이 잘 알려지지 않은 브랜드를 런칭할 때는 비교적 효과가 적을 수 있다.

둘째, 기업들은 개인주의 혹은 전체주의 중 어느 문화에 속한 사람들에게 마케팅하는지를 기반으로 각각 다른 아이템을 제안할 것이다. 연구자들은 개인주의자들이 전체주의자보다 제품을 배치하는 부분에 있어 영향을 적게 받는다는 사실을 발견했다. 예를 들어 전체주의자들이 고지방 쿠키에 관심을 갖고 선택할 때가 있는 데 그것은 저지방 쿠키가 건강식품 섹션의 시리얼 바와 쌀 케이크에 별도 진열되었을 때가 아니라 모든 고지방/저지방 쿠키가 제품별 혹은 브랜드별로 진열된 때에 그러했다. 반대로, 개인주의자들은 어떤 진열 방식이든 전체 제품에서 지방 함량을 일정하게 인식했다. 즉, 전체주의자들은 개인주의자들보다 제품 진열 단계에서 정보를 고려하고, 개인주의자들은 제품 특징에 그 자체에 집중하는 것이다.

셋째, 공공 정책 측면에서 개인주의 관행과 가치의 부상은 새로운 정책의 합의에 있어 이제 사람들로부터 진정으로 인정받는 일이 점차 중요해질 것이라는 점을 의미한다. 〈사이콜로지컬 사이언스Psychological Science〉에 게재된 연구에 따르면, 한 국가의 특정한 문화적 가치는 환경 문제에 대한 사회적 관심이 개인으로 하여금 환경 친화적 행동에 참여하도록 이끄는 지의 여부를 결정한다. 이 연구 결과는 개인적 관심이 개인주의적 가치를 지지하는 국가에서 행동으로 옮기는 동기 부여와 더 밀접하게 관련되어 있음을 시사한다. 반면 집단주의적 사회에서의 강력한 동기 부여는 사회적 규범인 경우가 많다.

넷째, 창의성을 극대화하고자 하는 기업들은 개인주의와 집단주의 문화가 혼합되는 방식으로 인력을 구성하는 데 집중할 것이다. '창조적 계급creative class'이 부상하면서, 많은 기업들이 상상력과 혁신을 이용하고자 한다. 〈저널 오브 비즈니스 리서치Journal of Business Research〉의 연구에 따르면, 창조에 대한 역량이 사회마다 다르다고 한다. 어떤 사회는 다른 어떤 사회보다 창조 역량이 더 탁월하다. 그 이유는 창조성이 그 사회의 문화에 엮여있기 때문이다. 따라서 다양한 문화와 국적으로 이뤄진 팀의 생산성을 극대화하려면, 글로벌 기업들은 동양과 서양의 사고방식 간의 중요한 문화적 차이점을 이해해야 한다. 신제품 혁신과 같은 참신한 아이디어를 도출하는 데 사용되곤 하는 '브레인스토밍'도 문화적 기반에 따라 그 효과가 제각각일 수 있다. 개인주의 사회에서 온 사람들이 내놓는 창의적인 아이디어가 전체주의 사회에서 온 사람들의 그곳보다 더 좋을까? 그렇진 않다. 오히려 그 반대의 경우도 많다. 요점은 어떤 경우든 그 두 가지 문화와 가치가 섞이는 형태의 아이디어가 가장 창조적일 수 있다는 것이다.

배터리 전기자동차,
과연 우리의 기대에 부응하고 있을까?

주요 언론 매체들의 보도에 따르면, 배터리 기반 전기자동차의 부흥이 자동차 산업의 근간을 변화시키고, 오일 피크peak oil(석유 생산량이 기하급수적으로 확대되었다가 특정 시점을 정점으로 급격히 줄어드는 현상)의 도래를 앞당길 것이라고 한다. 그렇다면 화려한 말잔치가 아닌 과학적인 데이터가 보여주는 미래가 실제로 그러한가? 화석 연료 소비는 줄어들 것인가? 전기자동차 제조사들의 미래는 어떠할까?

〈파이낸셜 타임즈Financial Times〉지는 최근 2040년까지 승용차 대수가 18억 대로 현재 기준 약 65%의 증가치를 기록할 것으로 보도했다. 특히 전 세계 자동차의 대수는 그때도 여전히 가솔린 기반일 것으로 보고 있다. 컨설팅 회사 팩트 글로벌 에너지the Facts Global Energy의 배터리 전기자동차는 10%, 배터리를 충전하기 위해 가솔린을 태우는 하이브리드 자동차는 20%를 차지할 것으로 예측하고 있다. 이것은 석유와 가스 수요의 증가가 앞으로도 계속 이어진다는 것을 의미한다.

전기자동차 생산 주력상품인 테슬라를 둘러싼 광고를 볼 때, 이러한 예측은 많은 사람들을 놀라게 할 것이다. 실제로, 그러한 광고로 인해 석유 소비의 구조적 감소를 예측하는 분석가가 많다. 이는 배터리를 충전하는 데 사용되는 전기의 상당 부분이 풍력, 태양력 및 수력 발전으로 인해 생산될 것으로 추정하기 때문이다.

대부분의 예측은 배터리 가격의 필연적 하락이 전기자동차 판매를 폭발시킬 것이라고 단순하게 가정하고 있다. 그러나 알다시피, 현실 세상은 더 복잡하다. 진실은 정부의 지속적인 인센티브가 뒷받침되지 않으면 전기자동차로의 대이동이 일어나지 않을 것이라는 데 있다.

전 세계 자동차 구성

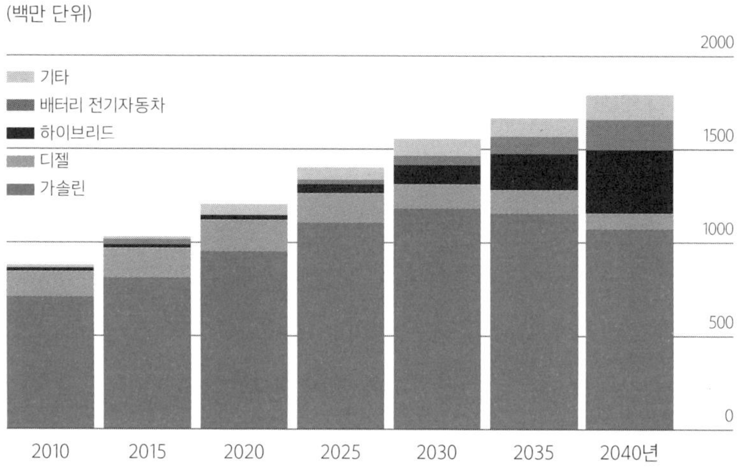

자료: FGE

예를 들어, 노르웨이는 세금의 일부를 매년 전기자동차를 무료로 운전할 수 있는 보조금으로 전환하고 있다. 이들의 성공은 이렇게 수억 달러의 보조금에 있다. 오늘날 노르웨이 사람들은 여행용 가솔린 차량 외에도 일상에서 활용하기 위해 보조금이 지급되는 전기자동차를 구입하는 일이 일반적이다. 하지만 보조금이 없다면 전기자동차 매출은 떨어질 것이다. 이것에 의문이 든다면 덴마크의 경험을 살펴보자. 2016년 1월에 보조금이 삭감되자 전기자동차 판매가 전년 대비 80% 감소했다! 더 중요한 것은 석유 수요의 운명이 OECD가 아닌 아시아에서 결정될 것이란 점이다. 아시아에서 자동차에 대한 대규모 소비가 이제 시작되고 있기 때문이다.

오늘날 전 세계 11억 대의 경차 중 단 3분의 1만 아시아에서 달리고 있지만, 팩트 글로벌 에너지사는 25년 이내에 아시아에서 5억 대 이상의 폭발적 성장을 예측하고 있다. 이 증가세는 아시아 이외 모든 세계 지역의 성장세를 다 합친 것보다 더 크다. 2040년까지, 전 세계 자동차의 거의 절반이 아시아에서 달리게 될 것이다.

전혀 예상치 못한 일이 발생하지 않는다면, 내연 엔진 자동차는 적어도 앞으로 20년 동안 계속 지배적 위치를 차지할 것이다. 국제 기후 협약으로부터의 최근 미국의 탈퇴도 이러한 트렌드에 힘을 실어준다.

다만 도로 위의 전기 및 하이브리드 전기자동차의 수도 현재 2백만 대에서 2040년 6억 대로 증가할 것이다. 무려 30,000%의 누적 상승세다. 그리고 3가지 형태의 전기자동차가 세계 자동차 시장에서 꾸준한 증가율을 보여줄 것이다.

물론 오늘날 가장 보편적인 것은 배터리와 전기 모터, 내연 엔진이 결합된 하이브리드 전기자동차다. 이 자동차는 고효율성을 포함한 많은 장점을 갖고 있다. 하지만 플러그인 하이브리드를 제외한 모든 자동차는 궁극적으로 석유 기반 연료로부터 동력을 끌어낸다.

두 번째 형태는 닛산 자동차의 리프Leaf와 테슬라의 모델 SModel S와 같은 배터리 전기자동차Battery-electric vehicles, BEVs로 이 형태 역시 오늘날 이상적으로 보편적인 모델이다. 이 자동차의 배터리를 충전하기 위해 사용하는 전기는 주로 석탄 및 천연가스와 같은 화석 연료에서 비롯된다. 하지만 배터리 전기자동차는 내연 엔진이 장착된 자동차보다 에너지를 효율적으로 사용하는 장점을 지녔다. 전력 그리드가 재생 가능 에너지와 원자력으로 더 많이 이동한다고 가정한다면, 배터리 전기자동차 모델은 환경주의자들에게 매우 매력적이다.

세 번째 형태는 잠재적으로 가장 유망한 모델로, 연료전지 전기자동차Fuel-Cell Electric Vehicles, FCEVs다. 연료전지 전기자동차는 대부분의 사람들이 궁극적으로 주요 차량으로 선택할 전기자동차를 대표한다고 할 수 있다. 미래를 준비하는 자동차 제조사들은 현재 배터리 전기자동차와 연료전지 전기자동차를 모두 생산하고 있다. 하지만 이것이 어떤 고려할 만한 논의와 경쟁력 있는 준비자세에 기반하고 있지 않다면, 상황을 더 혼란스럽게 만들고 있을 뿐이다.

그렇다면, 서로 다른 기술의 상대적인 이점과 개인 이동수단으로서의 전기자동차의 진화 방식에 대해 알아보자.

하이브리드와 배터리 전기자동차는 이미 시장에 출시되었고, 이들 자동차의 작동 원리도 이미 잘 알려져 있다. 연료전지 전기자동차는 아직까지 희소하다. 이에 우선 연료전지 전기자동차의 작동 원리부터 살펴보자.

하이브리드 자동차가 전기 발전기 가동을 위해 피스톤 작동에 필요한 연소 방식에 의존하는 반면, 연료전지 자동차는 전기를 직접 생성하기 위해 전기 화학을 사용한다. 대부분의 경우, 이것은 자동차에 저장된 압축 수소 가스와 공기 중의 산소를 결합시키는 원리다. 이러한 원리 외 다른 대안으로, 연료 전지에 필요한 수소가 액체 연료로부터 생산될 수도 있다. 이 액체 연료는 엔지니어들이 리포머reformenr로 불리는 것을 사용한다.

연료전지 내 화학 작용의 주요 생성물은 자동차에 동력을 공급하는 전기다. 부산물은 배기관을 통해 배출되는 물, 그리고 공기 중 산

수소 연료전지 전기자동차의 주요 구성

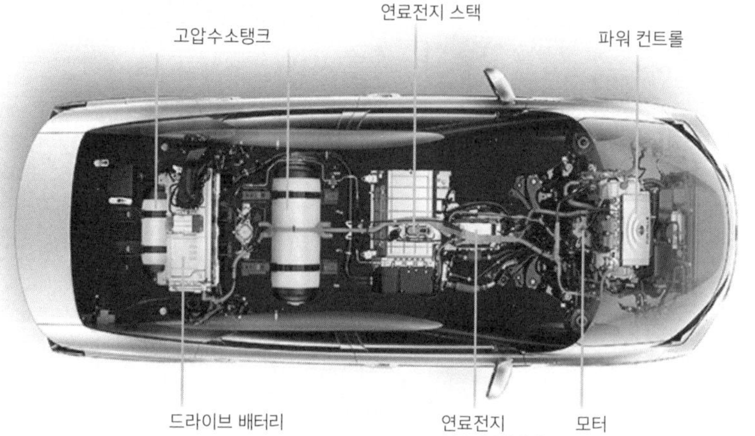

소와 함께 연료전지에 유입된 질소가 있다. 이 과정에는 연소 자체가 없기 때문에 높은 열이 발생하지 않으며, 스모그를 유발하는 질소 산화물은 생성되지 않는다. 압축 수소를 사용하면 연료 내 탄소가 없기 때문에 배기관에서 일산화탄소와 이산화탄소가 배출되지 않는다.

가장 중요한 것은 연료전지 전기자동차가 오늘날의 평균 가솔린 자동차보다 3배 이상 더 효율적이라는 점이다. 압축 수소 및 액체 연료 모두 기존 자동차와 필적하는 주행 거리 및 충전 시간을 보장한다. 이것은 오늘날의 배터리 전기자동차보다 상대적으로 더 큰 이점이다.

압축 수소 연료는 물의 전기 분해에서 천연가스의 증기 개질reforming에 이르기까지 다양하면서도 손쉬운 방식으로 생성될 수 있다. 그리고 배터리 전기자동차와 마찬가지로, 연료전지 전기자동차의 구동렬驅動列은 하이브리드나 전통적인 내연 기관보다 진동과 소음을 훨씬 더 적게 발생시킨다.

2017 토요타 미라이 FCEV

현대자동차 스포츠 유틸리티 차량SUV 투산Tucson의 연료전지 버전은 2014년 6월부터 캘리포니아에서 리스용 자동차로 제공되고 있다. 토요타의 미라이Mirai는 포도어four-door 세단으로 2015년 10월부터 판매 혹은 리스용으로 제공되고 있다. 2017년 혼다는 캘리포니아에 클래리티Clarity라는 연료전지 프로토타입의 상용 버전에 기반한 새로운 연료전지 전기자동차를 출시했다.

오늘날, 연료전지는 값이 비싸다. 그 이유는 희귀 금속인 백금이 촉매에 필요하지만 대규모의 대량 생산이 이뤄지지 않고 있기 때문이다. 그러나 〈어드밴스드 매터리얼스 인터페이스Advanced Materials Interfaces〉저널에 발표된 새로운 연구에서 자동차 연료전지에 필요한 백금을 90% 줄여주는 매우 유망한 나노 합금을 조망했다. 연구자들에 따르면, 이 나노 합금 연료전지는 현재 가솔린 자동차의 촉매 변환기에 사용되는 백금과 동일한 양을 사용할 것으로 알려졌다. 심지어 더 유망한 '백금 없는 기술'로 수산화물 교환막 연료전지Hydroxide Exchange Membrane Fuel Cells, HEMFCs가 있다. 이 기술은 〈내이처 나노테크놀로지Nature Nanotechnology〉에 최근 기술되었다. 수산화물 교환막 연

료전지는 이미 그 목표가 세워졌다. 미국 에너지국의 연료전지 전기자동차 대량 도입에 대한 가격 목표를 만족시키는 것이다. 킬로와트당 30달러, 즉 소형 자동차 연료전지의 전체 비용인 2400달러가 그것이다. 더 나아가 수산화물 교환막 연료전지는 수소 리포머에 대한 비용과 무게, 열 발생 없이 액체 메탄올과 에탄올을 사용할 수 있어야 한다.

이 이야기의 결론은 가솔린과 디젤 자동차가 앞으로 최소 20년 동안은 교통운송 시장을 지배할 것이라는 점이다. 특히 고성장을 구가하고 있는 아시아 시장에서 더욱 그렇다. 그러나 하이브리드-전기, 배터리-전기, 연료전지-전기자동차들이 모두 섞여 지금보다 300배 이상의 성장을 구가할 것이다. 따라서 앞으로 10년 동안, 이 3가지 형태의 기술들이 우위를 차지하기 위한 전쟁이 벌어질 것이다.

물론, 한 사회의 기술 발전과 그 적용의 미래는 하나의 요소로만 결정되는 것은 아니다. 정치적인 요소, 사회적인 요소, 경제적인 요소가 모두 다 영향을 미친다. 따라서 전기자동차의 미래 또한 단순히 기술적 요소로만 설명될 수 없을 것이다.

이러한 요소를 모두 고려할 때, 우리는 다음과 같은 5가지를 예측할 수 있을 것이다.

첫째, 연료전지 전기자동차는 운영비가 적게 들기 때문에, 2023년까지 하이브리드와 배터리 전기자동차의 매출에 큰 영향을 미치게 될 것이다. 2017년 6월 기준, 미국 천연가스로 제조된 메탄올 가격은 갤런당 약 1.16달러다. 열에너지 기준으로 볼 때, 이는 갤런당 2.32달러의 가솔린과 거의 같다. 그러나 실제로는 내연 엔진 대비 연료전지의 효율성이 매우 높기 때문에 가솔린을 기준으로 갤런당 0.77달러와 동일하다. 가솔린 갤런당 25마일을 가정하면, 내연 엔진이 10만마일을 주행하는 데 총 9,280달러를 필요로 한다. 반면 청정 메탄올 연료전지 전기자동차는 3,048 달러면 족하다. 테슬라 모델 S는 어떨까? 모델 S의 실제 전기 비용은 마일당 0.034달러 또는 10만마일당 3,400달러다. 테슬라와 가상의 연료전지 전기자동차 사이의 352달러의 차이는 실제 세계에서는 사소한 것일 것이다. 그러나 비교가 불가능할 정도의 짧은 충전 시간은 실질적인 것이다. 더군다나 연료전지 전기자동차의 운행 거리가 훨씬 더 길고, 테슬라의 전기자동차가 8년마다 12,000달러의 비용을 들여 배터리를 교체해야 한다는 점까지 고려해보자. 이로 인해 10만마일을 주행하는 데 드는 테슬라 모델 S의 총비용은 1만5,000달러, 연료전지 전기자동차의 비용은 3,048달러, 내연 엔진 자동차의 비용은 9,280달러가 된다.

둘째, 메탄올을 이용한 자동차 저장용 수소 생산의 확대로 배터리 전기자동차와 하이브리드 전기자동차가 지닌 충전 인프라의 장점은 사라질 것이다. 오늘날 배터리 전기자동차는 가정 및 다른 많은 장소에서 충전이 가능하다. 한편 압축 수소를 제공하는 충전소는 심각하게 부족하다. 반대로 메탄올은 가솔린이 판매되는 모든 곳에 손쉽게 배치될 수 있다. 오늘날 일반 주유소에서는 디젤을 포함하여 3가지 등급의 가솔린을 판매하고 있다. 단순하게 가솔린 하나의 등급을 메탄올로 교체하면, 별도의 설치나 구축 없이 기존 설비를 활용하여 연료전지 전기자동차를 지원할 수 있는 것이다. 더군다나 메탄올은 천연가스를 통해 손쉽고 저렴하게 생산되고 기존 탱커 트럭에 실려 운송된다. 따라서 메탄올 증가 수요를 충족시키는 데 필요한 일은 생산과 분배를 상황에 맞게 조절하는 것뿐이다.

셋째, 연료전지 전기자동차는 충전 시간 측면에서 리튬 이온 배터리 전기자동차보다 큰 장점을 계속 유지할 것이다. 단 5분 만에 연료를 채운 후, 메탄올 연료 자동차는 15갤런으로 1천마일을 손쉽게 운행할 수 있다. 그러나 완충에 6시간이 걸리는 테슬라는 250마일 밖에 운행하지 못한다. 특수 목적의 DC 충전기는 이것을 30분으로 줄일 수 있지만, 5분 대 30분은 일반적인 대부분의 사람들에게 받아들여지기 힘든 시간 차이다.

넷째, 연료전지 전기자동차와 전통적인 가솔린 차량만큼 빨리 충전하는 소위 '유동 배터리flow battery'가 연료전지 전기자동차와 공정한 경쟁을 할 수 있을 것이다. 기능이 강화된 '유동 배터리 충전소'에서 유동성 전해질을 교체하는 방식으로, 유동 배터리를 갖춘 배터리 전기자동차가 이 자동차의 도입에 가장 큰 문제가 되는 시간과 인프라의 장벽을 깰 수 있을 것이다. 그러나 이러한 유동 배터리로 인해 오늘날의 하이브리드와 배터리 전기자동차에 사용되는 리튬 이온 배터리를 쓸모 없게 만들 것이다. 즉, 테슬라의 리튬 이온 '기가 팩토리'는 큰 문제거리가 될 수도 있으며, 실제로 문제가 될 경우 새로운 제조 설비 구축에 막대한 투자를 감내해야 할 수도 있다.

다섯째, 연료전지 전기자동차는 자동차 대중 시장에서 큰 점유율을 차지하기 전에 이미 개인 비용 자동차뿐만 아니라 장거리 대형 자동차도 지배하게 될 것이다. 배터리 전기자동차는 소형 자동차에 매우 적합하고, 적당한 운행 거리의 운송 트럭이나 버스에 사용하는 것으로 부상 중이다. 다만 배터리 방식으로 훨씬 먼 거리를 운행해야 하는 대형 자동차에 동력을 공급하는 데 문제는 배터리 용량 또한 그러해야 한다는 점에 있다. 더불어 더 큰 모터, 더 강력한 서스펜션, 그리고 더 좋은 브레이크가 필요하다. 이로 인해 자동차의 중량은 더 늘어날 것이고 이것은 다시 더 큰 배터리를 필요로 하는 방향으로 계속 이어진다. 결국 운전을 직업으로 하는 사람들에게 익숙한 범위의 대형 차량을 설계할 때 지원의 범위를 넘어서는 악순환이 반복될 것이다. 이와 대조적으로, 연료전지는 소형차부터 장거리 트랙터 트레일러 장비에 이르기까지 사실상 모든 크기의 차량에 전원을 공급하는 데 사용할 수 있다. 더군다나 연료전지 방식은 가볍고 조용하고 에너지 효율적이며 깨끗하기 때문에 우버의 엘리베이트 프로젝트에서 제시하고 있는 수직이착륙 항공 자동차의 운송 요건도 충족시키고 있다.

자율주행 차량,
프로토타입에서 상업용 성공모델까지

부동산과 일자리에서 법 집행에 이르기까지 이 세상의 모든 분야와 모든 것들에 디지털화가 진행되고 있다. 하지만 그중 가장 멀리까지 앞서 나간 분야가 있다. 바로 자율주행 자동차와 트럭 산업이다. 현재 기술 수준은 어디까지 왔을까? 앞으로 해결해야 할 난관은 무엇인가? 이 산업이 향하고 있는 방향은 또 어디인가?

자율주행 자동차는 '아마도'가 아닌 '확실하게' 일어날 미래 세상의 화두다. 디지털 기술이 모든 산업 분야에 파급되고 있지만 아직까지 방향과 속도는 예측하기 힘들고, 수많은 시행착오가 발생할 것이다. 그러나 자율주행 자동차는 다르다. 기술의 발전 속도는 더 빨라지고 시행착오는 이미 상당한 수준의 경험을 쌓았으며, 적극적이고 다양한 업체들의 건전한 경쟁도 오래 전부터 시작됐기 때문이다.

우선 이 자율주행 자동차의 트렌드와 관련하여, 몇 가지 주요 사항을 살펴보자.

1. 더 적은 수의 개인용 차량들: 우버의 라이드해일링ride-hailing 방정식을 통해 산출되는 운전자 비용을 보면, 자동차 소유에 따른 일생 비용은 그다지 매력적이지 않다. 이동수단으로서의 서비스Mobility as a Service, MaaS가 시장을 지배할 것이며, 자율주행 차량 회사들이 도심과 교외를 매일 24시간 동안 돌아다닐 것이다. 이 차량들은 승객들의 콜을 항시적으로 기다리고, 최적화 알고리즘을 기반으로 승객을 선택할 것이다.

2. 짧은 차량 수명: 10개월 동안 1대의 MaaS 자동차가 폐차 직전까지 30만마일을 달릴 수 있다. 물론 충전과 세차, 유지 보수에 충분한 시간을 쓰면서도 그렇다.

3. 차량 수의 대폭 감소: 자율주행 자동차 1대가 약 30대의 전통적인 자동차를 대체할 것이다. 이로 인해 미국에 등록된 2억5천8백만 대의 자동차들이 1천만대 이하로 줄어들 것이다.

4. 대부분이 소형차: 무인 자동차의 50% 이상이 1인승 혹은 2인승 자동차일 것이다. 왜 그럴까? 오늘날 도로 위의 자동차를 보면 이해할 수 있다. 이들 중 76%는 1명만 타고 있다. 더군다나 1인승 자동차 유지비가 훨씬 더 저렴할 것이다.

5. 정부의 혼란: MaaS는 현재 판매세 수입의 40%를 잠식할 것이다. 현재 주 및 지방 판매세의 약 40%는 소비자들의 자동차 구입에서 발생하고 있다. 현행 규정에 의하면, 기업의 법인 자동차는 모두 면세 혜택을 받고 있다.

6. 영구적으로 변화할 보험: 사고로 인한 자동차 관련 의료 비용이 크게 감소 할 것이다. 이 비용은 연간 5천억 달러씩 감소할 수 있다. 그리고 운송 회사들이 이러한 비용을 스스로 충당할 것이기에 보험회사의

설계사들은 새로운 일자리를 찾아야 할 것이다.

7. 자동차와 관련된 대부분 소매 비즈니스의 고사: 자동차의 개인 소유가 줄어들기 시작하면서 주유소, 자동차 세차, 오일 교환 사업, 디테일 샵 및 자동차 보험 사무소 등 이와 연계된 대부분의 소매 비즈니스가 사라질 것이다. 자동차 판매점 또한 그렇다.

8. 차고의 대량 감소: 뉴욕시의 마구간과 같이, 개인 차고와 공공 주차장은 모두 과거의 유물이 될 것이다. 물론 시설 및 용도 변경이 새로운 큰 비즈니스가 될 것이다.

이러한 변화가 모두 이뤄지는데 약 15년~20년이 걸릴 수 있다. 그러나 변화는 필연적일 것이다. 위 목록 중 육로 화물운송업체 또는 각 지역 서비스, 배달 차량과 같은 자율주행 상업용 자동차의 엄청난 경제적 영향력은 고려 대상에 넣지 않았다. 게임의 룰을 바꿔버리는 대부분의 기술과 마찬가지로, 자율주행 자동차는 상상과 홍보가 현실화되면서 심리적 롤러코스터에 타게 되었다.

이제 극복해야 할 것은 3가지다. 기술적 성과, 규제 장벽, 그리고 소비자 수용이다.

1. 기술적 성과

10년 이상 상당한 발전이 일어난 후, 이제 기술적 장벽은 급격히 낮아지고 있다. 아주 중요한 사례 하나를 보자. 제너럴 모터스General Motors, GM는 2018년 1월 크루즈 AVCruise AV를 선보였다. 2019년 생산을 목표로 3월에는 핸들과 페달이 없는 자립형 자동차를 출시할 계획을 발표했다. 크루즈 자율주행 차량으로 알려진 이 차는 시보레 볼트 EVBolt EV와 함께 볼트 생산 공장인 미시간의 GM 오리온 타운Orion Township에서 제작될 것이다. GM은 2019년 상용차 서비스를 시작할 계획으로, 대중들은 앱을 통해 자동차에 탑승할 수 있을 것이다.

라이더lidar, 레이더, 카메라 등 자율주행에 필요한 대부분의 하드웨어를 담은 지붕 장착 모듈은 GM의 브라운스타운Brownstown 공장에서 생산된다. 미시건에 위치한 이 공장에서 GM이 현재 배터리를 생산하고 있다. GM의 댄 암만Dan Ammann 사장은 다음과 같이 말했다. "우리는 2019년 크루즈 AV를 상업화하려는 계획을 계속해서 진전시키고 있다. 오리온과 브라운스타운 팀은 고품질의 자율주행 테스트 차량 및 배터리 팩을 구축한 경험이 입증되어 크루즈 AV를 제작할 준비가 이미 잘 되어 있다."

GM은 아직 크루즈 AV가 최초 출시될 지역은 알리지 않고 있지만 프로토타입이 이미 시험되고 있는 지역일 가능성이 높다. 이곳은 샌프란시스코의 다운타운, 아리조나의 스코츠데일, 미시건의 워렌이 포함되어 있다. GM은 또한 곧 맨해튼에서 프로토타입을 테스트할 계획이다.

2. 규제 장벽

GM은 공공 도로에 크루즈 AV에 올려놓기 위해 미 연방정부의 승인을 기다리고 있다. 다만 크루즈 프로토타입은 여전히 핸들과 페달을 가지고 있기 때문에 승인에 큰 문제가 없었지만, 2019년부터 생산할 크루즈 AV는 핸들과 페달이 없기 때문에 다른 자율주행 자동차보다 훨씬 더 까다로운 승인 절차를 거쳐야 한다. 또한 자동차 제조사는 주 차원에서도 승인을 받아야 한다. 현재 크루즈 AV에 대한 승인을 받아야 하는 주에는 콜로라도, 그루지야, 미시간, 네바다, 노스캐롤라이나, 테네시, 텍사스가 포함되어 있다.

모든 것들이 계획대로 순항된다면, 크루즈 AV는 리프트Lyft와 같은 파트너 혹은 GM에 의해 운용되는 차량 공유 회사와 손을 잡을 것이다. 2018년 8월, GM은 자사 차량공유 서비스를 발표했다. 이를 위해 GM은 2016년 자율주행 자동차 개발회사 크루즈 오토메이션Cruise Anywhere이라는 벤처 회사를 10억 달러에 인수한 바 있다.

기술 분야의 거인 기업 알파벳Alphabet의 자율주행 자동차 부문 웨이모Waymo는 자체 자율주행 서비스를 시작할 계획이라고 밝혔다. 이 회사는 크라이슬러의 퍼시피카Pacifica 하이브리드 미니 밴에 그들의 자율주행 시스템을 장착하여, 미국 전역의 25개 도시에서 이 기술을 테스트하고 있다.

GM과 웨이모의 자율주행 자동차 모두 레벨4 기능을 갖추고 있다. 즉, 광범위한 지도 데이터가 있는 지역에만 국한되며 폭설과 같은 특정 기상 조건은 처리할 수 없다. GM과 웨이모의 최종 목표는 인간 운전자가 처리할 수 있는 모든 상황을 자동차가 대신할 수 있는 레벨5 차량이다.

그동안, 우버는 웨이모와 손을 잡을 준비가 된 것 같이 보인다. 우버의 CEO 다라 코스로샤히Dara Khosrowshahi는 최근 '웨이모가 우리의 네트워크에 들어오게 된 것을 환영한다'고 발표했다. 우버의 자율주행 자동차 중 1대가 보행자와 치명적 충돌을 일으킨 4월의 사건을 언급하며, 다라 코스로샤히는 가능한 가장 안전한 방법으로 그 도로에 자율주행 자동차가 다시 등장하고 있음에 절대적으로 만족해야 한다고 했다.

3. 소비자 수용

자율주행 자동차에 대한 소비자 수용 장벽은 급속히 낮아지고 있는 것으로 나타나고 있다. 한 조사에 따르면, 미국인들의 70%가 향후 15년 이내에 자율주행 자동차가 미국에서 평범한 자동차가 될 것으로 기대하고 있다. 자율주행 자동차가 가져올 혜택에 대한 질의에, 응답자의 51%는 노령 인구 혹은 장애가 있는 사람들과 같이 '운전이 불가능한 사람들'의 이동성이 증가하는 것을 꼽았다. 한편 밀레니엄 세대의 49%를 포함해 전체 응답자의 41%는 사고 감소와 안전 증가를 언급했다. 밀레니엄 세대의 33%를 포함해 전체 응답자의 23%는 보행자와 자전거에 대한 보다 나은 안전 대책을 강구해야 한다고 언급했다. 대부분의 사람들은 자율주행 자동차가 가져올 엄청난 비용 절감 효과에 대해서는 잘 인지하지 못하고 있었다.

자율주행 자동차에 대한 결론은 이렇다. '만약 혹은 가능성'의 문제가 아니라, 단지 '언제'의 문제라는 점이다. 소비자, 투자자 혹은 관리자로서 우리의 과제는 빠르게 변화하고 있는 이 게임에서 누가 승리자가 될 것인지를 확인하는 것이다.

이러한 자율주행 자동차의 향후 트렌드는 어떻게 될까? 다음과 같은 3가지를 예측한다.

첫째, 2019년부터 2020년에 이르기까지 기업들은 자율주행 자동차 서

자율주행 자동차들의 모습 예시

GM 크루즈 자율주행 자동차 내부

비스의 시작과 보급에 엄청난 돈을 투자할 것이다. 애플과 인텔은 상업화 준비를 마치면 그 대상을 지원할 수 있고 이미 엄청난 재정 자원을 보유하고 있다. 알파벳 또한 웨이모를 성공으로 이끌기 위해 거대한 자원을 활용할 준비가 되어 있다. GM의 자율주행 자동차 사업은 소프트뱅크 비전 펀드SoftBank Vision Fund로부터 막대한 신뢰를 얻고 있다. 세계 최대의 기술 투자로 간주되는 이 펀드는 19.6%의 지분에 대한 대가로 GM 크루즈에게 22억5천만 달러를 투입할 예정이다. GM 크루즈의 자율주행 자동차가 2019년 상용화 준비가 될 때 지불할 나머지 금액과 함께 9억 달러의 초기 자금에 대해 올해 가시화됐다. 이러한 대형 거래의 일환으로, GM 또한 자체적으로 11억 달러를 GM 크루즈에 투자했다. 소프트뱅크 투자 자문 마이클 로넨Michael Ronen은 "완전히 통합된 하드웨어와 소프트웨어 스택에 대한 GM 크루즈의 접근 방식은 그들만의 고유한 경쟁 우위를 제공한다. 테슬라의 생산 능력 문제를 고려할 때, GM의 제조 전문 기술 또한 엄청난 장점이다."라고 말했다.

둘째, 2021년까지 자율주행 자동차는 미국 소비자의 50% 이상이 기꺼이 사용하게 되는 티핑포인트에 도달할 것이다. 한 조사에 따르면, 미국인의 59%는 여전히 자율주행 자동차가 사람이 운전하는 것보다 안전하지 않을 것으로 믿고 있고, 55%는 현재라면 자율주행 자동차를 타지 않을 것이라고 응답했다. 그러나 사람이 자동차를 통제할 수 있다는 전제라면, 미국인의 60%가 자율주행 자동차에 탈 것이라는 조사가 있다. 즉, 이것은 핸들과 페달을 가진 레벨4 자율주행 자동차가 소비자들의 다수에게 선택될 수 있음을 의미한다.

셋째, 합법적인 승객 수송 법령과 시스템이 완비되면서, 2025년까지 상업화 비즈니스 모델이 자율주행 기술의 혜택을 누리게 될 것이다. 예를 들어, 소비자들에게 완전한 자율주행 및 자율 탑승 시스템을 제공할 수 있는 의미에 대해 생각해보자. 전문가들에 따르면, 이러한 변화는 비즈니스뿐만 아니라 도시, 대중교통 시스템, 자동차 소유주들에게 엄청난 의미가 있다. 또한 자율주행 피자 배달 차량이 얼마나 큰 이득을 가져다줄 지도 고려해보자.

도심 속, 수천 대의 대중교통 항공기가 오는 세상

교통 혼잡을 해결할 수 있는 비용 효율적인 방법은 무엇일까? 최근 이에 대한 가장 흥미로운 실험이 벌어지고 있다. 도심 항공 운송이 그것이다. 일명 날아다니는 자동차들이 도심 속에서 수천수만 대가 운용된다면? 중요한 것은 단지 날아다니는 자동차에 그치지 않고, 이를 대중교통 속에 녹이는 고도의 시스템이다. 이 시스템에 필요한 기술들, 그리고 현재 우리는 어디까지 항공 운송의 문에 다다른 것일까?

매일 전 세계 도로에서 수백만 시간이 낭비되고 있다. 평균적으로 샌프란시스코 거주자는 일터와 가정간 매년 통근하는 데만 230시간을 소비한다. 매일 하루에 50만 시간에 해당하는 생산성 손실이 발생하는 것이다. 로스앤젤레스와 시드니에 사는 사람들이 매년 통근하는 데 사용하는 시간을 더하면 7주나 되는데, 모두 교통 정체 시간에 허비되는 비생산적인 시간이다. 세계적인 수많은 거대 도시에서 이러한 문제는 더욱 심각하다. 예를 들어 뭄바이의 평균 통근 시간은 90분을 초과한다. 이것은—우리 모두에게 해당되는 것이다—가족과 함께하는, 그리고 경제를 발전시키는 업무에 쓰는 시간은 짧고, 연료를 사용하는 데 비용은 더 들며, 스트레스 지수는 현저히 높아지고 있다는 의미다. 〈미국 예방의학저널American Journal of Preventative Medicine〉에 발표된 연구에 따르면, 매일 10마일 이상 통근하는 사람은 그렇지 않은 사람보다 혈압 상승 확률이 높은 것으로 나타났다. 시애틀, 산호세, 로스앤젤레스, 달라스, 휴스턴, 시카고, 뉴욕 등 수많은 미국 도시에서 통학은 막대한 경제적 손실과 개인적인 스트레스의 원인이 된지 오래다.

2015년 한 연구 논문에서 나사NASA 과학자 마크 하몬Mark Harmon은 항공 이동 수단을 통해 교통 정체로 고통 받는 '통근 시간'을 극적으로 줄일 수 있다고 결론지었다. 마크 하몬의 전망은 우버Uber와 리프트Lyft가 개척하고 있는 '수요 모델'과 잘 맞는다.

과거에도 '비행 자동차'로 알려진 '개인용 항공 자동차Personal Air Vehicle, 이하 PAV'에 대한 아이디어는 존재했고, 상용화되는 경우 산업계에 지각 변동을 가져올 것으로 예견됐다. 이 과정에서 도전 과제는 진화하는 디지털 기술을 활용하여 경제적으로 실행 가능한 비즈니스 모델을 만드는 것이었다. 우버의 최고경영진은 하몬의 전망과 개념을 구체화하는 과정을 통해 이것이 가져올 엄청난 변화의 잠재력을 즉각 알아차렸다.

우버는 하몬을 회사에 영입하고 앞으로의 기회를 잡기 위해 우버 엘리베이트Uber Elevate라는 사업 부서를 창설했다. 이와 비슷한 시기에 릴리움Lillium이라는 독일 회사도 승용차 공유 모델을 기반으로 자체적인 개발을 시도하기 시작했다.

우버와 릴리움의 대담한 도전 과제는 '가까운 시일 내에 활용 가능한 기술과 인프라를 사용하여 안전하고 비용 효과적이며 안정적이며 조용한 항공 통근 솔루션을 제공하는 것'으로 요약할 수 있다. 그러나 이 도전 과제를 이행하려면 가혹한 현실 속에서 '닭이 먼저냐 달걀이 먼저냐'의 딜레마를 극복해야 한다. 즉, 경제적으로 실행 가능한 완전한 시스템을 만드는 데 필요로 하는 다른 구성 요건들이 갖춰지지 않는다면, 누구도 이 새로운 산업에 필요한 규정, 인프라, 차량 및 에너지 공급, 마케팅 자산 등을 구축하는 데 필요한 자본과 인력을 투자하길 꺼릴 것이기 때문이다. 이것은 성공에 필요한 복잡한 생태계의 모든 부분들이 동시에 고안되어 배치되어야 한다는 의미이다.

이러한 토대 하에, 우버 엘리베이트는 우버 및 다른 회사들이 핵심 역량을 기반으로 채울 산업적 역할 및 표준을 정의하는 사명을 가지고 '생태계 허브'의 역할을 수행하고 있다. 이들의 아이디어는 표준화 수직이착륙비행장vertiport 혹은 스카이포트Skyports에서 운용하는 다양한 비행 자동차를 가지고 최종 사용자들에게 표준화된 인터페이스를 제공하는 것이다.

이를 위해 해당 생태계는 다른 기술 맥락에서 진화하고 있으면서, 이 산업에도 적용될 수 있는 광범위한 기술들을 활용할 것이다. 센서 네트워크에서부터 고밀도 급속 충전 배터리, 초경량 복합재에 이르기까지 이 범위는 매우 다양하다.

현재 우버 엘리베이트가 직면한 핵심 도전 과제는 수많은 파트너들이 더 광범위한 산업 프레임에 균일하게 맞출 수 있는 솔루션을 창출하도록 돕는 것, 그리고 기업들이 최소한의 시행착오로 어려운 문제에 대한 현실적인 솔루션을 빠르게 제공하는 데 집중할 수 있는 표준을 개발하는 것이다.

비즈니스 파트너들은 각자 항공기, 파일럿, 스카이포트, 전력 및 전자 관리, 스카이포트 운영, 통신 인프라 관리를 맡는 것이다. 엘리베이트 크라우드 서비스Elevate Cloud Services로 불리는 시스템 디지털 플랫폼을 구축하는 것 외에도, 우버의 또 다른 기능은 파트너들이 생태계의 수많은 역할을 채우도록 하는 일이다. 이는 정부와 각 참여자들의 협업에 의해 가능하다.

우버의 세 번째 주요 역할은 도심 항공 이동Urban Air Mobility 시장에 최적화된 배터리와 배터리 관리 시스템의 개발 및 제조를 주도하는 것이다. 이를 위해 우버는 최근 테슬라Tesla의 최고 배터리 설계제조 경영자를 고용해 배터리 시스템을 개발하고 있다. 이 시스템은 전기 수직이착륙 항공기의 급속 충전·방전 환경에 최대한 비용 효율적으로 설계된 것이다. 이 시스템이 필요한 이유는 무엇일까? 전기 수직이착륙 항공기의 신뢰성, 에너지 밀도, 에너지 전달 수요가 전기자동차의 그것보다 훨씬 더 고도화된 것이기 때문이다.

2018년 5월 8일~9일간 로스앤젤레스에서 개최된 제2차 우버 엘리베이트 컨퍼런스Uber Elevate Conference는 우버 엘리베이트가 무수한 도전 과제를 어떻게 해결할 것인지를 보여줬다. 복잡하지만 충분히 가능성 있는 선형 프로그래밍 모델로서 도심 항공 승차공유 산업이 바로 그것이다. 이 모델 내에서 각각의 '구속 방정식constraint equations'은 아주 특별한 비즈니스 도전 과제를 나타낸다.

우버의 첫 번째 도전 과제는 새로운 우버 엘레베이트 시스템의 '고객 대면 특성들customer-facing characteristics'을 결정하는 것이다. 이러한 특성들은 '사용자 경험'을 결정짓는 것들로, 속도, 가격, 신뢰성, 미학적 측면 등이 포함된다. 도시를 돌아다니기 위한 기존 두 가지 모델은 헬리콥터와 자가 승용차 모델이다. 우버는 1마일당 8.93달러가 드는 오늘날 헬리콥터 서비스의 비용과 속도에 기반하여, 새로운 제안이 헬리콥터의 수요와 동일한 인구의 사용자를 유치할 것이라고 가정했다. 새로운 제안은 헬리콥터의 속도와 자가 승용차의 비용을 합쳤는데, 결과적으로 1마일당 0.49달러로 나타났다. 이는 자동차를 가지고 30분, 혹은 그 이상을 소비하는 사람들 거의 대부분에게 매우 매력적인 제안이다. 수요 곡선 상의 이 두 가지 포인트가 '수요와 그 수요를 만족시키는 데 필요로 하는 다양한 네트워크를 결정하는 것을 포함하는' 더 광범위한 분석을 위한 시작 포인트를 형성한다.

다음 도전 과제는 한 해의 매주 매 시간마다 얼마나 많은 사람들이 A지점에서 B지점으로 가고 싶은지를 파악하는 것이다. 이것은 다음과 같은 몇 가지 기본 가정으로 시작한다.

1. 사람들은 지금 가고 있는 같은 장소로 가고자 할 것이다.
2. 그들은 똑같은 도착 시간대를 원할 것이다.
3. 그들이 현재 소요되는 시간의 일부만으로 그곳에 도착할 수 있다면(절감된 시간으로) 또 다른 장소를 가고 싶을 수도 있다.
4. 새로운 세대의 도심 항공기들은 오늘날의 헬리콥터의 속도로 혹은 그 이상의 속도로 움직일 것이다.

5. 훨씬 더 빠른 도어투도어door-to-door 서비스를 제공한다면, 사람들은 새로운 솔루션을 기꺼이 받아들일 것이다.
6. 사람들은 출발 수직이착륙 비행장이나 도착 수직이착륙 비행장까지 가는데 (걷거나 우버 자동차와 같은) 기존 지상 운송수단을 이용할 것이다.

이러한 혹은 그 밖의 합리적인 가정을 감안하여, 우버는 그들 자체의 경험과 공식적인 교통 체증 데이터를 결합하여, 수직이착륙 비행장이 위치할 최적의 장소가 어디인지를 결정한다.

두 번째 도전 과제는 각 승객에 대한 전체 비용을 결정하는 것이다. 앞서 언급한 지상 운송수단, 에너지 및 수직이착륙 운영비용, 항공 수단 및 시스템 운영비용 등이 여기에 포함된다. 특정 크기의 수직이착륙 비행장은 고정 및 비고정 운영비용을 예상하는 것이 가능하다. 항공 수단, 즉 항공기 비용에는 취득 비용과 같은 고정 비용, 그리고 에너지, 유지, 파일럿 운영비용 등이 포함될 것이다. 또한 관리 및 시스템에 드는 비용도 있을 것이다.

마일당 드는 실제 비용은 가동률에 따라 달라진다. 어떤 교통 시스템이든 마일당 평균 총 수익이 마일당 평균 총비용을 초과하면 수익성 높은 비즈니스가 된다. 즉, 이는 가동률이 중요하다는 것을 의미한다.

우버가 이미 사용하고 있는 것과 같은 '다양한 가격 책정 알고리즘'이 수요와 사용 가능한 항공기, 수직이착륙 비행장의 제한된 수용 역량을 맞춰줄 것이다. 즉, 피크 상황에서의 피크 가격으로 '러시아워' 동안의 과도한 대기 시간을 방지해줄 것이다. 반면 심야 할인 가격은 이 시스템을 일주일 24시간을 바쁜 상태로 만들 것이다. 물론 오프 피크off-peak기간에는 유휴 항공기들이 기존 여객 항공기와 같은 안전성을 보장할 수 있도록 유지 정비 보수를 받을 수 있도록 해줄 것이다.

추가적인 도전 과제는 활용도 관리utilization management에 기반하여 비행장의 배치를 미세하게 조정하는 것이다. 즉, 주어진 시간 간격 내에서 목표로 하는 서비스 수준을 제공하기 위해, 각 비행장이 필요로 하는 항공기의 수를 결정하는 것이다. 분명히 지형, 기술, 규제가 섞여 제한을 받게 되는 비행장의 수와 형태는 수송 역량과 가격에 영향을 줄 것이다.

주목할 만한 점은 비행장의 제약이 우버가 목표로 하는 항공기 배치를 결정하는 데 있어 주요한 역할을 하고 있다는 것이다. 예를 들어, 우버가 내려야 했던 초기 결정 중 하나는 네트워크가 내연 기관, 하이브리드 전기 장치, 혹은 전기 전용 항공기를 지원하는지에 관한 것이었다. 그들은 6개의 비행장이 주도하는 다음과 같은 이유로 전기 전용 항공기만 지원하기로 결정했다.

1. 도시 화재 규정으로 인해 높은 고도의 수직이착륙 비행장 내에서 내연 기관 또는 연료 전지에 필요한 액체 연료를 보관하고 취급하려면 엄청난 비용이 초래된다.
2. 수직이착륙 비행장이 아닌 곳에서의 재급유는 용납할 수 없을 정도의 수준까지 활용성을 더 낮추는 결과를 초래한다. 연료 탱크가 빈 항공기가 연료 보급 장소로 왕래하는데 소요되는 시간 때문에 그렇다.

3. 내연 기관이나 연료 전지에 필요한 액체 연료로 인한 기내 화재의 위험은 전지로 인한 발화보다 훨씬 더 위험하다.
4. 기존 내연 기관으로는 목표로 소음 수준을 충족할 수 없을 것이다. 헬리콥터는 500피트 상공에서 평균 85dB이다. 우버는 70dB을 목표로 하고 있다.
5. 오늘날의 최첨단 배터리 기술을 사용하는 전기 수직이착륙 차량은 이미 높은 이용률과 경량성을 달성하는 필요로 하는 충전 목표와 중량에 성공했다. 우버는 팩pack 수준에서 kg당 300Wh를 달성하는 파트너들에게 솔루션을 제공하는 프로그램을 시작했다. 현재 기술은 kg당 200Wh 수준이다.
6. 대부분의 장소에 있는 수직이착륙 비행장은 10분의 언로딩unloading/리로딩reloading 사이클 동안 필요로 하는 전기 용량에 쉽게 접근할 수 있다. 이는 전력 인프라와 배터리 기술이 발전함에 따라 더욱 더 향상될 것이다.

또 다른 도전 과제는 새로운 항공교통관리Air Traffic Management 시스템에 대한 전례 없는 정밀도 요구 사항이다. 현재의 항공 교통 관제 시스템은 전통적인 공항에서 이착륙을 하는 기존 항공기를 위해 설계된 것이다. 공항과 별도로 오늘날 통근 헬리콥터가 운용되는 영공airspace은 본질적으로 밀도가 낮고 통제가 어렵다. 트랜스폰더transponder는 다른 항공기에게 이 항공기의 위치를 알려주고, 적은 수의 항공기들이 넓게 분산되도록 유지할 수 있다. 그러나 항공 승차 공유라는 새로운 세계에서는 수천 대의 항공기들이 달라스, 캘리포니아만 지역, 또는 로스앤젤레스 안에서 움직일 것이고, 수십 개의 수직이착륙 비행장으로 모여든다. 우버는 미연방항공청FAA, 파트너들과 협력하여 수천 대의 항공기를 안전하게 분산시키고 신뢰할 수 있는 도착 출발 시간을 유지할 수 있는 시스템을 개발할 계획이다.

우버가 그들의 기존 비즈니스에서 승차공유에 대해 이미 알고 있는 것을 기반으로 그들은 출발 수직이착륙 비행장에 도착하는 승객들, 도착 비행장에서 출발하는 승객들을 쉽게 예측할 수 있다. 최대한의 활용도를 구축하려면, 항공기가 착륙 상태에 있고 승객들이 내리고 오를 때 재충전이 이뤄져야 한다.

매우 빠른 재충전이 가능하도록, 우버는 차지 포인트Charge Point 사의 자동차 충전 전문가들과 함께 협력하고 있다. 차지 포인트 사는 특수한 충전 유닛을 개발했는데, 이 유닛은 모든 우버 엘리베이트 항공기에 의무화될 수 있는 산업 표준 어댑터에 연결된다. 이 인터페이스는 4개의 병렬 스트림을 통해 800볼트에서 2000암페어를 전달한다. 또한 차량을 통해 수집된 데이터를 다운로드하고 진단 데이터 인터페이스를 지원하며 초당 1리터의 냉각수를 공급하여 고속 충전 중에 배터리 시스템을 냉각시킨다.

수직이착륙 비행장에 신속한 이착륙을 가능하게 하는 핵심 효소는 항공교통관리시스템이다. 미연방항공청, 그 외 참여자들과 협력하여 우버는 고도 4000피트까지의 각 지역 항공편에 대한 새로운 종류의 초정밀 항공교통통제시스템을 개발하는 데 도움을 주고 있다. 이러한 시스템 하에서 모든 항공기들은 다른 모든 항공기들과 중앙통제시스템에 정확한 위치, 속도 및 고도를 지속적으로 알려줄 것이다.

항공교통관리 시스템을 최대한 활용하기 위한 우버의 장기적 목표는 인간 조종사를 없애는 것이다. 따라서 앞서 언급된 파일럿 관리 역할은 미연방항공청이 자율 운영을 인증함에 따라 결국 단계적으로 사라지게 될 것이다. 현재로서는 임시적인 단계일 뿐이다.

이를 위해 우버는 보잉Boeing의 자회사 오로라 플라이트 시스템스Aurora Flight Systems와 협업 팀을 구성했다. 자율 운영 시스템이 도입되면 '인적 오류'라는 취약한 부분이 제거되고, 페이로드(여객기의 승객 · 우편 · 수하물 · 화물 등의 중량의 합계. 유료하중有料荷重이라고도 한다) 증가로 인한 수익이 커지며, 인간 조종사의 급여비용까지 사라진다. 이 시스템은 2023년까지 충분히 가능할 것으로 예측된다. 다만 미연방항공청이 인간 조종사를 완전히 대체하도록 승인하는 데 훨씬 시간이 더 오래 걸릴 수도 있다. 이러한 생태계 시스템의 창조자인 우버는 미연방항공청, 기타 규제 기관과 협력하여 항공교통관리 시스템, 전기 수직이착륙 항공기, 수직이착륙 비행장, 배터리 및 충전 시스템에 대한 일련의 인증 프로세스를 만들고 있다. 우버는 좌석을 확보하고 조종사 비용까지 없애 총 비용을 1마일당 0.75달러에서 0.44달러까지 낮추는 것을 최종 목표로 하고 있다.

현재까지 우버는 오로라 카렘Aurora Karem, 피피스트렐Pipistrel, 엠브라에르Embraer, 벨Bell 등 총 5개의 기업을 항공기 비즈니스 파트너로 지정했다.

보잉의 자회사 오로라는 24개의 팬을 사용하는 전기 수직이착륙 프로토타입을 제작했다. 이것은 독일의 릴리움이 선호하는 디자인 형태다. 라이트닝 스트라이크Lightning Strike로 명명된 이 프로토타입은

엠브라에르Embraer는 이미 항공기를 광범위하게 제작하고 있으며, 성공적으로 이 시장에 진출해 강력한 위치에 자리를 차지했다.

오로라의 라이트닝 스트라이크

이미 미국 고등연구계획국Defense Advanced Research Projects Agency, DARPA, 미 공군US Air Force의 테스트를 완료했고, 두 기관이 현재 활용성을 평가받고 있다. 우버와 오로라의 파트너십은 사실 모든 우버 호환 항공기에 사용될 '로봇 파일럿'의 표준을 구축하는 데 집중되어 있다.

엠브라에르와 벨은 이 분야에 있어 터줏대감들이다. 이들은 다양한 범위의 항공기를 이미 제작해왔다. 벨은 헬리콥터의 등장 이후부터 수직이착륙 분야 기술 선두 주자였고, 엠브라에르는 비즈니스, 통근 제트 비행기 시장에서 매우 강력한 위치에 서 있는 기업이다.

카렘Karem과 피피스트렐Pipistrel은 우버의 가장 큰 도전 과제를 해결해주는 기술 전문성을 갖춘 선두 신생 기업이다. 특히, 피피스트렐은 전기 구동 항공기를 대량 생산하고 판매하는 유일한 회사다. 또한 이들은 수직이착륙 항공기의 프로토타입을 제작하고 이를 대량 생산하는 시스템을 구축하기 위해 노력하고 있다.

카렘의 설립자는 미 제너럴 오토믹스General Automics 사가 무인 드론 프레데터Predator를 제작하는 데 사용한 기술을 개척했고, 현재 카렘은 틸트 로터 수직이착륙 애플리케이션에 최적화된 새로운 초능률, 가변 속도 로터 기술에 대한 독점권을 보유하고 있다. 2018년 우버 엘리베이트 컨퍼런스에서, 우버와 카렘은 버터플라이Butterfly로 명명된 프로토타입 항공기를 선보였다. 버터플라이는 오늘날의 최첨단 배터리를 사용하여 60마일을 비행할 수 있으며, 배터리 수명이 다하는 상황(완충 기준 최대 용량이 80%까지 떨어질 때)에서도 부여된 임무를 수행하는 데 충분한 에너지를 갖추고 있다. 물론 버터플라이가 반드시 우버 엘리베이트의 지배적 디자인이 될 것이라는 의미는 아니다. 버터플라이는 이미 수면에 부상하고 있는 항공기의 기술적 과제에 대한 하나의 솔루션일 뿐이다.

우버 엘리베이트는 다양한 파트너들의 역량을 활용함으로써 산업 지도를 바꿀 플랫폼 비즈니스를 처음부터 새로 만드는 과정에서 발생하는 광범위한 도전 과제들을 체계적으로 해결하고 있다. 이것은

우버와 카렘은 버터플라이Butterfly로 명명된 프로토타입 항공기를 선보였다.

특정 문제에 대한 실행 가능한 솔루션일뿐 아니라 분산된 가치 창출 네트워크를 향한 더 광범위한 추세를 반영하고 있다.

이러한 새로운 산업의 등장에 대해 우리는 다음과 같이 3가지의 미래를 예측할 수 있다.

첫째, 우버 엘리베이트는 2020년에 로스앤젤레스, 달라스, 그 외 도시에서 시험을 시작할 것이다. 이 테스트는 아마도 6개 도시에서 각각 두 가지 비행장Skyport 형태로 시작될 것이며 우버에게는 플랫폼을 제공할 수 있는 기회를, 파트너사들에게는 하드웨어, 소프트웨어, 표준 운영 절차를 테스트할 수 있는 기회를 제공할 것이다. 여러 항공기 프로토타입들의 동시 배치, 비행장 구성들과 함께, 이 네트워크는 소음, 승하차 시간, 충전, 항공교통관리 정밀도에 대한 목표를 달성하는 방법을 빠르게 학습할 것이다. 물론 승객이 없는 상태에서 엄격하게 소수의 운행 테스트가 진행될 것이다. 제한된 규모와 기술 상황, 높은 기대감으로 인해 적어도 2020년 말에 이르러서야 이러한 단계가 진행될 것이다.

둘째, 우버 엘리베이트는 2023년 혹은 2024년에 제한적인 상업용 테스트를 시작할 것이다. 우버와 그 파트너들은 2023년에 상업용 테스트에 진입하는 것을 목표로 하고 있다. 다만 교통 문화 변화에 대해 긍정적 반응을 보이는 도시를 선택함으로써, 처음부터 정책 때문에 막히게 될 위험을 최소화할 것이다. 2018년 우버 엘리베이트 컨퍼런스에서, 규제 당국의 분위기는 고무적이었다. 테스트 단계에서 중대 사고가 발생하지 않는다고 가정하면, 이 시스템의 제한적인 상업용 테스트는 못해도 2024년말에 시작될 수 있다. 물론 이는 늘어나는 항공기 이용 인구를 충족하기 위한 항공기 대량생산과 정확한 항공 교통관리 시스템을 필요로 하므로 가장 위험한 단계이기도 하다.

셋째, 우버가 파트너사들의 기술에 적용하고 있는 표준은 안전을 보장하기 위해 먼 길을 걸을 것이다. 전기 추진 표준은 시스템의 복잡성, 운항 중 화재, 비행장 화재에 따른 실패를 최소화하기 위해 마련된 것이다. 초기에 인간 조종사를 활용하는 것은 시스템이 오작동하는 경우 사람이 개입할 수 있도록 한 것이다. 모든 항공기에 낙하산이 장착되고, 비상사태에 대비한 자동 회전 기능 장착에 대한 기본 조건 사항은 실패가 치명적인 결과를 가져올 수 있기에 그러한 가능성을 최소화하기 위함이다. 우버 엘리베이트가 명문화한 표준 규정은 이를 요약한 것이다.

밀레니얼 세대를 위한 트럼프의 견습 프로그램

2017년 중순, 트럼프 대통령은 견습 프로그램apprenticeship programs에 지출하고 있는 2억 달러의 예산을 2배로 늘리는 행정 명령에 서명했다. 이는 미국 경제 내 기술 격차skill gap를 좁히기 위한 중요한 한 걸음이다. 가장 최신 자료에 따르면 690만 명의 미국인이 실직 상태에 있다. 그러나 그와 동시에, 현재 채워지지 않는 일자리만 약 600만 개가 있다. 왜 이런 모순이 발생하는 것일까?

그 이유는 미국 교육 시스템이 여전히 현재 진행형인 위기 상황에서 벗어나지 않고 있기 때문이다. 이것은 어제 오늘의 문제가 아니다. 꽤 오랜 기간 동안 미국 교육 시스템은 고용주들이 원하는 바에 미치지 못하는 대학 학력자들을 양산해왔다.

그렇다면 학자금 대출 부담으로 아예 대학 입학을 포기한 사람들에게는 직업 전망이 좋은가? 그렇지 않다. 그들은 더 힘든 시기를 보내고 있다. 미국의 고등학교 교육 시스템이 최소한 공장에서조차 일자리를 얻는 데 필요한 기술을 가르치는 데 실패했기 때문이다. 오늘날의 공장은 사람들에게 자동화, 로봇과 협업하는 데 필요한 지식을 점차적으로 더 요구하고 있다. 미 제조업연구소The Manufacturing Institute는 제조업체가 필요로 하는 일자리는 앞으로 10년 내에 340만 개에 이르지만, 그중 적한한 후보자를 찾지 못한 일자리만 200만 개에 이를 것으로 예측하고 있다.

견습 프로그램은 시장성 있는 기술을 습득하고 탄탄한 소득을 얻을 수 있는 기회를 함께 제공한다. 〈포춘Fortune〉지에 실린《잡 유: 기업이 현재 필요로 하는 기술을 개발하여 부와 성공에 이르는 방법Job U: How to Find Wealth and Success by Developing the Skills Companies Actually Need》

전 세계 자동차 구성

미국에서 견습 프로그램이 점점 더 증가세에 있지만, 현재 고용주들은 여전히 충분하게 숙련된 노동자를 찾는데 어려움을 겪고 있다.

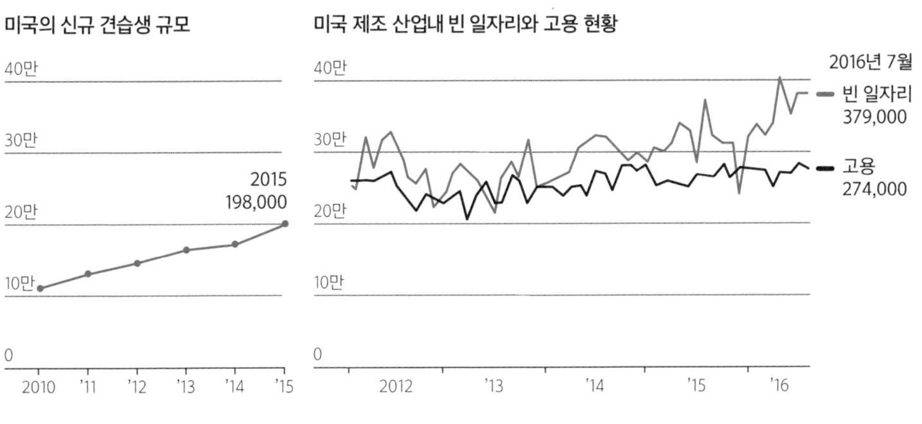

출처 : 미 노동부

의 저자 니콜라스 와이먼Nicholas Wyman에 따르면, 일반적으로 3~4년의 노력으로 견습생은 잘 훈련된 멘토의 꼼꼼한 관심과 지도하에 새로운 기술을 습득할 수 있다. 더군다나 매주 1~2일은 지역 커뮤니티 칼리지나 기술 학교에서 관련 수업을 듣도록 배정받지만 학자금 대출 부채는 발생하지 않는다. 학습과 수입 활동을 병행할 수 있다는 점은 이들에게 굉장한 혜택이다. 예를 들어, 〈폭스 비즈니스FoxBusiness〉지에 따르면 시카고에 살고 있는 만 18세 학생이 비즈니스 경영 분야의 학위를 밟으면서 전문 서비스 회사 에이온Aon에서 견습생으로 연간 38,500달러의 수익을 올리고 있다. 물론 이러한 기회는 오늘날 미국에서 흔한 것은 아니다. 미국에서 단 505,000개의 일자리만 견습생으로 채워지고 있다. 이것은 1억 4,600만 개의 일자리 1%의 3분의 1에 불과하다.

견습 프로그램을 확대하는 것이 왜 일자리를 구하는 밀레니엄 세대와 고용주를 위한 '윈-윈' 전략인지는 쉽게 파악할 수 있다. 대부분의 인턴과 달리 견습생은 특정 업무를 수행하는 방법을 학습하면서 동시에 수익을 올린다. 더군다나 그 특정 업무를 위해 취직할 준비를 미리하는 것이다.

미 노동부Labor Department에 따르면, 견습생의 87%가 교육을 마친 직후 해당 일자리를 제공받고, 평균 급여로 50,000달러를 받는다. 이는 미국의 평균 급여 44,720달러보다 높다. 미 수리정책연구소Mathematica Policy Research의 연구에 따르면, 직업 커리어 과정에서 견습생은 그들 또래보다 평생 30만 달러 이상의 수익을 더 올리는 것으로 나타났다.

캐나다 견습 포럼Canadian Apprenticeship Forum이 16개 분야 1천 명의 고용주들로부터 숙련된 견습생에 대한 투자수익률을 계산한 결과, 견습생 교육에 1달러를 쓰고 평균 1.47달러의 혜택을 받은 것으로 나타났다. 즉 순수 투자수익률이 47%에 해당한다. 고용주들은 그들이 내부에서 견습생으로 교육시킨 직원이 회사 외부에서 채용한 직원보다 생산성이 29% 더 높다고 산정했다.

영리한 고용주들은 이미 이러한 장점을 알고, 트럼프 대통령이 견습 프로그램의 확대를 천명하기 전부터 자체 프로그램을 운용해왔다. 에이온은 영국에서 이미 오래전에 시행해온 그들의 견습 프로그램을 미국에서도 시행하고 있다. 이 회사는 견습생 출신 직원들이 업무에 더 익숙하고, 외부에서 채용한 다른 직원보다 근속 연수가 더 길다는 사실을 알고 있었다.

미국의 다국적 금융 서비스 기업 웰스파고Wells Fargo는 지점 관리자, 징수 관리자, 금융 범죄 전문가와 같은 직업 훈련에 관심이 있는 군인 베테랑 50명을 대상으로 하는 견습 프로그램을 2017년 여름부터 시작했다. 견습생들에게 적용된 제대군인원호법GI bill(미국의 퇴역군인들에게 교육, 주택, 보험, 의료 및 직업훈련의 기회를 제공하는 1944년에 개시한 제반 법률과 프로그램)의 혜택은 교육비와 기타 경비를 충당하는데 도움이 됐다.

트럼프 행정부의 견습 프로그램 지원 확대, 기업들의 혜택 인식 등의 추세를 바탕으로 우리는 다음과 같은 3가지 중단기 미래를 예측할 수 있다.

첫째, 미국은 향후 5년 동안 일자리 관련 5백만 명의 견습생을 양성할 것이다. 모멘텀이 구축되면서 각종 지원 요소의 종류와 규모는 증가하고 강력해질 것이다. 이 기간 동안 젊은 미국 인구의 25% 이상이 새로운 노동 인구로 편입될 것이다. 견습 프로그램이 잘 정립된 독일에서는, 고등학교 졸업자의 약 절반이 대학에 진학하지 않고 곧바로 견습생이 된다. 스위스에서는 거의 70%의 고등학생들이 대학 진학을 하지 않고 직업 교육을 받는다. 와이먼에 따르면, 1인당 기준으로 5백만 개의 견습을 통해 미국은 독일과 스위스처럼 실업률은 낮고 제조업 분야의 경쟁력이 강한 국가가 될 수 있다. 높은 임금에도 불구하고, 이러한 국가들은 교육 시스템 내 학습과 현장에서의 실습 교육을 통합한 견습 프로그램과 교육 모델에 우선순위를 둠으로써 강력한 경제력을 확보하고 있다.

둘째, 미연방 견습 프로그램이 커뮤니티칼리지와 대학의 역할을 없애진 않을 것이다. 미 노동부 장관 알렉산더 아코스타Alexander Acosta는 "고등 교육 역시 견습 프로그램을 장려하는 책임을 맡아야 한다. 커뮤니티 칼리지와 4년제 대학은 학생들이 성공하는 데 필요한 기술을 학생과 같이 논의하여 교육시킬 의무가 있다. 견습 프로그램을 2년제 혹은 4년제 학위 프로그램과 통합함으로써 학생들에게 대학의 전통적 교육과 기술 기반 교육을 동시에 제공할 수 있다."고 밝혔다. 견습 프로그램과 온라인 학사 학위 프로그램을 통해 보다 부담 없는 학비로 현실 세계의 경제가 요구하는 기술을 집중적으로 교육시킬 수도 있다.

셋째, 고용주가 필요로 하는 기술을 젊은 세대가 준비하는 데 집중함으로써 경제는 더 발전할 것이다. 이를 통해 채워지지 않았던 수백만 개의 일자리가 숙련된 인력으로 채워지고, 그 결과 높은 생산성과 GDP의 증대가 이어진다. 수백만 명의 청년들이 학자금 대출 부채와 실업의 부담을 피할 수 있으며, 이는 소비 지출 증가로도 이어질 것이다. 와이먼이 인용한 연구에 따르면, 견습 프로그램에 소요되는 1 달러는 27달러의 경제 성장을 창출한다. 다른 어떤 투자수익률도 이보다 더 높을 수가 없다.

두뇌의 가능성을 자극하는 인간 두뇌의 재부팅 연구

과학자들이 인간 두뇌를 모델로 한 컴퓨터 개발에 진전을 이루고 있다는 점은 익히 아는 사실일 것이다. 그러나 그와 동시에 다른 방향의 연구가 그 반대의 목적을 이루기 위해 진행되고 있다는 사실을 아는가? 이 연구는 컴퓨터의 전원을 켤 때와 마찬가지로 인간의 두뇌를 재부팅하는 것을 수월하게 할 수 있다는 것이다.

두뇌는 정보를 전기 형태로 처리한다. 여러 상호심사 저널들에 발표된 아주 새로운 연구 결과에 따르면, 두뇌를 전기로 자극하면 정신분열증, 파킨슨, 알츠하이머, 뚜렛 증후군, 자폐증, 우울증 및 기타 인지 기능을 효과적으로 치료할 수 있다. 또 다른 연구는 인간의 창의성과 기억력을 향상시킬 수 있다고 한다.

우선 이러한 연구를 이해하기 전에, 연구자들이 사용하고 있는 기술들에 대한 간략한 개요를 이해해야 한다. 존스 홉킨스 메디슨Johns Hopkins Medicine의 두뇌자극프로그램the Brain Stimulation Program 웹사이트

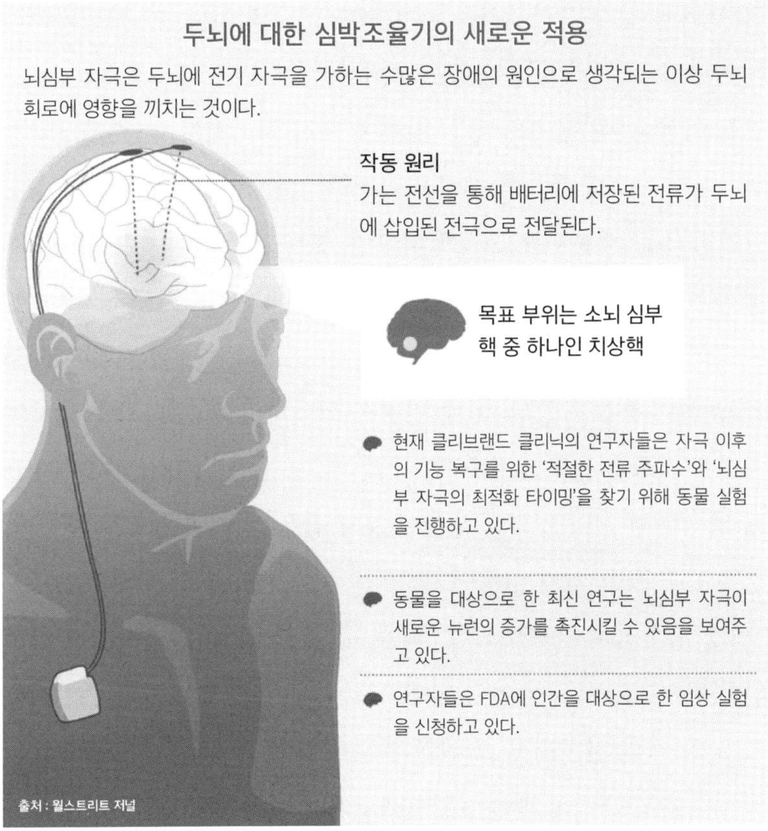

에 따르면, 새로운 자극 요법은 ECT와 관련된 인지 부작용을 일으키지 않고 직접적으로 뇌의 기능을 조정한다. ECT는 전기자극요법electroconvulsive therapy으로 약물에 반응하지 않는 우울증 치료에 오랜 시간을 통해 유효한 것으로 입증된 치료법이다. 홉킨스 메디슨은 매년 수백 명의 환자들을 치료하는 데 이 ECT를 사용하고 있다.

새로운 자극 요법은 다음과 같다.

-뇌심부자극deep brain stimulation, DBS: 질환과 관련된 두뇌의 특

정 부위에 전극을 삽입하는 것을 포함한 요법이다. 미 식품의약국 FDAFood and Drug Administration는 본태성 진전essential tremor, 파킨슨, 근긴장 이상, 만성 및 심한 강박 장애에 대한 치료제로 승인했고, 알츠하이머와 우울증 환자를 대상으로 하는 임상 실험이 진행되고 있다. 그러나 과학 저널 〈셀Cell〉지에 따르면, 전극을 이식하는 수술은 환자에게 뇌출혈과 감염 등의 위험에 노출시킨다.

-경두개 자기자극법transcranial magnetic stimulation, TMS: 이 요법은 수술을 필요로 하지 않는다. 뇌에 전극을 삽입하는 대신 의사는 환자의 머리에 전자기 유도 코일을 배치하는데, 코일은 환자의 장애와 관련된 뇌 부분에 MRI 기기로 생성된 것과 같은 짧고 고통 없는 자기 펄스를 전송한다.

-경두개 직류자극법transcranial direct current stimulation, tDCS: 이것은 TMS와 마찬가지로 통증이 없는 비외과적 수술이다. 의사는 환자의 머리 위에 두 개의 전극을 놓고 전극은 뇌의 특정 부위를 자극하기 위해 직류를 전달한다. tCDS는 두뇌 세포의 활동을 증가 혹은 감소시키는데 사용될 수 있으며, 그러한 세포들이 문제를 예방할 수 있는지 또는 그 문제의 원인인지에 따라 달라질 수 있다.

다음으로 정신 질환과 두뇌 질환에 대한 연구부터 시작하여 최신 연구를 살펴보자. 미국 신경외과학회the American Association of Neurological Surgeons에 따르면, 로라 살가도 로페즈Laura Salgado Lopez 박사가 DBS로 치료받은 정신 분열증 환자 7명을 연구했다. 4건의 경우 전극이 환자의 핵 내측에 이식됐고, 나머지 3건의 경우 치료는 대뇌피질을 대상으로 했다. 이는 두뇌의 어떤 부위가 DBS에게 최적인지를 알아보기 위해서였다. 연구는 계속 진행 중이지만, 로페즈 박사는 현재까지는 두 그룹의 모든 환자들에게 '사회적 소외 형태의 증상과 환청'이 줄어들었다고 밝혔다.

이와 유사하게 아이오와 대학 신경과학연구소the University of Iowa Neuroscience Institute의 크리스털 파커Krystal Parker 박사는 척수 바로 위, 두개골 하단에 위치한 뇌 영역 소뇌를 연구하고 있다. 생각하고 집중하고, 계획하는 능력에 손상시키는 정신분열증과 기타 질병의 증상을 자극이 완화시킬 수 있는지 여부를 확인하기 위해서다.

파커와 동료 난다쿠마르 나라야난Nandakumar Narayanan은 정신분열증과 같은 사고 계통의 문제를 가진 쥐를 대상으로 한 소뇌 자극이 전두 피질의 두뇌 활동을 정상화시키고, 시간 경과를 측정하는 쥐의 능력을 교정하는 것을 발견했다. 정신분열증을 가진 사람들에게 특징적인 인지 장애가 바로 이 능력의 상실로 인해 발생한다.

파커는 "인지 과정에 있어 전두 피질과 소뇌의 상호작용은 이 동물 모델 이전에는 전혀 나타난 바가 없었다. 연구는 신호가 소뇌에서 전두 피질로 이동한다는 점을 보여준 것과 더불어, 이 신호가 복구되었을 때 정상적인 타이밍의 행동으로 복귀한다는 점을 알려줬다."고 밝혔다.

학술지 〈분자정신의학Molecular Psychiatry〉에 발표된 이 연구는 소뇌 자극이 정신분열증 환자의 인지 문제를 개선하는 데 도움이 될 수 있음을 시사한다.

이들 연구팀은 정신분열증 환자 9명과 건강한 대조군 9명을 대상으로 12초 경과를 측정해야 하는 타이밍 작업을 수행시키면서 이들의 전두 피질의 두뇌 활동을 기록했다. 가설은 타이밍이 작업 기억working memory(정보들을 일시적으로 보유하고, 각종 인지적 과정을 계획하고 순서 지으며 실제로 수행하는 작업장으로서의 기능을 수행하는 단기적 기억), 주의력, 계획 능력과 같은 인지 기능을 들여다보는 창window이라는 것이었다. 이러한 인지 능력에서 문제가 발생한 것들이 정신분열증 환자에게 나타난다.

건강한 사람들과 비교할 때, 정신분열증 환자들은 타이밍 작업에 저조한 성과를 보였다. 그들은 또한 델타 뇌파로 불리는 두뇌 활동의 저주파 발현이 부족했다. 건강한 사람들은 실험을 시작하자마다 이 저주파가 바로 발현됐다.

정신분열증 환자의 경우, 전두 피질에서의 도파민 신호전달이 비정상적이다. 쥐의 전두 피질에 도파민 신호전달을 차단함으로써, 연구 팀은 정신분열증과 같은 타이밍 문제를 재연할 수 있었다.

다음으로 연구 팀은 2헤르쯔Hz 델타 파동 주파수로 쥐의 소뇌 영역을 자극했다. 이 자극은 쥐의 전두 피질에서 정상적인 델타파 활동을 복구시켰고, 타이밍 테스트에서의 쥐의 성적을 정상화시켰다. 연구 결과는 소뇌 자극이 정신분열증에 어떻게 치료 효과를 내는지를 설명한다. 파커는 이 연구가 정신분열증에 대한 새로운 소뇌 표적 약물 치료법에도 영감을 줄 수 있다고 덧붙였다.

한편 〈신경외과 저널Journal of neurosurgery〉에 따르면, 뉴욕대학교 랭원 메디컬 센터Langone Medical Center의 연구자들은 DBS가 심각한 뚜렛 증후군을 앓고 있는 젊은 성인들에게 나타나는 틱tics, 비자발적 움직임 및 음성 발작을 감소시킨다는 점을 발견했다.

수많은 뚜렛증후군 환자들에게 이 증상들은 너무나 심각해서 그들을 사회적으로 고립시키고, 일을 하거나 학교에 갈 수도 없게 만든다. 뉴욕대학 신경조절센터Center for Neuromodulation 센터장 알론 모길너Alon Mogilner 박사는 "우리 연구는 DBS가 기존 치료법으로는 진정될 수 없는 심각한 뚜렛증후군을 가진 젊은 성인에게 매우 안전하고 효과적인 치료법임을 보여준다. 이 치료는 10대와 젊은 성인에 이르는 환자들의 삶의 질을 향상시킬 수 있는 잠재력이 있다."고 말했다.

모길너와 그의 동료 마이클 포파Michael H. Pourfar 박사는 두 개의 전극을 뇌 회로의 하나인 내측 시상medial thalamus이라는 영역에 삽입하는데, 뚜렛증후군의 경우 이곳이 비정상적으로 작동한다. 두 번째 수술을 하는 동안, 신경자극기neurostimulator로 불리는, 심박조율기처럼 생긴 장치를 전극에 연결해 전기 임펄스를 내측 시상에 방출한다.

연구원들은 13명의 환자를 통해, 예일 틱 증상 평가척도Yale Global Tic Severity Scale를 사용하여 수술 전후의 틱의 정도를 측정했다.

그들은 수술 이후 첫 번째 내진까지의 기간에 틱의 정도가 37% 떨어진 것을 발견했다. 가장 마지막 내진에서 환자들의 점수는 평균 50%까지 떨어졌다. 무엇보다 중요한 것은 모든 환자가 수술 후 6개월 이내에 틱 증상이 '많이' 혹은 '아주 많이' 개선됐고, 또 수술을 받겠다고 대답했다는 것이다.

또 다른 연구는 DBS가 알츠하이머 환자를 돕는 것으로 나타났다. 토론토 웨스턴 병원the Toronto Western Hospital의 안드레스 로자노Andres

Lozano 박사가 이끄는 연구팀은 해마로부터 신호를 전달하는 두뇌의 신경 섬유 다발인 뇌궁fornix, 腦弓에 직접 DBS 전극을 이식한 42명의 환자를 2년 동안 연구했다.

두뇌에 대한 전기 자극의 영향을 더 잘 측정하기 위해, 연구팀은 치료 이후 환자를 무작위로 '켜기' 또는 '끄기' 자극 그룹으로 나누고 이후 12개월 동안 그들을 모니터링했다. 이후에는 모든 환자에게 전극을 켜게 한 후, 12개월을 또 모니터링했다.

〈알츠하이머 저널the Journal of Alzheimer's Disease〉에 발표된 이 임상 시험의 결과에 따르면, 뇌궁에 대한 DBS 자극은 계속적으로 안전했고, '켜기'와 '끄기'의 그룹 간 인지적 결과에 차이는 전체적으로 없는 것으로 나타났다. 또한 65세와 그 이상의 연령대 환자들은 인지 능력의 저하 속도가 더 둔화되는 것으로 나타났다.

또 다른 흥미로운 발견은 전기 자극을 받은 환자들에게 있어 연구 기간 동안 글루코스glucose(포도당)를 신진대사 시키는 두뇌 능력이 커졌다는 점이다. 이는 알츠하이머로 기능이 저하된 두뇌 네트워크가 어떤 방식들에 의해 개선됐음을 의미한다.

로자노 박사는 "알츠하이머 환자 치료법으로서 우리의 DBS에 대한 연구와 함께 우리가 올바른 방향으로 나아가고 있다는 의미다. 그래서 우리는 이번 발견에 상당히 고무되어 있다. 우리는 이제 어느 환자가 이 치료에서 가장 큰 효과를 얻는지, 그리고 전기 자극이 알츠하이머의 진행을 어떻게 늦추는 지를 더 잘 알게 됐다. 우리 연구의 다음 단계는 이 병에 가장 효과가 있는 자극의 적정선이 어느 정도인지를 알아내는 데 집중하는 것이다."라고 말했다.

한편, 과학자들은 건강한 사람들의 두뇌를 자극하면 창의력을 향상시킬 수 있다는 것을 발견하고 있다. 런던퀸메리대학Queen Mary University of London과 런던 골드스미스대학Goldsmiths University of London 연구진은 사고와 추론에 관여하는 배외측 전전두피질dorsolateral prefrontal, DLPFC로 불리는 전면 뇌의 핵심 부분을 일시적으로 억제하기 위하여 경두개 직류 자극을 사용했다.

저널 〈사이언티픽 레포츠Scientific Reports〉에 발표된 결과는 대상 참여자들의 창의적으로 생각하는 능력이 더 향상된 것으로 나타났다.

연구의 제1 저자 캐롤라인 디 베르나르디 로푸트(Caroline Di Bernardi Luft) 박사는 "우리는 경험에서 배운 규칙을 적용하여 문제를 해결한다. 그리고 DLPFC는 이러한 과정을 자동화하는 데 핵심 역할을 한다. 대부분의 경우 이것은 잘 작동되지만 새로운 형태의 사고를 필요로 하는 새로운 문제와 직면하면, 우리의 과거 경험이 오히려 창의력을 저해한다. 이러한 정신적 고정을 깨기 위해 우리는 학습된 규칙에서 벗어날 필요가 있다."고 말했다.

연구진은 DLPFC를 억제하거나 활성화하기 위해 두피 위에 위치한 전극을 통해 약한 일정한 전류를 보내기 위해 tDCS를 사용했다. 60명의 참가자들은 DLPFC 억제, DLPFC 활성화, DLPFC 무자극 중 하나를 받기 전후에 그들의 창의적 문제해결 능력을 테스트 받았다.

참가자들은 '성냥개비 문제'를 풀었는데, 그중 몇 개는 어려운 문제였다. 이 문제를 해결하려면 참가자는 산술과 대수학의 학습된 규칙을 완화해야 했다. DLPFC가 전기 자극에 의해 일시적으로 억제된 참가자들은 DLPFC가 활성화되거나 자극되지 않은 다른 참가자들보다 어려운 문제를 더 창의적으로 해결하는 것처럼 보였다. 이것은 DLPFC를 잠깐 억제하면 경험으로부터 학습된 정신적 가정을 깨고, 창의적으로 생각할 수 있음을 증명해줬다.

조지타운 대학의 심리학과 아담 그린Adam Green 교수와 조지타운 대학 메디컬 센터Georgetown University Medical Center의 피터 터켈타우브Peter Turkeltaub 박사 팀이 수행한 유사한 연구에서 창의력과 관련 있는 것으로 알려진 뇌의 전두극 피질을 자극하기 위해 tDCS를 사용했다. 이러한 실험을 받은 피실험자는 일련의 단어들 간에 더 창의적으로 유사 연결을 보여줬고, 더 창의적인 연관성을 산출해냈다.

저널 〈대뇌피질Cerebral Cortex〉에 결과를 발표한 그린 박사는 "이 연구는 창의성을 고정된 특성으로 다루는 전통적인 연구에서 출발한 것이다. 그러나 우리는 누군가가 심사숙고할 때 그에게서 빠르게 변화할 수 있는 역동적 상태로서의 창의성에 집중했다."고 말했다. 연구진은 tDCS가 의도적으로 간섭하여 창의성이라는 의식을 증대시켰고 창의적 지능의 형태인—강력한 혁신 엔진—유추 추리 능력을 향상시켰다고 말했다.

이러한 두뇌에 대한 흥미로운 연구를 통해 우리는 다음과 같이 3가지를 예측한다.

첫째, 2030년까지 이러한 새로운 기술들이 심박 조절기처럼 보편화될 것이다. 심각한 부작용이 나타나지 않는 한, 정신분열증, 자폐증과 같은 심각한 장애가 있는 환자를 치료하기 위해 병원에서 심층 뇌 자극을 사용될 것이다. tDCS는 우울증과 알츠하이머에 특히 유망하다. 전극이 삽입된 모자를 환자가 착용할 수 있을 만큼 소형화될 것이기 때문이다.

둘째, 경두개 자기 자극은 수억 명의 미국인들이 찾고 있는 체중 감량 솔루션으로 입증될 수 있다. 미 내분비학회의 99번째 연례회의 ENDO 2017에서 발표된 연구 결과에 따르면 TMS는 장내 미생물군 혹은 장내 박테리아의 구성에 변화를 줌으로써 체중을 줄이는 데 도움을 준다. 이탈리아 밀라노 대학의 리비오 루치Livio Luzi 박사와 그의 동료들은 TMS가 소화관에 서식하는 비만인 사람들의—소화관에 서식하는 유익하고 유해한 미생물의 혼합—장내 미생물군을 향상시킬 수 있는지를 연구했다. 5주 간의 실험 후, TMS가 체중의 3% 이상, 지방의 4% 이상을 소실시켰고, 유익한 박테리아의 양이 건강한 사람의 수준만큼 높아졌다.

셋째, tDCS는 건강한 두뇌로 향상시키는 접근법으로 부상할 것이다. 창의성을 향상시킬 수 있는 기술에 대한 대중 시장의 호소는 분명하다. 또한 'Foc.us V2 tDCS Device'와 같은 일부 소비 제품이 FDA 승인 없이 시장에 이미 출현했다. 연구 결과에 따르면 두뇌 자극은 사람들의 마음으로부터 새로운 아이디어로 이끌어 낸다. 다만, 단순하게 전극을 다는 단순한 문제가 아니다. 신경과학자 로이 코헨 카도시Roi Cohen Kadosh에 따르면 tDCS만으로는 거의 쓸모가 없다. 카도시 박사는 두뇌에 단순히 적용하는 것보다는 인지 훈련과 함께 할 때 그 효과를 볼 수 있다고 말한다.

또한 연구의 표본 크기가 너무 작기 때문에 연구자들은 개인적 차이가 결과에 어떤 영향을 줄 수 있는지를 확인할 수 없었다. 게다가 누구도 장기간의 두뇌 자극 실험을 수행한 바가 없다. 〈와이어드Wired〉지에 따르면, 두뇌 재핑Zapping 세션이 끝난 후 우리가 하는 일이 전기의 영향에 변화를 주거나 혹은 완전히 그 영향이 사라지게 할 수도 있다. 길을 걷거나 특정한 생각에 빠지는 것이 잠재적으로 그 효과를 반전시킬 수 있다. 이 문제에 대한 연구는 초기 단계에 있기 때문에, 잠재적 효과을 보전하기 위해 tDCS 세션 후에 어떻게 행동해야 하는지에 관해서는 딱히 답이 없다. 한 영역에서 정신 기능을 향상시키면 실제로 정신 기능의 다른 측면에 부정적인 영향이 올 가능성도 있다. tDCS의 신경 효과가 오래 지속될 수 있기 때문에 한 가지 상황에서 유리할 수 있는 것이 나중에 다른 상황에서는 장애가 될 수도 있다. 분명히 아직까지는 더 많은 연구가 필요하다. 그러나 각 연구를 통해 과학자들은 전기를 통해 두뇌의 기능을 향상시키는 방법에 관해 더 많은 통찰력을 쌓아가고 있다.

PART 2

산업과 경제

WISE TRENDS

인간의 신경구조로 발전하는 인공지능의 미래

엄밀히 말하자면, 오늘날의 컴퓨터는 인간의 두뇌와 비교할 수 없을 만큼 열등하다. 실리콘 칩으로 구동되는 컴퓨터와 달리, 1,000억 개의 신경세포와 1,000조 개의 시냅스로 구성된 인간의 두뇌는 에너지를 거의 사용하지 않으면서 학습하고, 이미지를 이해하고 음성을 인식할 수 있다. 그렇다면 열등한 컴퓨터는 앞으로도 계속 그럴 것인가?

아마도 새로운 방식으로 이러한 격차를 좁히거나 심지어 역전을 시킬 수도 있을 것 같다. 뉴로모픽neuromorphic(신경모방) 컴퓨팅으로 불리는 새로운 접근 방식이 인간 두뇌의 강점을 활용하려고 하기 때문이다. 이 칩이 뉴런과 같이 작동하는 아키텍처architecture(컴퓨터 시스템의 구성)를 구성하는 것이다. 그 결과, 무수히 많은 애플리케이션에 혁명이 일어날 것이다.

인텔, IBM, 퀄컴과 같은 기업들은 최초의 뉴로모픽 컴퓨터를 개발하기 위해 치열한 각축전을 벌이고 있다.

1965년 인텔 공동 설립자 고든 무어Gordon Moore에 의해 공식화된 무어의 법칙에 따르면, 표준 CMOS 아키텍처를 사용하는 도구는 지난 50년 동안 대략 18~24개월마다 더 가볍고, 더 빠르고, 더 저렴하고, 더 강력해졌다.

이러한 실리콘 칩은 오늘날 14나노미터로 조밀해졌고, 인텔은 최초의 10나노미터 칩으로 공정을 전환하려고 계속 시도 중이다. 또한 인텔은 애리조나에 있는 공장 중 하나를 7나노미터 칩으로 개조하기 위해 70억 달러를 투자하고 있다.

그러나 실리콘 칩의 소형화에는 한계가 있다. 〈와이어드〉지에 따르면, 여러 국가들의 칩 산업계의 지원을 받고 있는 국제반도체기술로드맵the International Technology Roadmap for Semiconductors은 '2021년까지 트랜지스터가 더 이상 축소될 수 없는 지점에 도달할 수 있다'고 최근 결론지었다. 아직까지는 기술적으로 더 작은 칩을 만들 수 있지만, 비용이 너무 많이 들어 용인될 수 없는 '경제적 최저 수준' 상황에 언젠가 도달할 것이라는 지적이다.

하지만 뉴로모픽 컴퓨팅은 무어의 법칙이 종료된 이후에도 동일한 가격·성능 궤적을 유지할 수 있는 방법이다. 그러나 이게 다가 아니다. 뉴로모픽은 그보다 훨씬 더 큰 의미가 있다. 두뇌를 기반으로 하는 이 새로운 아키텍처는 실리콘 칩으로는 불가능했던 것들을 가능하게 만들어준다. 전통적인 칩이란 숫자로 표현될 수 있다면 어떤 문제든 정확하게 계산해낼 수 있다. 그러나 뉴로모픽 시스템은 시각 혹은 청각 데이터에서 패턴을 식별하고, 거기에서 학습한 것들을 기반하여 예측 조정까지 가능하다.

인텔 과학자 찰스 어거스틴Charles Augustine은 그의 연구 보고서에서 뉴로모픽 칩은 인지 컴퓨팅, 적응형 인공지능, 감지 데이터, 연상기억장치Associate Memory와 같은 인공지능 작업을 처리할 수 있을 것으로 예측했다. 또한 뉴로모픽 칩은 현재 최고의 CMOS 칩이 사용하는 것보다 15~300배 적게 에너지를 사용한다.

이러한 저전력 사용은 매우 의미심장한데, 시리Siri와 알렉사Alexa와 같은 오늘날의 인공지능 서비스가 음성 질문이나 명령에 응답하는 것과 같은 작업을 수행하기 위해 클라우드 기반 컴퓨팅에 의존하고 있다는 점을 생각해보자. 만약 이러한 기능을 단독으로 갖춘 스마트폰이 출시된다면 혁명적인 사건이 될 것이다. 그러나 오늘날 스마트폰에 사용되는 칩은 인공 지능에 필요한 알고리즘을 단독으로 사용할 수 있는 컴퓨팅 성능을 갖추고 있지 않다. 만약 현재의 시리와 알렉사 같은 인공지능 기능을 단독으로 갖춘 스마트폰을 실행한다면 현재의 칩은 금세 스마트폰의 배터리를 방전시켜 버릴 것이다.

한편 무어의 법칙의 한계는 이미지, 물체, 소리를 즉각적으로 인식하여 안면 인식, 로봇 내비게이션, 자율 운행 차량과 같은 응용프로그램에 그 지식과 정보를 활용할 수 있는 도구를 창조하려는 노력을 수포로 돌리고 있다.

트루노스TrueNorth로 불리는 IBM의 뉴로모픽 칩은 이미지와 음성 인식과 같은 인공지능 작업에 매우 능숙한 것으로 이미 입증되었다. IBM 연구소IBM Research가 운영하는 블로그에서 트루노스가 단지 25~275밀리와트의 전력만으로 1초당 1,200에서 2,600프레임의 속도로 이미지를 분류하고 있다고 밝혔다. 이것은 1와트 소비전력에 1

초당 6,000프레임의 속도로, 오늘날 시장에 출시된 최고 성능의 그래픽 카드인 엔비디아의 테슬라4Tesla4가 기록한 1와트 소비전력에 1초당 160프레임의 성능과 비교할 수 없을 정도다.

뉴로모픽 칩은 기존 CPU 칩보다 적은 에너지를 사용하고 더 뛰어난 성능을 제공하는데, 설계 자체가 다르기 때문에 가능하다. 수십억 개의 트랜지스터 라인에서 어떤 정보가 한 트랜지스터에서 다음 트랜지스터로 전달되는 기존 CPU와 달리, 뉴로모픽은 일반적으로 정보를 한 방향에서 '시냅스synapses'로 불리는 2억5천6백만 개의 연결을 통해 다른 뉴런으로 이동시킬 수 있는 약 1백만 개의 뉴런으로 구성된다.

〈와이어드〉지의 또 다른 관련 보도에 따르면, 기존 CPU는 박자가 맞는clocked 시간을 기반으로 명령을 처리한다. 즉, 정보가 메트로놈metronome에 의해 관리되는 것처럼 규칙적인 간격으로 전송된다. 뉴로모픽 칩은 디지털 방식의 뉴런을 통해 병렬 방식으로 소통한다. 필요할 때 언제든 전송할 수 있는 전류 버스트burst, 즉 스파이크spikes를 사용하는데 이것은 인간의 두뇌 활동과 동일하다. 칩의 뉴런이 유입 전류 흐름을 프로세싱함으로써 서로 소통하는 것이다. 들어오는 스파이크로부터 각각의 뉴런들이 그 유입 전류를 다음 뉴런으로 보낼 것인지를 결정할 수 있다.

미 국방고등연구계획국DARPA, Defense Advanced Research Projects Agency과 에너지 부Department of Energy, DOE는 IBM, 휴렛팩커드, AMD, 인텔과 같은 기업에 수억 달러를 지원하는 등 뉴로모픽 컴퓨팅 연구에 적극적으로 앞장서고 있다.

오늘날 슈퍼컴퓨터들은 초당 1,000조 번을 연산하는 페타스케일petascale 수준에서 엑사스케일exascale 수준으로 곧 진화할 것이다. 엑사스케일은 페타스케일보다 1,000배 빠른 속도로 초당 100경 번을 연산한다. 이러한 엑사스케일 슈퍼컴퓨터는 인간의 두뇌와 동등하며 미국에서 가장 강력한 슈퍼컴퓨터—국립 오크 릿지 연구소Oak Ridge National Laboratory의 타이탄Titan—보다 최소 50배 더 빠르다.

미 에너지부는 최초의 엑사스케일 시스템의 등장을 2021년으로 설정했다. 이들은 자금 지원을 하고 있는 엑사스케일 컴퓨터 중 하나가 새로운 아키텍처를 사용해야 한다는 점을 요구했다. 뉴로모픽 컴퓨팅은 그 새로운 기술을 제공하는 강력한 후보다.

인공지능의 발전과 뉴로모픽 연구의 현재를 통해, 우리는 향후 다음과 같이 예측한다.

첫째, 뉴로모픽 칩이 2025년에 이르러 스마트폰에 장착될 것이다. 글로벌 시장조사기관 리서치앤마켓Research And Markets에 따르면, 뉴로모픽 칩 비즈니스는 앞으로 5년까지 17억8천만 달러로 확대될 것이다. 이 칩은 손안의 도구에 진정한 인공지능 능력을 가져다주고, 사용자들은 크라우드에 접속할 필요 없이 실시간 정보를 얻을 수 있을 것이다. 어플라이드 브레인 리서치Applied Brain Research 공동 CEO 피터 수마Peter Suma는 명령에만 반응하는 시리와 달리 우리의 삶에 지속적으로 관여하는 인공지능 서비스를 구상하고 있다.

당신의 모든 대화와 상호 작용을 듣고 보는 시리를 상상해보자. 우리는 이런 질문도 던질 수 있다. '도쿄에서 신제품 런칭에 대해 대화를 나눴던 사람이 누구였지?' 혹은 '멜리사가 제안한 내 아내 생일 선물 아이디어가 뭐였지?' 이러한 모든 정보는 크라우드가 아닌 로컬(개인의 스마트폰)에 저장되기 때문에 개인 정보 보호 정책 데이터는 아무 문제도 되지 않을 것이다.

퀄컴 연구소의 비즈니스 개발 책임자 사미르 쿠마르Samir Kumar는 뉴로모픽 칩을 사용하여 스마트폰이 우리가 하는 일, 우리가 간 곳을 계속 모니터링해서 우리가 도움을 청하기 전에 도움을 제공받는 단계까지 갈 것으로 믿고 있다. "자신과 자신의 도구가 같은 방식으로 환경을 인지할 수 있다면, 그 도구는 그 사람의 의도를 더 잘 이해하고 그의 니즈를 더 잘 예측할 수 있을 것이다."

둘째, 뉴로모픽 프로세서가 사물인터넷의 성장을 주도할 것이다. 맥킨지글로벌연구소McKinsey Global Institute에 따르면, 사물인터넷은 2025년까지 연간 최대 11.1조 달러의 경제적 효과를 창출할 것이다. 뉴로모픽 칩은 100억 개의 웨어러블wearable, 센서, 장치들이 인터넷 연결 없이 지능적으로 가동될 수 있게 해줄 것이다. 이것은 헬스케어를 포함해 수없이 많은 방식으로 우리 삶에 일대 변화를 일으킬 것이다. 〈MIT 테크놀로지 리뷰the MIT Technology Review〉는 이렇게 말한다. "의료용 센서와 장치가 개인의 생체 신호를 추적하고 시간에 따른 처치에 반응하여 투약 용량을 조정하거나 혹은 조기에 문제를 발견할 수 있다."

셋째, 뉴로모픽 칩은 운송, 우주 탐사, 국방, 제조에 지대한 역할을 하게 될 것이다. 뉴로모픽 칩은 자율주행 차량들이 내비게이션을 다루고, 다른 사물, 자동차, 표지 및 신호, 사이렌에 적절하게 반응하고 상호작용하도록 해줄 것이다. 또한 이 칩은 성간 우주선이 독립적으로, 매우 낮은 전력 소비로 작동할 수 있게 해줄 것이다. 또한 이 칩은 감시용 인공위성에도 배치될 것이다. IBM은 최근 에너지부 산하 로렌스 리버모어 연구소Lawrence Livermore National Laboratory에 16개의 칩으로 구성된 트루노스가 배열된 컴퓨터 NS16e를 제공했다. NS16e는 드론을 통해 하늘에서 자동차를 식별하는 애플리케이션에 사용될 것이다. IBM연구소는 또한 적층 가공에서 결함을 탐지하는 데 NS16e를 사용하는 방법을 연구하고 있다. 산업 디자인에 있어 물리적 결함과 같은 복잡한 동적 시뮬레이션을 감독하여 실패를 없애기 위해서다.

넷째, 뉴로모픽 기술의 발전은 엔지니어들로 하여금 인공지능을 활용하는 로봇과 인공 팔다리를 설계할 수 있도록 해줄 것이다. 로봇은 에너지를 적게 소비하면서 음성 명령에 반응하고 주변을 인식하며 독립적으로 탐색할 수 있다. 넥스트플랫폼닷컴nextplatform.com에 따르면 스탠퍼드 실리콘 두뇌 연구소Stanford's Brains in Silicon lab는 '브레인 스톰Brainstorm'으로 불리는 1백만 개의 뉴런을 가진 뉴로모픽 장치를 개발했다. 생물공학과 콰베나 보아헨Kwabena Boahen 교수는 브레인스톰이 두뇌-기계 인터페이스를 향상시키는 데 사용될 수 있다고 예견한다. 어떤 알고리즘이 마비된 사람의 두뇌에서 그의 원하는 행동을 나타내는 신경 스파이크를 인식해 로봇 팔이 그 명령을 직접적으로 수행하도록 하는 것이다. IBM의 연구원 다멘드라 모드하Dharmendra Modha는 뉴로모픽 칩을 통해 시각 장애인이 센서의 도움으로 사물을 식별할 수 있도록 돕는 안경을 개발하는데 사용될 것이라고 믿는다. 센서가 사물을 인식하고 착용자에게 그 사물을 음성으로 묘사해주는 것이다.

자율주행 자동차가 변화시킬 15가지 미래

2018년을 기준으로 자율주행 자동차가 조심스럽게 세상에 모습을 드러내고 있다. 아직은 주행 전 과정을 모니터링하는 프로토타입이지만 실제 제품을 생산할 수 있는 수준까지 그 속도가 점차 빨라지고 있다. 애널리스트들의 분석에 따르면, 2025년까지 적어도 12개의 회사가 레벨4~5 자율주행 자동차를 보유하게 될 것이다.

미 자동차공학회Society of Automotive Engineers, SAE가 정의하는 레벨5 자율주행 자동차는 거의 모든 도로와 장소, 기상 조건에 상관없이 운전자 없이 주행하는 자동차다. 그보다 한 단계 낮은 레벨4 자동차는 완전히 지도화된 정상 도로 상태에서 자율적으로 작동하는 차량을 말한다.

중요한 문제는 운전자 없는 자동차가 우버와 리프트와 같은 기업을 통해 상용 서비스를 본격적으로 시작하려한다는 데 있다. 그러나 2018년 우버의 자율주행 차가 일으킨 교통사고로 인한 사망자 발생은 좀 더 면밀히 보완해야 할 점들이 많다는 점을 보여주고 있다. 싱가포르와 샌프란시스코와 같은 지역에서는 제한된 응용프로그램으로 자율주행차 시험이 실험되고 있다. 하지만 각종 프로그램들이 2025까지 전 세계적으로 빠르게 확산될 태세다.

시장 전문가들은 레벨4 기술이 최상에는 차량 가격에 1만 달러를 추가할 것으로 추정하고 있다. 물론 규모의 경제, 학습 곡선 효과, 무어의 법칙, 경쟁 압력으로 인해 어느 순간 그러한 프리미엄 가격은 신속하게 하락할 것으로 보인다.

결과적으로 시장은 향후 10년 동안 약 1천만 대의 자율주행 자동차를 도로에 나오게 할 것이며, 2037년이 되면 OECD 국가들의 고속도로 전역에서 자율주행 자동차들이 달리게 될 것이다.

이러한 정책의 변화와 프로그램, 기술의 발전을 고려하여 자율주행 자동차가 변화시킬 15가지 미래를 예측할 수 있다.

첫째, 자율주행 자동차의 특징은 불가피하게 '서비스로서의 이동성 mobility as a service, MAAS' 비즈니스 모델을 선호하게 될 것이다. 우버와 리프트의 인기는 소비자들의 선호도가 어디에 있는지를 보여준다. 이들은 차를 구매할 때 드는 선불 비용, 지속적인 유지 및 보수 비용, 소유에 따른 주차의 번거로움 없이 간단하게 콜을 통해 이용할 수 있는 운송수단을 좋아한다. 이론적으로는 인구의 상당수가 여전히 여러 가지 이유로 전통적인 자가운전할 수 있는 자동차를 소유하길 원할 것이다. 그러나 일단 우버의 라이드헤일링Uber ride-hailing(전화나 스마트폰을 이용해서 차량을 이용하는 새로운 교통수단) 서비스를 통해 운전자 비용이 산출되면, 자동차 소유에 따른 평생 비용은 거의 모든 경우 MAAS와 경쟁하는 것이 불가능해질 것이다. 이 모델을 기반으로, 자율주행 자동차 편대가 24시간 도시를 돌아다니며 승객의 콜을 대기하고, 다양한 최적화 알고리즘에 기반하여 승객을 선택할 것이다. 결과적으로 자동차 가동률은 극단적으로 높아지고 전체 차량의 수는 현저하게 줄어들 것이다.

둘째, 극단적으로 높아진 가동률로 인해, 자율주행 자동차의 수명은 매우 짧아질 것이다. 미래학자 토마스 프레이Thomas Frey는 자율주행 자동차의 평균 수명이 오늘날 자동차들의 평균 수명 11.5년보다 훨씬 더 적은 1년 미만이 될 것이라고 예측하고 있다. 자동차의 속도가 빨라지고, 개방형 고속도로에서 평균 속도가 60~70마일인 점을 고려하면, 하루 10시간 운행으로 차량 1대가 하루에 평균 1천마일을 달리게 된다. 10개월을 운용하면, 약 30만마일을 달리는 것이다. 오늘날의 자동차는 하루 중 4%의 시간만 사용되는데 하루 1시간 미만이다. 그러나 전기 자율주행 차량은 하루 평균 20시간 정도를 도로에서 보내게 된다. 오늘날 자동차의 21배에 해당한다. 차량 수명이 짧아질 수밖에 없다.

셋째, MAAS 모델에 따르면, 1대의 자율주행 자동차가 약 30대의 기존 자동차를 대체한다. 프라이는 2028년~2030년에 자율주행 자동차 혁명의 최고 혼란기가 될 것으로 예측한다. 미국에는 약 2억8천8백만 대의 자동차가 등록되어 있으며, 이를 모두 자율주행 자동차로 대체하려면 상당한 시간이 소요될 것이다. 프라이는 인구 2백만 명 대비 3만 대의 자율주행 자동차가 러시아워 통근 수요의 50%를 대체할 것이라고 본다. 혼잡하지 않은 시간대에는 이 3만 대의 자율주행 자동차들이 다른 모든 교통 수단을 대체할 수 있다. 따라서 미국내 전체 통근 자동차—약 1억2천9백만 대—의 50%를 4백만 미만의 자율주행 자동차가 대체하게 될 것이다. 미국에서 매년 1,700만~1,800만 대의 신형 자동차가 판매된다는 점을 감안할 때, 1백만 대의 자율주행 자동차들로 인해 기존 자동차 판매에 심각한 어려움을 안길 것이다.

넷째, 차량군fleet(운전자를 포함한 수송, 교통 등 모든 차량들의 단위체) 오너들이 신차 설계에 가장 큰 영향을 미치게 될 것이다. 차량군 대형급 오너들이 자율주행 자동차 시장을 지배할 것이다. 그들의 초점은 차량 가격, 수리 기록, 유지 보수, 세차 비용, 운용 효율성일 것이다. 경쟁이 치열한 소비자 시장에서, 그들 또한 안락함, 편의성, 전반적인 사용자 경험에 더 큰 주의를 기울여야 할 것이다. 인공지능이 주도하는 차량군 관리 시스템은 이용자 수요를 충족시키기 위해 적재적소에 차량이 배치되도록 해야 한다. 이러한 유형의 차량 관리 소프트웨어를 효율적으로 작동시키는 데 필요한 운영 경험을 쌓는 데 수년의 시간이 소요될 것이다.

다섯째, 자율주행 자동차의 50% 이상이 1인용 차량일 것이다. 도로 위 자동차의 76%가 1명의 승객을 태우고 있다. 1인용 차량이 더 저렴하기 때문에 대부분의 자율주행 자동차군은 1인 승객용으로 설계될 것이다.

여섯째, MAAS가 오늘날 판매세의 40%를 위협할 것이다. 미국 내 각 주와 지방의 판매세 중 약 40%는 소비자들의 자동차 구입으로부터 나온다. 이러한 현행 규정에 따라, 상업용 차량군에 속하는 모든 자동차는 판매세로부터 면제 대상이다. 각 시와 주 정부는 손실된 세수를 대체할 새로운 세금을 고민하기 시작할 것이다.

일곱째, 자동차와 관련된 모든 소매 비즈니스는 사라질 것이다. 오늘날 소매 비즈니스의 10% 이상이 자동차와 연관되어 있다. 자동차의 개인 소유가 점차 줄어들기 시작하면서, 가스 충전소, 세차장, 오일 교환소, 타이어 및 브레이크를 포함한 자동차 용품 소매점, 견인차, 자동차 유리 수리, 오염물질 배출 테스트, 얼라인먼트 전문점, 렌터카 대리점, 자동차보험과 같은 소매 비즈니스는 급격한 내림세를 면치 못할 것이다. 자동차 딜러 또한 급격히 사라질 것이다.

여덟째, 자율주행과 MAAS의 세상에서, 경찰 부서 또한 축소될 것이다. 대부분의 미국 도시에서 경찰 부서의 80%가 교통 통제에 배치된다. 음주운전driving under the influence, DUI 벌금, 속도위반 딱지, 주정차 위반이 사라지면서 대부분의 경찰 부서는 최소한의 인력만으로 유지될 것이다. 뉴욕시는 연간 20억 달러의 범칙금을 잃게 될 수 있다. 프레이에 따르면 빅애플(뉴욕시)은 2015년에만 교통 범칙금으로 19억 달러의 수익을 올렸다. 이 규모는 매년 꾸준히 증가하고 있다. 그러나 자율주행과 MAAS의 영향으로 이러한 부가 수입은 점차 사라질 것이다.

아홉째, MAAS에 대한 의존도가 높아짐에 따라, 공항 또한 그들 매출의 3분의 1 혹은 절반을 잃게 될 것이다. 북미국제공항위원회Airports Council International-North America에 따르면, 미국 내 공항 수익의 41%는 주차 및 지상 교통 서비스로부터 나온다. 사실상 이 모든 것들이 앞으로 사라질 것이다.

열째, 자동차 관련 의료 비용이 연간 5천억 달러씩 줄어들 수 있다. 미국가안보회의National Safety Council, NSC는 2015년에 도로에서 38,300명이 사망하고 440만 명이 부상당한 것으로 추정하고 있다. 자율주행 자동차는 이 수치를 거의 제로로 만들 잠재력을 가지고 있다. 항공 산업에서 사고·부상 비율이 얼마나 낮은지를 고려하면, 모든 차량이 자율주행 자동차일 경우 우리는 거의 사고·부상 제로를 기대할 만하다.

교통사고로 다친 사람들을 치료하는 데 드는 평균 비용은 약 1만 달러로, 여기에 440만 명을 곱하면, 병원과 의료 산업에 대한 지급액은 연간 4,400억 달러가 된다. 2015년에 미국 질병관리센터Centers for Disease Control and Prevention, CDC는 교통사고 사망자 38,300명의 의료비와 노동력 손실 비용이 620억 달러에 달한다고 추정했다. 사망자들에게 남은 가족과 친구들이 감내해야 할 고통 비용은 헤아릴 수가 없다. 이러한 금액을 합하면 미국에서만 연간 5천억 달러의 비용이 발생하고 있다.

열한째, 주택 내 차고를 개조하는 사업이 2020년대에 번창할 것이다. 자동차 소유가 줄어들면서 차고는 점차 사라질 것이다. 에어비앤비AirBNB와 같은 렌탈 서비스를 위해 별도의 생활공간으로 멋지게 리모델링된 차고는 월 평균 1,500~2,000달러의 수익을 올리는 용도로 탈바꿈할 것이다.

열둘째, 미국에서만 5백만 에이커에 해당하는 주차 공간이 향후 20년간 새로운 공간으로 재개발될 것이다. 자율주행 자동차는 거의 도로 위에 있기 때문에, 오늘날의 주차 수요로 인해 발생한 주차 공간들이 수십 년에 걸쳐 줄어들기 시작하고, 그 부지는 재개발을 위한 값어치 있는 부동산으로 판매될 것이다. 미국은 특히 놀라울 정도로 넓은 주차 전용 지대를 보유하고 있다. 예를 들어 로스앤젤레스의 14%가 현재 주차에 사용되고 있다.

열셋째, 전체적으로 지상 운송비용이 50%까지 줄어들 것이다. 2015년 미국자동차협회American Automobile Association, AAA 연구에 따르면, 미국인 1명은 연간 8,698달러를 자신의 자동차에 쓰고, 1년 평균 15,000마일을 운전했다. 이는 매월 725달러로, 자율주행 자동차의 연간 운송비는 1마일당 0.28달러, 연간 15,000마일에 월 350달러에 불과하다. 더 나아가, 이 계산에 사용된 1마일당 28센트는 향후 운송 시스템이 개선되면 더 낮아질 것이다.

열넷째, 자율주행 기술이 오늘날 일자리의 25%를 2040년까지 사라지게 만들 것이다. 전 세계 사회의 모든 양상이 자율주행 기술에 접해 있고, 이러한 양상의 대부분은 전 세계적인 생활 수준 향상으로 이어질 것이다. 다만 이 과정에서 더 이상 유효하지 않은 일자리는 대거 사라질 것이다. 그러나 새로운 기술로 인한 새로운 경제는 또 다른 혁신 비즈니스와 일자리를 창출할 것이다.

열다섯째, 자율주행의 미래는 획일적이지 않을 것이다. 오늘날 부유층과 상류층이 일반인보다 더 값비싼 자동차를 향유하듯, 모든 자율주행 자동차가 천편일률적이지 않을 것이다. 지불 가능한 수준에 맞춰 기능과 서비스가 탑재되고, 지금처럼 다양한 접근을 통한 새로운 비즈니스가 창출될 것이다.

전기 없는 냉방 시스템

오늘날, 전 세계 전력 비용은 전체적으로 연간 약 2조5천억 달러이며, 그중 15%가 냉방 시스템에 사용되는 것으로 추정된다. 전문가들은 냉방에 쓰이는 전기 수요가 2050년까지 현재보다 약 10배까지 급등할 것으로 예측하고 있다. 냉방 그 자체만으로도 전력 소비가 연간 4조 달러에 이를 것이란 의미이다. 다행히, 새로운 혁명적 기술이 그 비용을 20%에서 최대 40%까지 낮춰줄 것으로 보인다. 어떤 기술들일까? 이 기술이 경제와 기업, 소비자에게 미칠 영향은 무엇일까?

연간 2조5천억 달러의 전 세계 전력 비용, 그중 15%는 냉방 시스템에 소요된다. 매년 냉장 시스템에 대한 전력 수요는 다른 산업분야보다 더 급속히 늘어나고 있으며, 2050년이 되면 현재 수요의 약 10배에 이를 것으로 예견된다. 물론 그 기간에도 냉방 시스템의 전력 수요는 계속 점진적으로 늘어날 것이다. 이러한 상황에서, 냉방 시스템의 효율성을 개선하는 것은 21세기 에너지 문제의 중요한 부분이 되었다.

다행히도, 매우 영리하고 비용 효율적인 방법이 등장하고 있다. 모든 물체는 열방사 형태로 열을 발산한다. 그러나 주로 물 분자로 인해 그들 주변의 공기가 열의 대부분을 흡수하고 다시 방출한다. 그러나 중mid 적외선 영역에서는 그러한 방출 물질의 입자가 대기를 통과할 수 있고, 이로 인해 이러한 파장의 적외선을 방출하는 표면은 주변 공기보다 더 차가워질 수 있다. 스탠퍼드대학 연구팀은 적외선 열을 방출하도록 조정된 박막을 개발했다. 이후 이 연구팀은 이것을 반사 물질과 결합시켰는데, 태양 빛의 거의 모든 열을 되돌려 보낼 수 있는 물질을 만들 수 있었다. 이것은 매우 중요한 데, 반사 능력이 없다면, 태양이 낮 동안 이러한 '복사 냉각 효과'를 상쇄해 버릴 수 있기 때문이다.

최근 이 연구팀은 사무 용도의 건물에 이러한 복사 패널을 부착하여 여름철에 21%까지 냉방 전력 수요를 줄일 수 있음을 입증했다. 2050년에 예상되는 전 세계의 냉방 수요를 고려해보면, 연간 약 8천억 달러에 이르는 성과라 할 수 있다.

이 기술을 상용화하기 위해 스탠퍼드 교수들 판샨후이Shanhui Fan, 엘리 골드스타인Eli Goldstein, 애스워스 라만Aaswath Raman 이 세 명은 스카이쿨 시스템스SkyCool Systems라는 회사를 설립했다.

'복사 냉각'으로 불리는 이 과학 현상은 분자가 열을 방출할 때 사람을 포함 이 세상의 모든 사물들이 수행하는 자연스러운 프로세스다. 해가 진 후 기온이 내려가면 도로에서 열기가 사라지는 것을 우리는 직접 목격할 수 있다. 이 현상은 구름이 없는 밤에 특히 더 눈에 띄는데, 구름이 없으면 우리 주변의 모든 열이 지구 밖으로 쉽게 방출되기 때문이다. 이 열은 지구를 벗어나 차가운 우주로 날아가 버린다.

외부 우주와 같이 매우 차가운 물질이 존재하고, 우리가 열을 그 물질에 방출할 수 있다면 어떠한 전력의 사용도 없이 작동하는 냉방 시스템을 가동할 수 있을 것이다. 이러한 방식으로 열이 그냥 흐르는 것이다. 지구로 계속해서 흘러 들어와 우주로 방출되는 열의 양은 수치를 헤아릴 수 없을 만큼 거대하다.

그러나 뜨겁고 화창한 날에는 복사 냉각이 사람의 몸 혹은 그 밖의 모든 다른 물체에서 잘 작동하지 않는다. 복사 냉각이 작동하는 것보다 햇볕이 더 따뜻하게 만들기 때문이다. 이 문제를 극복하기 위해 스카이쿨 시스템스 연구팀은 햇빛의 약 97%를 반사하는 동시에 대기의 표면 열에너지를 방출 할 수 있는 다층 광학 필름을 사용하는 표면을 만들었다. 햇빛으로부터 열을 흡수하지 않으면서 복사 냉각 효과로 화창한 날에도 평균 기온 이하로 냉방을 할 수 있는 것이다. 이는 우리가 더 이상 대기 온도에 의해 제한받지 않는다는 것을 의미합니다. 즉, 훨씬 더 추운 곳, 즉 우주 공간의 온도에 의해 제한되도록 하는 것이다.

2014년에 발표된 최초의 실험은 직경 약 8인치의 다층 광학 표면 소형 웨이퍼를 사용하여 수행되었다. 이 실험을 통해 표면 자체가 어떻게 냉각되는지가 공개되었다. 다음 단계는 기술을 확대하여 더 큰 냉방 시스템의 일부로 작동하는 방법을 확인하는 것이었다.

주변부 비증발식 유체 냉방

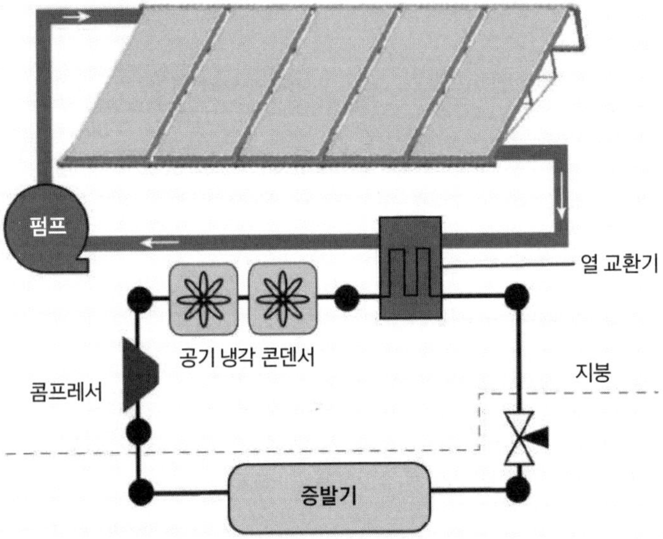

1970년대 말 〈네이처 에너지Nature Energy〉에 발표된 논문에서 연구자들은 특수한 광학 표면으로 덮인 패널을 물이 흐르는 파이프 위에 올려놓는 방식으로 스탠퍼드에 위치한 패커드 빌딩Packard Building 지붕에서 테스트하는 시스템을 설명했다. 이들은 또한 이 실험으로 얻은 데이터를 라스베이거스에 위치한 한 2층 사무실 빌딩의 지붕에 그들의 패널을 덮은 모의실험에 적용했다. 라스베이거스는 그들의 패널이 가장 잘 작동할 수 있는 뜨겁고 건조한 지역이었다. 그들은 기존 공냉식 냉각기 대신에 그들 패널로 냉각된 응결 장치를 장착한 증기 압축 시스템을 사용한다면 얼마나 많은 전기를 절약할 수 있는지 계산했다. 결론적으로 그들은 여름철에 이 패널 냉각 시스템이

14.3메가와트시megawatt-hours의 전기를 절약할 수 있다는 점을 알아냈다. 건물 냉방에 사용된 기존 전력을 21% 감소시켰던 것이다. 이 시스템은 전체 기간 동안 일일 전기 소비량을 최소 18%에서 많게는 50%까지 줄였다.

현재 스카이쿨 시스템스는 패널이 기존 냉난방 시스템, 냉장고 시스템과 통합될 때 에너지가 얼마나 절감되는지를 테스트 시설에서 측정하고 있다. 판, 골드스타인, 라만 교수는 이 기술이 수년 동안 폭넓게 적용될 것이라고 전망하고 있다.

퍼시픽 노스웨스트 국립연구소Pacific Northwest National Laboratory의 에너지 분석가 닉 페르난데즈Nick Fernandez에 따르면, 설계 단계부터 복사 냉각 시스템을 새로운 건물에 직접 통합하는 개발자의 경우 훨씬 큰 에너지 절감 효과를 기대할 수 있다. 페르난데즈가 주저자로 참여한 2015년 시뮬레이션 분석에 따르면, 이 시스템이 순환수식hydronic 복사 냉방 시스템—공기 대신 물을 순환시킴으로써 작동하는 매우 효율적인 건물 냉방 방식—과 결합하는 경우, 이상적인 기후 조건에서 냉난방 및 환기를 위한 에너지 절감이 거의 70%에 이를 수 있다. 이것을 돈으로 환산하면, 2050년 전 세계 전력 절감액이 연 2조5천억 달러에 달한다.

이러한 새로운 기술을 기반하여, 우리는 향후 냉난방 전력 수요 대해 다음과 같이 예측한다.

첫째, 복사 냉방 시스템의 채택률은 기후와 건축 유형에 따라 크게 달라질 것이다. 퍼시픽 노스웨스트 연구소가 연구한 결과에 따르면, 스카이쿨 시스템즈 유형의 옥상 개조 방열기가 평방 피트당 58센트 미만으로 생산, 설치될 수 있다면 설치비용은 약 5년 내에 에너지 절감 비용으로 충당될 것으로 추산된다. 뜨겁고 건조한 기후에 큰 지붕이 있는 건물은 이 시스템이 매우 이상적일 것이다. 따라서 이러한 기후에 해당되는 미 남서부 지역과 중동은 확실한 목표가 될 수 있다. 태평양 북서부와 영국은 그다지 매력적인 지역이 되진 않을 것이다.

둘째, 스카이쿨 시스템즈가 복사 냉방 시스템의 엄청난 기회를 누릴 유일한 회사는 아닐 것이다. 2018년 2월 볼더Boulder에 위치한 콜로라도 대학교University of Colorado 연구진은 〈사이언스Science〉에 '정오 시간 기준 직접적인 햇빛 아래 평당 93와트시의 복사 냉방 능력'을 달성한 유리·폴리머 하이브리드 재료를 발표했다. 이 연구진은 필름 형태

콜로라도대학교 연구팀은 '정오 시간 기준 직접적인 햇빛 아래 평당 93와트시의 복사 냉방 능력'을 달성한 유리·폴리머 하이브리드 재료를 발표했다. 이 연구진은 필름 형태의 롤roll을 경제적 가격에 제작하는 방법을 이미 개발했다고 강조했는데, 이는 거주용과 상업용 모두 적용할 수 있도록 대량 생산 기술이 가능하다는 의미이다. 이 연구팀은 라디쿨Radi-Cool이라는 회사를 설립했으며 현재 잠재적인 투자자, 제조회사와 논의 중이다.

의 롤roll을 경제적 가격에 제작하는 방법을 이미 개발했다고 강조했다. 이는 거주용과 상업용 모두 적용할 수 있는 대량 생산 기술이 가능하다는 의미이다. 스탠퍼드대학 연구팀과 같이 미국 에너지혁신 프로그램ARPA-E, Advanced Research Projects Agency-Energy으로부터 자금을 유치하고 특허를 신청했으며, 라디쿨Radi-Cool이라는 회사를 설립했다. 연구 논문의 공동 저자이자, 스타트업 라디쿨의 CEO인 기계공학과 롱구이 양Ronggui Yang 교수에 따르면, 그들 연구 과학자들은 현재 잠재적 투자자들, 제조업체와 협의를 진행 중이다.

셋째, 수조 달러의 절감을 통해, 이러한 시도들은 정책 입안자들, 소비자, 투자자의 상상력을 사로잡을 실질적인 '녹색 기술'의 하나가 될 것이다. 오늘날 소위 '환경친화적'이라는 각종 솔루션과 달리, 이 복사 냉방 기술은 확실하게 비용을 절감하고, 자원을 절약하며, 환경을 개선하고 소비자의 삶을 개선할 수 있다. 이는 하나를 취하고 하나를 잃는 기존 녹색 기술의 한계를 극복하고, 모든 사람들에게 이익을 제공하는 윈-윈 혁신의 하나가 될 것이다.

신약,
이제 곤충에서 답을 찾다

현대 의학은 계속해서 큰 발전을 이루고 있다. 하지만 여전히 큰 문제가 남아 있다. 총구 아래에 있는 것과 마찬가지로, 항생제에 대한 박테리아의 저항은 인류에게 큰 위협이 되고 있다. 항생제 내성 세균methicillin-resistant Staphylococcus aureus, MRSA, 약물에 강한 내성을 지닌 임질, 그 외 악몽과도 같은 슈퍼 박테리아의 증가는 세균에 대한 우리의 현시점의 방어를 쓸모없게 만들 수 있다. 우리 최후의 수단이 이러한 병원균을 죽이지 못한다면 어떤 일이 벌어질까?

우리는 암과 우울증에 대한 보다 나은 의약품, 현대적 처방에 의해서도 쉽게 치료할 수 없는 각종 의료 상황에 추가로, 새로운 항생제를 필요로 할 것이다.

지난 수십 년 동안 어떤 산업도 제약 산업보다 더 믿을만한 돈벌이가 되지 못했다. 경기 침체기조차 제약 회사들은 매년 평균 15%의 수익률을 기록했다. 시장 포화의 위험이 없고, 미국에서는 정부에 의한 가격 억제 가능성도 거의 없다. 거의 모든 규제 완화 제출안이 승인을 얻고 처리 시간은 꾸준히 감소하고 있다. 투자자라면 좋아하지 않을 이유가 없다.

그러나 모든 지배적이고 확대되는 산업은 하나의 유형 혹은 다른 유형의 자원으로 연료를 공급 받는다. 이들 중 일부는 금광과 같이 유형적이고 명백하다. 과정은 비슷하다. 땅에서 발견되는 금덩어리를 단순히 줍기 위한 1차 골드러시가 일어난다. 금덩어리가 채취될 때 광부들은 자갈을 찾고, 다음은 모래를 찾는다. 아직까지도 행운은 남아있지만, 금을 찌꺼기와 분하기 위해 점점 더 많은 자본투자가 필요하다.

오늘날 유전학, 빅 데이터, 인공 지능을 포함하는 새로운 도구들이 신약을 개발하는 데 도움을 주고 있다. 문제는 제약에 필요한 물질을 어디에서 찾을 것인가에 있다.

어떤 이들은 우리가 이미 한계에 도달했다고 주장한다. 물질이 있는 좋은 곳을 아직 찾지 못했다는 의미다. 그러나 영국 리즈대학교Leeds University의 곤충학자이자 연구원인 로스 파이퍼Loss Piper 박사에 따르면 "우리는 아직 시작도 하지 않았다."라고 했다. 최선의 방법이 우리의 바로 발밑, 즉 곤충의 세계에 있을 수도 있다는 것이다.

"이것은 유용한 화학적 보물일 수 있다. (곤충 이전에) 파충류로부터 어떤 화합물이 추출되었는지 보라." 최신 〈디스커버 매거진Discover Magazine〉에서 파이퍼 박사는 이렇게 이야기했다. 파이퍼 박사가 가장 좋아하는 사례는 독 도마뱀의 타액에서 추출된 제2형 당뇨병을 치료하는 합성 호르몬 엑세나타이드exenatide다. 2014년~2016년 사이 이

약은 약 25억 달러의 판매고를 올렸다. 누가 도마뱀의 타액에 든 화합물을 보고 제2형 당뇨병에 대한 대히트 약을 생산할 수 있다고 생각했을까!

그런데 또 하나의 기회를 찾았다. 바로 곤충이다. 오늘날, 곤충은 약물 발견을 위한 가장 가능성이 있는 미개척 기회를 제공하고 있다. 곤충과 다른 절지동물은 매우 지저분한 환경에서 쏟아져 나오기 때문에 질병으로부터 자신을 보호해야 하며 이로 인해 수많은 새로운 방어선을 필요로 한다.

소위 '곤충 생물자원탐사bioprospecting'는 완전히 새로운 것은 아니지만 새롭게 할 일이 너무나 많다. 예를 들어, 지구에는 약 550만 종의 곤충이 있다. 그러나 발견되고 기록된 곤충은 20%에 불과하다. 그들을 연구하는 곤충 학자들은 점점 줄어들고 있다.

인간은 수천 년은 아니지만 적어도 수백 년 동안 곤충으로부터 나온 화합물의 의약적 효과에 대해 알고 있었다. 이 화합물에는 항박테리아, 진통제, 항응고제, 이뇨제 및 항류머티스가 포함된다. 한 저널에서 이를 밝힌 바 있는데, 14개의 목目, order, 64종의 다른 절지동물들이 각 대륙의 다양한 문화 속에서 의료적으로 활용됐다. 지네, 매미 애벌레 껍질, 마비 균류에 감염된 유령 나방 유충 등이 그것이다.

더 최근에 과학자들은 말벌의 독이 암세포를 파괴할 수 있음을, 쉬파리 혈액에서 추출한 펩타이드peptide(두 개 이상의 아미노산 분자로 이뤄지는 화학 물질)인 알로페론alloferon이 항바이러스성 및 항종양성을 가지고 있음을 밝혀냈다.

현재 의약품에 곤충 기반 화합물을 사용하는데 있어 가장 큰 문제 중 하나는 화합물의 양이다. 즉, 우리가 파리와 같이 작은 무언가에서 화학 물질을 발견하면, 그 양이 얼마나 적겠는가! 그러나 파이퍼 박사는 이에 대한 해결책을 말한다.

"이전에는 특정 종으로부터 충분한 양을 발견하지 못해 매우 제한적이었을 것이다. 충분한 양을 추출하려면 수천 마리가 필요했을 수도 있다. 그러나 전사체학transcriptomics, 轉寫體學에서의 획기적인 발견, 크리스퍼CRISPR/Cas9 유전자가위 기술의 진보를 통해 특정 유전자를 분리하여 대량 생산할 미생물의 세포주에 삽입할 수 있다. 또한 귀뚜라미나 딱정벌레와 같이 큰 곤충에 희귀한 유전 물질을 삽입하여 추출하는 방식으로 대량 생산도 가능하다." 곤충 학자이자 올씽스벅스All Things Bugs의 설립자 아론 도세이Aaron Dossey는 "우리는 곤충에 백신 유전자를 넣을 수 있다. 그런 다음 백신, 선택 가능한 약물 또는 효소 또는 생체 활성 펩타이드 또는 일부 비타민을 대량 생산하는 수단으로 사용할 수 있다."라고 말했다.

아론 도세이는 특히 크기가 크고, 광범위한 화학적 방어를 하는 대벌레stick insect가 생합성 연구를 위한 매력적인 모델 유기체가 될 것이라고 주장한다. 분석된 대벌레 종의 수, 지금까지 발견된 새로운 화합물의 수, 그리고 이러한 목에 속하는 종의 전체 수를 고려하면, 대벌레가 새로운 화합물의 유의미한 잠재적 원천이라는 것이다.

의약품을 위한 분석에 가장 유망한 다른 곤충으로는 벌, 말벌, 개미와 같은 사회적 곤충이 있다. 작고 밀집된 거주 구역에서 높은 유전적 관련성을 가진 수억 마리의 일개미를 품고 있는 개미탑은 질병

발병에 있어 완벽한 장소다. 한 개체가 감염되면, 불과 수 시간 만에 수천 마리에게 그것을 전파할 수 있다. 토양은 지구상에서 가장 미생물 밀도가 높고 다양한 서식지다. 따라서 개미에게는 강력한 항균제가 필요하다. 즉, 수많은 종이 강력한 항생제를 그들 등의 후늑막 분비선metapleural gland에서 분비한다.

2018년 2월, 〈로열 소사이어티 오픈 사이언스Royal Society Open Science〉 저널에 발표된 애리조나주립대학교 클라크 피니크Clark Pinick 교수의 연구는 일반적으로 양성이며 피부에 사는 박테리아 표피포도알균Staphylococcus epidermidis에 저항하는 20종 개미들의 항균력을 테스트했다. 클라크 교수는 개미 하위 과family, 科의 주요 3종을 모은 것이었다. 테스트를 거친 개미의 60%는 박테리아 번식을 억제했고, 가장 크기가 작은 개미 중 한 마리가 가장 강력한 항균성을 보였다.

곤충을 통한 의약품 제조에 있어 도전 과제 중 하나는 연구실이 아닌 자연 환경에서 곤충을 화학적으로 연구하는 것이다. 수많은 곤충이 특정 조건에서 자란 특정 식물을 먹고 특정 화합물을 합성할 수 있도록 해야 하기 때문이다. 그래서 곤충학자 로스 파이퍼는 곤충을 기반으로 한 화학 물질로부터 최대한의 이익을 얻으려면 곤충 서식지를 보존해야 한다고 주장하고 있다.

각종 연구 결과와 전문가의 의견을 통해 우리는 다음과 같은 3가지를 예측할 수 있다.

첫째, 이 분야의 발전은 곤충학자의 부족으로 인해 제한될 것이다. 다른 많은 전문 분야와 마찬가지로 스킬 갭skill-gap이 실제적인 결과를 가져오기 때문에, 곤충학자의 부족은 이 분야의 발전에 악영향을 끼칠 것이다. 그러나 다행스럽게도 정보 기술과 교차 교육을 결합함으로써 제약 산업은 향후 10년간 이러한 격차를 해소할 수 있다. 더불어 채용 옵션이 확대되면, 수많은 생물학과 학생들이 곤충학에 초점을 맞추게 될 것이다.

둘째로, 550만 종의 곤충 종에서 추출된 수많은 종류의 화합물들이 최첨단 디지털 도구에 의해 처리될 수 있을 것이다. 자동화된 '로봇 실험실'을 통해 소수의 기술자들이 수만 가지의 실험을 오류 없이 동시에 실행하고 모니터링할 수 있다. 현대의 게놈 및 프로테오믹스 기술은 게놈과 단백질의 신속하고 저렴한 시퀀싱sequencing을 가능하게 하고 있다. 바디온어칩Body-on-a-chip 기술은 독성 및 기타 부작용에 대한 전임상 검사pre-clinical test를 획기적으로 가속화할 것이다. 또한 인공지능 기반 시스템은 화학 건초 더미에서 가장 유망한 '바늘'을 식별하는 데 큰 도움이 될 것이다.

셋째, 2030년까지 새로운 차원의 곤충 추출 치료제가 출시되거나 임상시험을 마칠 것이다. 이들 화합물 중 다수는 기존 의약품의 안전하고 효과적인 대체품이 될 것이다. 여기에는 오늘날의 슈퍼 박테리아에 저항하는 새로운 항생제도 포함된다. 그 외는 지금까지 치료할 수 없는 질병을 다루게 될 것이다.

바람과 태양, 그 종말의 시작

북미 에너지 혁명이 글로벌 경제를 재편하고 있다. 그럼에도 바람과 태양으로 대변되는 재생 가능 에너지의 시대가 곧 도래할 것이라는 환상이 사그라지지 않고 있다. 바람과 태양이 전 세계 에너지 산업의 총아가 될 것인가? 그렇지는 않을 것 같다. 그렇다면 세계 에너지 산업은 어디를 향하고 있는가? 어떤 과제가 놓여있나? 기업가와 소비자, 정책 입안자들이 알아야 할 것에는 무엇이 있나?

미리 말하자면 실망스러울 것이다. 그러나 알아야 한다. 바람과 태양은 현재도 그리고 앞으로도 인류의 에너지 수요를 충족시키는 데 절대적 공헌을 하지는 못할 것이다. 먼저 바람부터 살펴보자.

《이성적 낙관주의자The Rational Optimist》의 저자이자 세계적 과학 저술가인 매트 리들리가 수집한 실제 사실들을 소개한다. 지구상에 있는 풍력과 태양력 발전 역량을 다 합쳐도, 그들의 공급량은 세계 에너지 수요의 1%조차 미치지 못하고 있다. 국제에너지기구International

Energy Agency의 2016년 주요 재생 에너지 동향 보고서를 보자. 풍력은 2014년에 세계 에너지 소비의 0.46%를, 태양력과 조력은 0.35%를 제공했다. 전체 에너지는 전기뿐만 아니라 모든 최종 에너지를 의미한다. 전기 에너지는 이 전체 에너지의 5분의 1에도 미치지 못한다는 점을 기억하라. 전기를 제외한 나머지는 열, 운송 및 각 산업 분야에서 운용되는 고체, 기체 및 액체 연료를 말한다.

이러한 수치를 찾고 확인하는 일은 힘들지 않다. 그러나 (재생 에너지 혹은 대체 에너지) 로비스트로부터 얻게 되는 에너지에 관한 보고서에서는 이렇게 신뢰할 수 없는 바람과 태양에 대한 정보는 그다지 나타나지 않는다. "세계 에너지의 14% 가까이 재생할 수 있다."라는 그들의 말에는 트릭이 숨겨져 있다. 그것이 바람과 태양이라는 의미로 받아들여지게 만드는 것이다. 그러나 실제로 이 '재생 가능 에너지'의 3/4은 바이오매스이고, 그것도 대부분은 가난한 사람들이 불에 구워 먹을 때 사용하는 막대기, 통나무, 혹은 동물의 배설물을 포함하는 '전통적인 바이오매스'다. 이들은 이러한 전통적인 바이오매스를 사용하고 있으며, 연기 흡입으로 인한 건강 문제의 관점에서 보면 큰 댓가를 치르고 있다.

정부 보조금을 받는 풍력과 태양력이 운영되는 부자 나라에서조차, 대다수의 재생 가능한 에너지는 목재 펠릿wood pellet이란 것으로 목재를 파쇄, 건조, 압축해 작은 알갱이 형태로 만든 바이오 연료와 수력 발전에서 비롯된다. 한편, 세계 에너지 수요는 약 40년 동안 매년 약 2%씩 증가하고 있다. 국제에너지기구의 자료를 다시 활용하자면, 2013년과 2014년 사이에 세계 에너지 수요는 시간당 2,000 테라와트에 근접할 정도로 또다시 증가했다.

풍력 터빈이 그러한 증가분을 모두 공급하려면, 매년 얼마나 많은 풍력 터빈을 건설해야 할까? 매년 35만 개가 필요하다. 2메가와트 터빈이 연간 시간당 5기가와트를 생산할 수 있기 때문이다. 35만 개라는 수는 전 세계 각 정부가 2000년대 초 이른바 재생 에너지 업계에 자금을 쏟기 시작한 이래로 세계에 지금까지 구축된 터빈의 수보다 1.5배나 더 많은 수다.

더군다나 풍력 발전이 1메가와트당 50에이커의 땅이 필요하다는 점을 계산하면, 매년 영국과 아일랜드보다 더 큰 토지가 필요하게 된다. 만약 이런 일이 50년 동안 일어났다면, 새로운 에너지 수요를 충족시키는 풍력 발전 단지의 크기는 러시아의 크기와 맞먹을 것이다. 즉, 풍력은 현재 전 세계 에너지 수요의 80%를 책임지고 있는 화석 연료를 통한 에너지를 절대 대체 할 수 없다.

풍력 터빈이 더 효율적이지 않느냐는 아이디어도 이러한 현실을 극복하는 데 도움이 되지 않는다. 벳츠 한계the Betz limit를 적용하면 그렇다. 바람의 운동 에너지를 터빈이 변환할 이상적인 최대값이라 할 수 있는데 약 16/27, 즉 약 59.3%가 한계다. 바람, 즉 움직이는 유체에서 얼마나 많은 에너지를 추출할 수 있는지에 관한 것인데, 풍력 터빈은 이미 그 한계에 근접했다. 더군다나 이들의 효율성(공학 용어를 사용하자면 부하 계수)은 이용 가능한 바람에 의해 결정된다. 그러나 그것은 매초, 매일, 매년 변화무쌍하다.

풍력 터빈의 기계는 이미 성능이 많이 향상되었다. 문제는 풍력 자원 그 자체인데, 인간은 그 자원을 통제할 수 없다. 그것은 저밀도 에너지로서 수시로 변동하는 흐름이기 때문이다. 인류는 바로 이 이유로, 오래전에 이미 수송 수단과 동력 수단으로서의 풍력을 사용하는 것을 중단했다. 일례로, 돛을 단 배가 현대 수송 산업에서 어떤 역할을 해줄 수 있는가.

자원 소비와 환경 영향에 관해서라면 풍력 터빈의 직접적 영향은 이미 매우 좋지 않다. 조류와 박쥐를 죽이고, 건설시 자연적인 토지를 콘크리트 기초 아래에 두기 때문이다. 그러나 눈에 보이지 않는 것, 염두에 두지 못하는 것까지 생각하면 더 심각하다. 터빈의 자석에 희토류 금속이 채취되어 내몽골에서 발생하는 환경오염을 생각해보라. 즉 풍력 터빈은 엄청난 규모의 유독성, 방사성 폐기물을 생성한다. '청정에너지'라는 문구는 사실 가슴 아픈 농담이고, 풍력을 주창한 사람들이 부끄러워해야 하는 이유가 된다.

더 나쁜 이야기도 있다. 풍력 터빈은—유리 섬유 날개와 별개로—콘크리트 기반에 재료 대부분 강철로 만들어졌다. 최첨단 복합 사이클 가스 터빈과 같은 발전 용량을 내는 데 재료는 그보다 200배 더 가까이 든다. 철강은 석탄으로 만들어진다. 이는 광석을 제련하기 위해 열을 제공하는 것이 아니라 합금에 탄소를 공급하는 것이다. 시멘트 또한 종종 석탄을 사용해 만들어진다. '깨끗한' 재생 에너지를 만드는 기계가 사실은 엄청난 양의 화석 연료와 석탄 경제의 부산물인 것이다.

또한 2메가와트 풍력 터빈의 무게는 타워, 기관실, 회전자 및 날개를 포함하여 약 250톤이다. 전 세계적으로 1톤의 철강을 만드는 데 약 0.5톤의 석탄을 필요로 한다. 터빈 건설에 쓰이는 시멘트를 만드는 데 또 25톤의 석탄이 필요하다. 따라서 터빈 1기 건설에 약 150톤의 석탄이 사용된다. 이제 1년에 35만 대의 풍력 터빈을 건설한다면(또는 더 큰 규모의 풍력 터빈을 건설할 경우), 에너지 수요 증가에 발 맞춰 1년에 필요한 석탄만 5천만 톤이다. 이 규모는 유럽연합의 경질 탄광 생산량의 절반에 이른다.

이러한 수치를 관통하는 중요 포인트는 무엇일까? 풍력이 지구를 망치지 않고 오염 물질을 배출하지 않으면서 세계 에너지 공급에 중요한 공헌을 할 수 있다고 생각할 수 있겠는가. 데이비드 매케이David MacKay가 수년 전에 지적했듯 산수 계산만으로도 그러한 신뢰할 수 없는 재생 에너지에 반대할 수 있는 것이다.

사실, 온실가스 배출량이 적은 문명을 원한다면 발전, 난방 및 수송을 천연가스로 전환하는 데 중점을 두어야 한다. 수평 시추기법과 수압 파쇄기법으로 인해 경제적으로 회수할 수 있는 가스는 그 매장량이 우리가 생각하는 것보다 훨씬 더 크다. 또한 화석 연료(원유 등)를 최소화하여 오염 물질 배출량을 줄이면서 동시에 전 세계의 부를 더 많이 창출할 수 있다. 더불어 그렇게 창출된 부의 일부만 핵분열과 핵융합에 투입하면, 금세기 후반에 가스를 대체할 수 있는 시대가 열릴 수 있다. 이것이 기술적이고 깨끗한 미래다.

여기까지가 리들리의 이야기다. 그리고 리들리가 밝히는 사실은 분명한 현실이다. 이것은 하나의 결론으로 이어진다. 풍력 에너지는 경제적으로 결코 의미가 없으며 절대로 그렇게 될 수도 없다.

그렇다면 태양광은 어떨까? 태양 에너지 분석은 풍력 에너지를 분석하는 것보다 까다롭다. 그 이유 중 하나는 다양한 형태로 이용하고 있기 때문이다. 풍력 발전은 필연적으로 기업이나 정부의 많은 자본투자를 필요로 하지만, 태양 에너지는 개별 주택에 설치된 옥상 태양광 발전소에서 수천 에이커에 달하는 엄청난 집중 에너지 열 시설에 이르기까지 다양한 형태를 취한다.

그러나 형식이나 형태에 관계없이 한 가지 분명한 것은 태양 에너지도 정부 보조금 없이는 화석 연료와 경쟁할 수 없다는 것이다. 최근까지도 OECD 회원국 정부는 '불과 몇 년 만에 태양광이 경쟁력을 갖추게 될 것'이라고 주장하며 정부 보조금을 계속 지원하고 있다. 이것이 최근 수년 동안 매년 애널리스트들이 난데없이 튀어나와, 전 세계적 규모로 태양 전지판으로 생산되는 에너지가 석탄보다 더 저렴해질 것이라고 예측하는 이유다. 올해 리서치 전문기업 블룸버그 뉴에너지 파이낸스Bloomberg New Energy Finance, BNEF는 2025년까지 '태양광이 평균적으로 석탄을 사용하는 것보다 저렴해질 수 있다'고 예측했다.

그들 말을 믿고 샴페인을 터트리기 전에, 미국 에너지부DOE 보고서를 인용하여 2008년에 똑같은 보도를 낸 블룸버그뉴스Blomberg News를 기억하자. 이들은 '2020년이 되면 기술 비용이 석탄 비용 아래로 떨어지게 될 것'이라고 주장했다. 미국 에너지부는 태양열 비용이 2020년까지 시간당 킬로와트 기준 3.5센트로 떨어질 수 있다고 예측했다.

그런데 어떤 일이 일었는가? 사실 그 예측은 낙관적인 것 이상이었다. 에너지부가 가장 최근에 예측한 비용은 얼마일 것 같은가? 시간당 킬로와트 비용을 24센트로 고정했다. 남부 캘리포니아에 위치해 있는 이반파Ivanpah 태양열 발전소는 시간당 메가와트 비용으로 200달러, 시간당 킬로와트 비용으로는 20센트를 기록하고 있다. 이는 천연가스 화력 발전소가 사용하는 전기 비용의 거의 6배에 해당한다.

더욱이 에너지부는 보조금을 받기 전에 미국의 태양광 패널에서 전기를 생산하는 비용으로 2022년까지 시간당 킬로와트 비용을 약 8.5센트로 예측하고 있다. 이것은 최신 천연가스 방식의 2.5배에 해당된다.

테슬라는 5월에 발표한 수익보고에서, 2017년 1/4분기에 150메가와트 태양광 발전 설비를 배치했다고 밝혔는데, 이것은 2016년 1/4분기의 245메가와트에 비해 약 40% 하락한 것이다.

방문 판매를 축소한다고 발표한 테슬라는 가능한 많은 판매보다는 현금을 창출하는 고수익 프로젝트에 우선순위를 둔 것이라고 발표했다. 그러나 꾸준히 두 자릿수 성장률을 기록한 회사 매출이 급격히 감소한 것은 옥상·태양광 산업의 진실이 반영된 결과다.

사업부 전반에서, 설치 판매자들은 고객을 찾는 데 더 어려움이 있었음을 보고했다. 몇몇 주에서 보조금은 줄어들거나 없어졌고, 가처분 소득을 갖춤과 동시에 환경을 생각하는 집 소유자들(설치 판매자들의 주요 고객)은 이미 옥상 시스템을 구매 설치했다.

한편 업계의 치열한 경쟁으로 일부 회사는 시장에서 이탈하거나 규모를 축소했다. 미국 최대 옥상 태양광 기업중 하나인 선제버티Sungevity는 올해 초 파산을 신청했다.

리서치 회사 GTM 리서치GTM Research에 따르면 옥탑 태양광 사업은 불과 수년 전에 많은 지역에서 새롭게 등장했고, 2014년부터 2015년까지 설치율이 66% 증가했다. 수년 동안 극적인 성장을 거두었던 것이다. 그러나 그 성장률은 2016년에 19% 떨어졌으며 2017년에는 그 추세가 심각하게 악화되었다. 솔라 시티Solar City는 2년 만에 태양광 판매에 있어 최악의 분기를 경험했을 뿐만 아니라, 캘리포니아에 있는 3개의 투자 소유 발전소에서도 1월과 2월에 매출이 35%나 떨어졌다. 캘리포니아가 미국 가정용 태양열 시장의 약 절반을 차지하고 있다는 점이 중요한 맥락이다.

문제는 이러한 감소가 단지 북미에만 그치지 않는다는 점이다. 유럽과 일본에서도 보조금이 감소함에 따라 태양광 산업에 갑작스러운 찬바람이 불고 있다. 바람과 태양이 붐boom에서 실패bust로 향하고 있는데, 되돌릴 기회가 아직 다가오고 있지 않다.

이러한 기술적 추세와 정부 정책, 시장의 변화를 통해 우리는 다음과 같이 예측을 내릴 수 있다.

첫째, 경제적 불합리성에도 불구하고 미국 재생 에너지 보조금이 적어도 향후 5년간은 유지될 것이다. 풍력, 태양 또는 에탄올을 언급하는 것과 상관없이, 비뚤어진 인센티브는 계속해서 나쁜 결정에 더 힘을 실어줄 것이다. 특정 재생 에너지의 경우, 보조금은 '무엇이든 녹색인 것들'에 기꺼이 프리미엄을 지불하려는 사람들의 돈을 행복하게 받는 사람들에게 전달해주는 것이다. 예를 들어, 아이오와 주의 농민들은 바람과 태양, 옥수수의 축복을 받았다. 캘리포니아 주의 대다수는 에탄올뿐만 아니라 바람과 태양을 통한 전기에 프리미엄을 지불하는 것에 행복을 느낀다. 따라서 그 재원을 훨씬 더 효율적으로 사용할 수 있는데도 불구하고, 어느 누구도 '보트를 흔들' 이유를 갖지 못하고 있다. 이것이 어떤 결과에 도달하는지 궁금하다면, 독일의 사례를 보면 된다. 독일은 전력 생산에서 바람과 태양의 점유율을 30% 이상 끌어 올리는 데 성공했다. 하지만 독일 평균 가정은 2007년에 비하면 2016년에 전기를 50% 더 소비했다. 이러한 비용 문제 때문에 독일 기업들은 새로운 제조 설비를 독일이 아닌 곳에 구축하고 있다. 슬로바키아와 다른 나라들에서는 훨씬 더 저렴한 전기를 사용할 수 있기 때문이다. 결과적으로 독일은 재생 가능 에너지에 대한 반면교사가 된 셈이다.

둘째, 똑똑한 돈은 앞으로 10년 안에 풍력 에너지 프로젝트에서 빠르게 빠져나갈 것이다. 한때 워런 버핏Warren Buffett과 T. 분 피켄스T. Boone Pickens와 같은 투자자들은 다른 사람들과 정부 보조금을 통해 돈을 벌기 위해 냉소적으로 녹색 붐에 합류하길 원했다. 그러나 미국의 천연가스가 세계에서 가장 깨끗하고 저렴한 연료로 등장하자 게임이 끝났다. 피크 오일을 기다리며, 가장 두드러진 활동을 펼치는 환경론자들만이 바람이 화석 연료와 경쟁할 수 있다고 믿고 있다. 현재에도 풍력 에너지 프로젝트에 여전히 투자하고 있는 투자자들은 스탈린그라드 이후 승리를 꿈꾸던 제2차 세계 대전 당시의 독일 군인과 비슷하다 할 수 있다.

셋째, 중국의 광전지 분야에서의 승리는 너무나 많은 희생을 치르고 얻은 승리가 될 것이다. 미국과 유럽연합 정책 입안자들이 중국의 태양열 패널 지배력 확대에 대해 불만을 토로하고 있지만, 매우 낮은 이익률을 보이는 시장에서 100%의 점유율을 가지는 것임을 자본가라면 하고 싶은 일이 아니라는 점을 여전히 인식하지 못하고 있다. 중국은 수천 개의 화력 발전소를 구축하면서도, 동시에 수천만 명의 인민들이 보조금 지급을 받는 태양열 하드웨어 산업에도 종사하도록 할 것이다. 그러나 그것은 실제로 ROI를 가동시켜야 하는 사람들에게 있어 자원의 빈약한 활용일 뿐이다.

미국의 새로운 경제적 붐을 이끌 지리 인구 통계 분석

디지털 경제 혁명의 '인스톨 국면'에서 가장 큰 승리자들은 칩, 네트워크, 소프트웨어 등의 분야의 핵심 기술 개발자들과 그 투자자들이었다. 이들은 캘리포니아, 워싱턴, 매사추세츠, 뉴욕과 같은 블루blue 주에 거의 대부분 위치해 있다. 그러나 인스톨 국면을 넘어 전개 국면에서의 큰 승리자들은 이러한 디지털 기술을 제조, 농업, 채굴 산업 분야에 적용함으로써 거대한 생산성 향상의 혜택을 얻는 기업들일 것이다. 이들은 소위 레드red 주에 주로 있다. 그들의 성장은 어떠한 양상을 보일 것인가? 일자리, 정책, 투자에 미치는 영향은 무엇일까?

디지털 경제 혁명의 초입을 지나, 비즈니스, 소비자, 정책 입안자들은 이제 이 혁명의 전개 단계에서 일어나는 거대한 잠재력을 실현하는 데 필요한 '제도적 변화'의 상황에 맞닿아 있다. 투자자에서 관리자, 피고용자, 소비자에 이르기까지 모든 경제적 의사 결정권자들은 진화하고 있는 인센티브에 점차 더 적극적으로 반응하고 있다.

몇 가지 핵심 매트릭스만 살펴보자. 중소기업 오너들은 확실하게 이 단계에 올라타 있다. 미국독립사업전국협회National Federation of Independent Business, NFIB의 CEO이자 회장인 주아니타 두간Juanita Duggan에 따르면, 2017년 NFIB낙관지수NFIB Optimism Index가 45년 역사상 가장 주목할 만한 해였다.

"2018년 상당한 규제 완화와 더불어 대규모 세금 감면을 통해, 우리는 미국민들을 위한 수백만 개 이상의 일자리 창출과 함께 더 높은 급여 지급에 매우 강력한 성장을 기대하고 있다." NFIB 수석 경제학자 빌 둔켈베르크Bill Dunkelberg는 또 이렇게 밝혔다. "우리는 다른 어떤 연구보다 더 장기간의, 약 50여 년 동안 이 조사를 하고 있는데, 2017년과 흡사한 해를 본 바가 없다. 2016년 선거는 댐이 무너지는 것과 같았다. 소규모 비즈니스 오너들은 워싱턴으로부터 더 나은 정책을 기다리고 있었고, 갑자기 원하는 바가 이뤄졌다. 경제 엔진 소리가 다시 울려 퍼지고 있다."

대기업 CEO들 또한 현재 무엇이 어떻게 진행되고 있는지 파악하고 있다. JP 모건JP Morgan의 CEO 제이미 다이먼Jamie Dimon은 〈폭스 비즈니스Fox Business〉에 '미국 경제는 현재 매우 잘 움직이고 있다. 올해 4% 경제성장이 가능하다'라고 밝혔으며, 트럼프 대통령은 CNBC에서 GDP가 '그보다 훨씬 더 상승할 것'으로 생각한다고 말했다. 전반적인 성장률은 이미 13년 만에 최고치를 기록하고 있다.

소비자들 또한 매우 낙관적으로 보고 있다. 컨퍼런스 보드The Conference Board(1916년 설립된 미국의 대표적인 비영리민간 경제조사기관. 전 세계 60여 개국에 1천200여개의 경제단체, 기업 등을 회원으로 하여 경제·경영에 대한 조사활동을 하고 있다. 미국의 소비자신뢰지수Consumer Confidence Index, CCI, 경기선행지수Leading Economic Indicators, LEI, 고용동향지수 등 경기지수를 매달 발표하고 있다)가 측정한 바에 따르면 2017년 11월 소비자신뢰 지수는 17년 만에 최고치를 기록했고, 12월에만 소폭 하락했다. 소비자 기대치는 역사적으로 높은 수준에 머물러 있어, 강력한 경제 성장이 2018년까지 계속 유지될 것임을 시사하고 있다.

이러한 뜨거운 열기의 상당 부분은 17년 만에 가장 낮은 수준으로 끝난 2017년 U3 실업률(공식실업률이자 단순 실업률 지표)과 1973년 이후 가장 낮은 수준에서 끝난 새로운 실업 수당 때문이다. 그리고 U6 실업률이 2017년에 상당히 높은 8.1%로 끝났지만 2016년말의

NFIB 낙관지수

	지수	고용 증가	설비 투자 계획	인벤트리 증가	경제 개선	판매 증대	현재 인벤트리	현재 일자리	신용 조건	확대 시기	수익 트렌드
2016년 12월	105.8	16	29	4	50	31	-3	29	-6	23	-14
2017년 1월	105.9	18	27	2	48	29	-5	31	-3	25	-12
2017년 2월	105.3	15	26	3	47	26	-2	32	-3	22	-13
2017년 3월	104.7	16	29	2	46	18	-5	30	-3	22	-9
2017년 4월	104.5	16	27	3	38	20	-3	33	-4	24	-9
2017년 5월	104.5	18	28	1	39	22	-6	34	-4	23	-10
2017년 6월	103.6	15	30	4	33	17	-3	30	-3	21	-10
2017년 7월	105.2	19	28	5	37	22	-2	35	-4	23	-10
2017년 8월	105.3	18	32	2	37	27	-5	31	-3	27	-11
2017년 9월	103.0	19	27	7	31	15	-3	30	-4	17	-11
2017년 10월	103.8	18	27	4	32	21	-5	35	-5	23	-14
2017년 11월	107.5	24	26	7	48	34	-2	30	-4	27	-12
2017년 12월	104.9	20	27	-1	37	28	-2	31	-4	27	-15

9.1%보다는 하락했다.

동시에 투자자들은 다우존스 평균Dow Jones industrial average, DJIA, 나스닥NASDAQ, S&P500을 꾸준히 밀어 올리면서 자신감을 나타냈다. 특히, 2013년에 시작된 장기 강세장Secular Bull Market을 확대함에도, 객관적인 분석가들조차 거품의 꼭대기를 의미하는 '비이성적 과열irrational exuberance'의 신호를 보지 못하고 있다.

앞서 언급한 필수적인 제도 전환의 최종 단계는 2016년 선거 결과가 집계되자마자 예상되는 정책 변화에 대부분 포함되어 있다. 세금, 규제, 무역, 이민에 대한 새로운 분위기는 기대를 불러일으켰고, 창조적 파괴의 힘을 나타나게 했다.

그러나 미국 전역에서 사실상 '내전'이 격동하는 것은 대부분 이 변화의 수혜가 미국 내 부와 권력의 균형을 변화시키고 있다는 사실에서 비롯된다. 그러한 의미에서, 2016년의 선거는 에이브러햄 링컨이 16대 대통령으로 당선된 1860년의 선거만큼이나 중요했던 것 같다.

긍정적인 제도적 변화의 일부는 오바마 대통령 시대로 거슬러 올라간다. 그러나 2017년부터 시작된 경제의 궤적과 방향에 분명히 변화가 있었다. 오바마 대통령이 언급한 것처럼, 모든 선거에는 결과가 존재한다. 오바마 대통령 시절, 2009년의 경기부양책, 기술 거인 기업들에 대한 최소한의 규제, 초저금리를 포함한 연방 정부의 정책은 지금도 민주당의 흔들리지 않는 기반을 구성하는 도시 중심의 블루 주blue state에 수혜를 주는 경향이었다.

비영리단체 COUCenter for Opportunity Urbanism(도시생활 센터)의 조엘

코트킨Joel Kotkin이 관찰한 바와 같이, 트럼프 시대에는 더 많은 노동계급과 중산층 근로자들이 더 높은 비율의 표준 세금 공제와 에너지 규제 완화의 혜택을 받는 반면, 캘리포니아, 뉴욕, 일리노이와 같은 높은 과세를 통한 부유한 주는 그렇지 않은 것 같다.

종종 불만을 품었던 레드 주들은 오늘날 등을 밀어주는 훈풍을 맞고 있는 반면, 블루 주였던 곳들은 경기가 둔화되고 있다. 산업과 인력에서 저비용, 저규제의 주로 이동하고 있기 때문이다. 2017년 인구 성장 측면에서 상위 10개 주 중 7개 주가 레드 주가 됐다. 전체적으로 보자면, 남부는 전미 지역 중 경제적 역동성이 더 나은 곳으로 변모했다. 텍사스와 플로리다 두 주는 2010년 이후 미국 전체 경제 성장의 3분의 1을 차지했다. 일부 분석가들은 높은 세금을 매기는 주의 고소득층에게 불리한 새로운 세법이 이러한 추세를 더욱 가속화할 것으로 보고 있다.

미 노동통계국Bureau of Labor Statistics의 최근 고용 수치는 이러한 추세를 확인해주고 있다. 텍사스는 핵심 경제의 가치로 반트럼프 주력 언론들의 추앙을 받고 있으며 인구도 많은 캘리포니아보다 더 높은 비율로 일자리를 창출하고 있다. 2017년 11월 가장 큰 일자리 증가는 친트럼프 주에서 일어났다. 아이오와, 사우스캐롤라이나, 텍사스가 주인공으로 평균 0.4%였다. 같은 시기, 가장 큰 실업률 하락은 남부에서 발생했는데 앨라배마가 선두로 그 지역에서 실업률은 2.5% 이상 떨어졌다. 테네시, 플로리다, 조지아가 그 뒤를 이었다. 미 상무부 산하 경제분석국Bureau of Economic Analysis, BEA은 지난 1년간 레드 아메리카의 핵심인 텍사스의 GDP가 캘리포니아보다 3배, 뉴욕보다

5배 더 빠르게 성장했다고 보고했다. 유타, 미시간, 위스콘신 또한 캘리포니아보다 더 빠르게 성장했다.

이것은 미국 경제 활력도 지형에서 의미 있는 변화를 남긴 것이다. 2016년부터 최근까지 캘리포니아의 예상 GDP 성장률은 미 전국 평균의 2배로 전국에서 가장 높은 순위를 보였다. 그 수준에서 현재 캘리포니아는 50% 수준으로 둔화됐고, GDP 성장률은 현재 미국에서 35위에 그치고 있다. 이는 텍사스가 캘리포니아보다 50% 더 빠르게 성장하고 있다는 가장 최신의 BEA 조사결과와 유사하다. 실제로, 소득 성장 상위 6개 주 가운데, (트럼프가 간신히 이긴) 워싱턴과 네바다를 제외한 모든 주에서 트럼프로 기울었다.

오늘날 미국에서 가장 빠르게 성장하고 있는 경제—주 단위 혹은 도시 단위—는 서부가 아닌 남부에 있다. 더불어 가장 빠르게 성장하고 있는 25개 대도시 중 20개가 2016년 트럼프를 지지했던 주에 속해 있다. 남부와 러스트 벨트가 이에 해당한다. 잭슨빌, 디모인, 채터누가 3대 도시는 모두 트럼프를 선택한 주의 중심에 있다.

물론 선거 이전부터—트럼프 정책과 상관없이—이미 성장이 급증하던 주들도 있었다. 그러나 트럼프 정책이 레드 주에게는 특히 심각했던 제조와 에너지 개발 부문을 장려해왔던 것은 분명하다. 미 공급관리협회Institute for Supply Management에 따르면 제조업은 18개 주요 부문 중 16개 부문에서 확장되면서 승승장구를 이어가고 있다. 오바마 하에서 제조업은 회복하기 시작했지만 2016년 말경에는 완만한 확대가 그 기력을 다하고 있었다. 그러나 이제 상황이 돌아 서고 있다. 2017년 12월 초에 전년 동기 대비 34,000개의 일자리가 감소한 반면, 138,000개의 일자리가 창출되었다.

트럼프의 '미국이 우선'이라는 수사는 경제와 문화 엘리트들에게는 소름 끼치는 것일 수도 있지만, 공장을 미국에 지으라는 압력은 성과를 올리고 있는 것으로 보인다. 생산 기지를 멕시코에서 디트로이트 교외로 생산을 옮기는 피아트의 계획은 그곳에 2,500명의 일자리를 창출할 것으로 기대한다. 도요타와 마쯔다는 새로운 핵심 공장을 미국 앨라배마 주의 헌츠빌에 지어 4,000개의 일자리를 만들게 될 것이라고 발표했다. 도요타에게 있어, 앨라배마에 위치한 두 번째 조립공장이 될 것이다. 국제적으로 트럼프는 인기가 없을지 모르지만, 특히 호황을 누리고 있는 산업 분야에서 외국인 투자자들은 지분을 늘리고 있다. 미국은 여전히 외국 자본의 선호 대상이다. 그리고 이러한 투자는 뉴욕, 캘리포니아, 매사추세츠보다 위스콘신, 앨라배마, 텍사스, 미시간에 더 큰 영향을 미치고 있다. 1991년 이래로 높은 임금을 받는 블루칼라 직업군에 있어 그 수의 급속한 하락은 캘리포니아, 뉴욕, 일리노이와 같은 블루 주에서 일어났다. 이것은 특히 로스앤젤레스와 일리노이 쿡 카운티에서 도드라졌는데, 이 지역은 오랫동안 미국의 주요 산업 지역이었다.

오늘날 제조업은 뉴욕의 고용 중 5%, 캘리포니아의 고용 중 8%에 불과하여, 생산업에 대한 집중도는 그만큼 약화되었다. 반면 위스콘신에서는 16%, 미시간과 앨라배마에서는 13%를 제조업이 차지한다. 그래서 이 주들에서는 제조업 일자리가 미래 번영의 길로 인식되고 있다.

더불어 2016년에 에너지 부문보다 더 위태로운 산업은 없었다. 녹색 정책에 대한 실리콘 밸리와 월 스트리트의 지지자들 다수는 빅 오일Big Oil(거대 석유업체)의 몰락을 촉구하기 위해 규제 관련 노력과 시도를 집중하는데 열정적이었다. 이들은 2016년의 선거를 '기후 변화 재난'을 막기 위한 마지막 기회로 인식했다.

알다시피 급진적인 환경 운동은 화석 연료 산업, 그리고 그 산업과 연계된 경제를 해체하는 데 노력을 기울여왔다. 예를 들어, 진보 성향의 웹사이트 커먼 드림스Common Dreams는 '세계의 합리적인 안전선'을 보장받기 위해 5년 혹은 6년 이내에 화석 연료를 없애자고 제안하고 있다. 그리고 뉴욕의 법무장관 에릭 슈나이더만Eric Schneiderman과 뉴욕 시장 빌 드 블라시오Bill de Blasio와 같은 녹색 정책 정치인들은 담배 산업과 함께 화석 연료 생산 제조사를 악마화하고 있다. 어떤 경우 그들은 소송을 하기도 하는데 샌프란시스코의 헤지 펀드 억만장자 톰 스테이어Tom Steyer와 같은 사람들이 후원하는 녹색 에너지 이해관계자들로부터 재정적 지원을 받아 진행한 것이다.

진보 성향의 엘리트들은 화석 연료 생산을 혐오하지만, 펜실베니아에서 텍사스에 이르는 석유 산업 지대oil patch는 미국에서 광범위한 크기의 지역으로, 수만 개의 일자리를 창출하고 있다. 반면, 대부분의 블루 주들은 이러한 방식의 에너지 자원에서 얻는 바가 거의 없다. 그래서 뉴욕과 캘리포니아(재미있게도 캘리포니아는 미국에서 5번째로 큰 석유 매장량을 보유하고 있다)를 비롯한 관계자들은 화석 연료 산업이 없어지도록 규제하기로 한 것 같다.

사우디아라비아가 2014년부터 유가 하락을 주도하기 전에 지역 경제 부양책으로서의 에너지는 이미 분명한 것이었다. 지난 10년간

에너지 친화 주들은 일자리의 풍요를 누렸다. 그 일자리의 상당수는 평균 10만 달러에 달하는 연봉을 자랑했다. 그것은 정보통신 기술IT, 전문 서비스 또는 제조업의 그것을 초과하는 것이었다. 텍사스, 오클라호마, 노스다코타와 같이 에너지 수입에 크게 의존하는 주들은 일자리 풍요를 누렸고, 경기 대침체 기간 상실한 일자의 대부분을 회복하는 단계에 이르렀다.

에너지 산업은 중서부 지역에서도 아주 중요하다. 이 지역의 천연가스 개발이 석탄을 대체하고 오염 물질 배출량을 줄이는 데 중요하기 때문이다. 전기료가 낮아지면서 미국 제조업체들은 유럽과 아시아 기업들에 비해 에너지 가격 경쟁력을 누릴 수 있었다. 한편 독일의 전기료는 미국 평균의 3배에 이르는데, 독일이 그런 에너지 정책을 선택한 결과다. 힐러리 클린턴 상원 의원이 승리했다면, 그녀의 반화석연료 이데올로기 연대는 아이오와, 캔자스, 오하이오, 일리노이, 미네소타, 인디애나 등 전력 생산을 석탄에 크게 의존하는 중서부 주들에게 치명적 영향을 끼쳤을 것이다. 오바마 대통령 시절의 미 환경청이 내건 기준에 반대했던 수많은 사람들이 오클라호마, 인디애나, 미시간과 같은 주요 주들에서 발생한 것도 그리 놀라운 일이 아니다.

트럼프 대통령은 이러한 방향을 뒤집으면서, 에너지 관련 일자리는 2년 만에 다시 상승세를 맞아 최근까지 약 5만 개의 새로운 일자리를 창출했다. 노스다코타, 텍사스, 오클라호마는 모두 이러한 혜택을 누렸고, 일부 경제학자들은 앞으로 8년 동안 90만 개의 고임금 블루칼라 일자리가 발생할 것으로 기존 예측치를 높이고 있다. 미국 석유협회American Petroleum Institute는 정치적 또는 이데올로기의 역학에 의해 산업이 어려움을 당하지 않는다고 가정할 때, 2035년까지 에너지 부문에서 약 190만 개의 새로운 일자리가 창출될 것으로 예측한다.

이러한 미국의 정책 변화와 에너지 산업의 현황을 통해, 우리는 앞으로 일어날 3가지를 다음과 같이 예측할 수 있다.

첫째, 인구 통계학적 요소들로 인해 1982년에서 1999년까지 발생한 장기 호황, 그리고 2000년에서 2016년까지의 전환 국면보다 현재 미국의 호황이 소득 하위 60% 국민들의 고충과 불안을 더 많이 해결해줄 것이다. 트럼프의 국제적 인기와 상관없이 어쨌든 그의 현재 정책은 수십 년간 상대적 쇠퇴로 고전을 면치 못하고 있는 미국의 노동 계급과 중산층을 이미 회복시키고 있다. 오마바 시절의 블루 주들의 호황기에 고통을 겪었던 고등학교 졸업 학력자들과 소수 민족들의 임금은 이제 관리직과 전문직들의 연봉보다 더 빠르게 상승하고 있다. 선거 이후, 미국의 임금 구조 내 하위 50%의 임금이 빠르게 오르고 있다. 흑인 실업률은 역사적으로 최저 수준이며, 소수 민족의 수입은 상승세에 있다.

둘째, 레드 아메리카에 더 강력한 풀뿌리 경제로의 회귀는 국부의 불균형 및 격차를 줄이는 데 일조할 것이다. 진보 성향의 경제학자 제임스 갈브레이스James Galbraith는 탈공업화된 경제 구조에서 훨씬 더 커진 불평등을 보여주는 힐러리 클린턴을 지지한 주들보다 트럼프를 지지했던 주들이 더 평등주의적인 경향을 보이고 있다고 언급했다. 따라서 캔자스시티, 그랜드래피즈Grand Rapids(미시간주 서부에 위치) 또는 휴스턴의 경제 성장 및 확대는 실리콘 밸리에서와는 다른 의미를 지닌다. 실리콘 밸리에서의 이득은 주로 이미 풍요로운 계층에게 다시 집중되는 경향이 있다.

셋째, 이러한 경제적 변화는 1930년대와 1960년대에 일어났던 일종의 장기적인 정치적 재조정realignments 국면을 창출할 것이다. 퀴니피악Quinnipiac 조사에 따르면, 경제 신뢰는 높아졌지만 더 많은 유권자들은 여전히 트럼프 대통령보다는 오바마 대통령을 믿고 있다. 그러나 미국 국민의 70%는 고등학교 학력 이수자로 이들은 자신들의 고등학교 학력과 특정 기술 자격증으로 제대로 급여를 받을 수 있는 일자리를 원할 것이다. 트럼프는 아주 오랜 기간 무시된 이들 계층에게 희망을 던지는 논의를 펼치고 있다. 젊은 계층과 소수 민족을 포함하여 미국인들에게 있어, 경제적 구원은 구글이나 페이스북이 아닌 건설, 제조, 에너지 등과 같은 노동을 필요로 하는 현장 전문직에 있다. 이러한 분야에서 일자리 기회가 민주당 정권 하에서 축소된다면, 선거 정치는 레드 주의 민주당원 혹은 지지자들에게는 도전이 될 수 있다. 즉, 민주당 지지자들, 특히 소수 민족과 밀레니엄 세대는 트럼프와 그의 경제 정책에 대해 경멸을 할 것인지 아니면 선택을 할 것인지를 결정해야 할 수도 있다.

PART 3

노동과 일자리

WISE TRENDS

전 세계적인 부채 위기 분석 : 과거 금융 위기 VS 현재 부채 문제

부채 수준이 전 세계적으로 가파르게 오르고 있다. 부채 수준이 최고에 이르면 곧바로 금융 위기로 이어지는 것이 일반적이다. 그렇다면 현재 부채 수준은 어느 정도인가? 과거 금융 위기를 초래한 부채 문제와 현재의 부채 문제에는 어떤 차이가 있는가? 앞으로 벌어질 가능성이 있는 사건은 무엇일까? 지금 당장 우리는 무엇을 준비해야 하는가?

서브 프라임 위기는 BNP 파리바 그룹BNP Paribas이 그들 자금이 투자된 미국 서브 프라임 모기지의 유동성이 완전히 증발하자 펀드 환매를 중단해야 했던 2007년 8월 9일 시작되었다. 컨트리와이드 파이낸셜 코퍼레이션Countrywide Financial Corporation과 수많은 기타 대출 기관들은 2007년에 더 이상 조달 자금financing을 얻어낼 수 없었다. 이후 2년 동안, 주택 가격은 하락했고 주가도 그에 따라 가파르게 곤두박질쳤다.

2007년 이후 근 10년이 흘렀다. 최근 경제 전반에 걸쳐 사람들이

다시 한번 과도한 부채에 대해 걱정하고 있다. 이로 인해 발생하는 경제적 복지에 대한 수많은 잠재적 위협 때문이다. 그렇다면 과도한 수준의 진실은 무엇일까?

미국의 자산, 부채 예산 등의 현황을 실시간으로 보여주는 미 부채 시계US Debt Clock에 따르면, 경제 전 단계에서 전체 채무 규모가 약 67.5조 달러에 이르는 것으로 나타나고 있다. 여기에는 학자금 대출, 자동차 대출, 신용 카드, 담보 대출, 기업 채무 및 연방 부채, 정부 부채가 모두 포함된다. 대출에 대한 지불 이자율은 평균 3.7%로 이자만 총 2.5조 달러에 이른다.

과도한 부채는 미국만의 현상이 아니다. 전 세계적으로 부채는 270조 달러에 이르고 있으며 이는 기록적으로 최고 수준급이다. 다만 이번 경우, 미국은 최악의 상황에 처해 있는 것처럼 보이지는 않는다. 중국과 그보다 규모가 적은 이머징 경제국의 부채 수준이 가장 큰 우려 사항으로 부상하고 있다.

그렇다면 제2의 금융 위기가 조성되고 있는가? 마지막 금융 위기 이후 GDP 대비 부채 수준이 상승하면서, 국제결제은행Bank of International Settlement, BIS은 새로운 금융 위기가 흐릿하게 나타나고 있다고 경고하고 있다.

가장 큰 우려 사항은 금융 위기 그 자체다. 금융 위기는 거의 모든 국가의 GDP를 붕괴시키기 때문이다. GDP는 '부채 대비 GDP 비율'의 분모로 작용하기 때문에 GDP의 붕괴나 감소는 자동적으로 부채 비율을 더 높이게 만든다.

그러나 전 세계 GDP는 현재 거의 회복 중이다. 그런데 여전히 '부채 대비 GDP 비율'이 상승하는 주된 이유는 무엇일까? 바로 '공격적인 대출' 덕분이다. 그리고 이것의 이유는 너무 낮게 유지되고 있는 금리에 있다. 현재의 낮은 금리는 거의 대부분 디플레이션 때문이다. 국제결제은행이 인정한 바와 같이, 기술 발전의 세계화는 강력한 디플레이션 요소로, 중앙은행들이 금리를 인상하지 못하게 만들고 있다.

그 결과 연방준비은행과 거의 대부분의 다른 중앙은행들이 금리를 매우 오랫동안 낮게 유지하는 것이다. 이로 인해 여러 국가에서 부채 대비 GDP 비율이 부풀어 오른 것이다.

그러나 이러한 숫자들은 잠재적 금융 위기의 가능성에 관해 많은 것을 알려주진 않는다. 중요한 것은 부채의 유형이다. 그 유형에 따라 위험은 크게 달라진다. 총 4가지가 있다.

- 1유형 : 외화 액수로 명기되는 민간 부채
- 2유형 : 외화 액수로 명기되는 공공 부채
- 3유형 : 자국 통화로 명기되는 민간 부채
- 4유형 : 자국 통화로 명기되는 공공 부채

역사는 대부분의 금융 위기가 공공이 아닌 민간 부채의 결과라는 점을 보여준다. 공공 부문의 부채로 인해 발생하는 몇 번의 위기는 국가가 통제하지 못하는 통화로 명기되는 부채였을 때다. 지난 세기 가장 파국적이었던 3번의 금융 위기를 보면 알 수 있다. 1919년 미국, 1989년 일본, 다시 2008년 미국의 금융 위기는 공공 부채와 아무 관련이 없다. 3번의 위기 모두 민간 부문의 신용 경색으로 촉발된 막대한 자국내 자산 거품으로 인해 발생했다.

따라서 이러한 범주의 거품이 다시는 발생하지 않도록 준비하는 일이 가장 중요하다. 금융 위기가 초래하는 피해는 큰 전쟁을 치르는 것과 맞먹는 규모이다. 다음 사실을 생각해보자.

- 1929년 주식 시장의 붕괴와 그로 인한 정책 실패는 세계적 규모의 경기 침체를 야기했고, 결국 제2차 세계 대전으로 이어졌다.
- 1990년대 초반 일본의 경제 위기는 디플레이션의 만연과 더불어 성장 둔화라는 '잃어버린 10년'을 야기했다.
- 미국의 2008년 금융 위기는 그 처리 비용으로만 미국 GDP의 70%에 이르는 것으로 추산된다.

또한 거기서 끝이 아니라, 금융 위기 이후에 이러한 민간 부문의 부채가 공공 부문으로 불가피하게 흘러들어 간다. 이러한 현상은 다음과 같은 메커니즘들이 결합된 결과다.

- 앞서 언급된 GDP의 하락
- 구제 금융과 경기부양책과 같은, 정부가 위기를 타개하기 위해 취한 긴급 조치들
- 위기로 인한 민간 부문의 디레버리징Deleveraging(자기자본 대비 차입비율에서 차입비율을 낮추는 것)

특히 민간 부문의 디레버리징이 경제에 미치는 영향을 이해하는 것이 중요하다. 민간 부문이 부채 폭등에 시달리고 그 폭등을 뒷받침하는 자산이 붕괴되면 대차 대조표가 손상된다. 그것은 금융 위기의 명확한 특징이다. 수없이 많은 대차 대조표가 수정할 수 없을 정도로 손상되고 심지어 청산되면서, 수많은 기업과 개인은 파산을 선언한다. 생존자들 상당수도 대차 대조표를 바로 잡기 위해 긴축 활동을 이행해야 한다. 즉, 이러한 경우 금리가 아무리 낮아도, 더 많은 돈을 빌리는 대신 지출을 줄이고 대출 상환을 시도하는 것이다. 그러나 이러한 조치에도 두 가지 부작용이 따른다.

첫째는 기업과 가계가 대차 대조표를 바로 잡기 위해 지출을 줄이면서 제품 및 서비스에 대한 수요가 감소하는 것이다. 이것은 또한 은행들의 대출 기준 강화와 동반된다. 우리가 '경기 침체'로 부르는 잇따르는 경제적 쇠퇴 대부분을 야기하는 것이 바로 이러한 지출 감소다.

둘째는 신용 수요credit demand의 감소가 '저축 과잉savings glut'을 일으키면서 통화 정책이 거의 유명무실해진다. 이를 '유동성 함정liquidity trap'이라 한다.

통화 정책 대부분이 무의미해지고 민간 부문에 디레버리징이 이뤄지면서, 공공 부문은 경제를 자극하기 위해 리레버리징Re-leveraging(재차입)과 적자 확대를 추진해야 하는 처지에 놓이게 된다. 이로 인해 세금 징수가 감소하고 더 많은 지출 목록이 증가하는데, 이 현상이 상당한 수준에 이르기까지 자동으로 계속 발생하게 된다. 이것이 지난 10년 미국의 공공 부채가 급격하게 증가한 이유다. 그렇다면 정부 기관이나 정부 역할을 담당하는 기관이 이러한 조건 하에서 앞서 언급한 조치를 취하지 않는다면 어떻게 될까? 1929년에서 1933년까지 미국에서 일어난 일을 생각해보자.

이러한 프로세스는 정말 단순한 것이다. 어떤 다른 당사자의 리레버리징 없이 민간 부문이 디레버리징을 단행하게 되면, 경제는 침체에 빠져들 것이고, 심지어 그보다 더 악화될 수도 있을 것이다. 부채-디플레이션 순환에 빠져들 수도 있다. 이로 인해 자산 가격은 계속 하락하고 강제 청산이 발생하며, 심지어 더 큰 디레버리징을 일으킬 수도 있다.

따라서 금융 위기의 여파에서 공공 부채의 증가는 거의 필연적이다. 사실, 유로 위기의 교훈 중 하나는 부채/GDP 비율 조정, GDP 하락에 대한 해결책으로 공공 부문을 단순히 긴축했을 때 상황이 더 악화될 수 있다는 점을 목도한 것이다. 그리스에서 어떤 일이 일어났는가. 그렇다고 공공 부문의 부채 증가가 어떤 문제도 되지 않는다는 의미는 아니다. 그러나 그것을 논의하기 전에, 외화로 표기되는 민간 부문의 부채 증가 상황을 먼저 파악해야 한다. 1990년대 중반 아시아에서 일어난 금융 위기는 바로 이러한 논의의 순서가 뒤바뀐 결과다.

많은 아시아 국가들은 그들 통화를 미 달러에 묶어뒀다. 이것이 민간 부문이 미국 달러 부채를 폭식하도록 촉발했다. 자국 통화보다는 미 달러로 대출받는 것이 더 저렴했기 때문이다. 최소한 자국 통화가 달러에 묶여있는 동안에는 그러했다. 그러나 태국에서 처음으로 문제가 발생하기 시작했고, 달러 페그제는 즉각 폐기되어야 했다.

페그peg는 무엇을 걸거나 고정할 때 쓰는 못이나 집게 등을 가리킨다. 즉, 자국 통화 가치를 고정된 달러에 묶어 두고 정해진 환율로 교환을 약속한 환율 제도가 달러 페그제였다. 이것은 이중 피해를 발생시켰는데, 첫 번째는 거품이 터지면서 일어난 자국 내 자산 가격 하락이었고, 두 번째는 달러 대비 자국 통화 폭락에 따른 부채 가치 debt value 증가였다.

투자자들이 유사한 상황을 목도하고 자금을 회수하기 시작하면서, 태국발 금융 위기는 다른 아시아 국가들로 빠르게 확산되었다. 그런데 현재 일부 전문가들이 많은 이머징 경제국 내에서 외국환 민간 부문의 부채가 다시 위험한 수준에 도달했다고 주장하고 있다.

요약하면, 주요 금융 위기는 일반적으로 민간 부문의 부채 거품이 터지고, 그 효과가 경제 전반에 걸쳐 파급될 때 발생한다. 역사적으로 자국 내 통화로 표기되는 공공 부문의 부채 거품은 금융 위기로 결코 이어지지 않았다. 정부가 통화를 관리할 수 있기 때문이다. 그러나 아시아 부채 위기에서 목도했듯, 일단 금융 위기가 발생하면 정부가 외화를 빌릴 때 디폴트 상황으로 진입할 위험이 있다.

이러한 금융 현실을 감안하여 우리는 앞으로 다음과 같이 6가지를 예측할 수 있다.

첫째, 미 연방정부의 부채가 금융 위기를 야기하지 않을 것이다. 지금 당장뿐만 아니라 예측 가능한 미래 언제든 그런 일은 결코 일어나지 않는다는 의미다. 미국의 국가 부채는 1966년 3,200억 달러에서 오늘날 거의 20조 달러로 늘어났다. 지난 16년 동안 국가 부채 성장률은 매 분기마다 명목 GDPNominal GDP 성장률을 앞질렀다. 그러나 부채 증가 그 자체는 주가 수익률에 장애가 되지 않는다. 1966년 이후, 미국의 국가 부채가 매년 평균 8.4%씩 늘어났지만, S&P 500 지수는 연평균 9.7%씩 상승했다. 1982년부터 2016년까지, 부채 대비 GDP 비율은 32%에서 105%로, 이 기간 동안 S&P 500 지수는 연평균 11.7%씩 상승했다.

가장 큰 규모의 국가 부채 증가는 1983년 초와 2009년 초에 발생했는데, 두 해 모두 증가율이 20% 이상을 기록했다. 그런데 같은 해 역사상 가장 강력하고 긴 상승 장세Bull Market가 뒤를 이었다. 2015년에 무디스Moody's는 재정여력fiscal space 메트릭스를 개발했다. 이것은 '한 국가의 부채 대비 GDP 비율'과 '전례 없는 정책적 조치를 취하지 않는 경우 해당 국가가 디폴트에 처할 한계치' 간 차이를 측정하려는 시도였다. 이 메트릭스에 따르면 미국의 경우 안전한 국가로 분류된다.

둘째, 미국의 가계 부채가 향후 5년 내 금융 위기로 이어지진 않을 것이다. 가계 부채는 2017년 1분기에 1,490억 달러가 증가하여 12조 7,300억 달러에 도달했는데, 사상 최초로 2008년의 수준을 넘어섰다. 그러나 당시는 GDP 대비 30% 이상이었던 반면, 오늘날은 GDP 대비 오히려 더 적은 규모다. 소비자 부채의 가장 크고 문제가 되는 범주는 학자금과 자동차 대출이다. 학자금 대출의 80%는 25,000달러 미만의 빚을 진 사람들이다. 따라서 실업률을 극적으로 낮추고 채무 불이행율을 줄이려면 향후 5년내 가파른 경제 성장이 필요하다. 마찬가지로, 더 튼튼한 일자리와 임금 상승은 '서브 프라임' 부문의 자동차 구매자들의 비율을 줄여줄 것이다. 더 중요한 것은 대출기관이 새로운 '서브 프라임' 대출자들을 줄이기 위한 기준을 새로이 마련했다는 점이다.

셋째, 향후 10년 동안 미국의 기업 부채는 조직적인 금융 위기나 주식 시장의 평가 절상appreciation에 대한 장벽 그 어떤 것과도 관련이 없을 것이다. 많은 전문가들은 현재 '비금융 기업들의 높은 부채 수준'에 대해 우려하고 있다. 미국의 비금융 기업 부채는 18.9조 달러로 사상 최고치를 기록한 것이 사실이며, 이 부채는 GDP 대비 지금까지 가장 높은 액수다. 그러나 기업들은 GDP로 빚을 갚진 않는다. 이들은 자산과 소득 대비로 부채를 진다. 1980년 이후, 비금융 기업 부채는 금융자산, 부동산, 장비, 재고 자산, 지식 자산을 포함하는 전체 자산 대비 평균 44.9%였다. 현재 이들 부채는 44.5%로 평균보다 약간 아래다. 최고 기록은 1993년의 50.6%였다. 1993년은 미국 역사상 가장 길었던 경제 성장이 시작된 해다. 일부에서는 기업 재무 자산의 가치가 금융 자산 연금술로 확대되고 있다고 말한다.

그렇다면 금융 방정식에서 벗어나 기록적 수준의 현금 보유를 포함한 재무 자산을 살펴보자. 부채 대비 비금융 자산 비율이 85%로 이는 지난 25년 동안의 범위인 대략 74%에서 95%의 중간 수준이다. 이들 기업들의 시장 가치 대비 부채는 1980년 이후 평균 82.2%였고, 현재는 80%를 유지하고 있다. 시장 가치가 아닌 비금융 자산의 전통적 원가를 사용하여 순 가치를 계산하면 부채 비율은 121%지만, 1980년 이후 평균은 128%, 1990년 평균은 125%, 2000년 이후 평균은 119%다. 다시 말하지만 그 어떤 것도 비정상적인 것은 없다. 이자 지불은 어떠할까? 가장 최근 데이터에 따르면 이자 및 기타 지급액은 기업의 수익의 11.2%다. 1980년 이후에는 평균 13.2%, 1990년 이후에는 12.2%, 2000년 이후에는 11.6%였다. 이자율이 계속 상승하면 어떻게 될까? 그러한 가정에서도 금액은 크지 않을 것이다. 현재, 부채의 단 28%만이 단기 차입이다. 1980년대에는 이 수치가 44%, 1990년대에는 41%, 2000년대에는 33%였다.

넷째, 중국은 내부적으로 부채 위기를 처리할 것이고, 세계 경제에 대한 파급 효과는 상대적으로 적을 것이다. 현재 중국은 세계에서 두 번째로 큰 경제를 운용 중이다. 중국 경제는 급속도로 성장하고 있지만, GDP 대비 부채 비율은 현재 일본과 비슷한 수준으로 약 260%다. 중국은 2007년 이래 24조 달러의 부채를 더 추가했다. 문제는 이 부채가 그리스와 아르헨티나와 같은 쓰라린 긴축 재조정을 야기할 것인지 아니면 중국이 미국과 같이 부채 폭탄에서 벗어나 자신들의 길을 더 넓히고 성장할 것인지다. 최근 중국의 부채 규모와 그 확대에 대한 우려가 한풀 꺾이고 있는데 여기에는 몇 가지 이유가 있다. 경제 성장이 실제로 2017년 상반기에 정부와 민간 부문의 예측치를 모두 넘어 선 것이다. 미국과의 무역 마찰은 미국 대통령 선거 이후 표면적으로 완화되었고, 더불어 중국 정부의 조치로 인해 2016년에는 중국발 대규모 자본 유출이 멈췄다. 중국 통화는 안정을 되찾았고 미국 달러 대비 최고 안정 수준에 근접했다. 더군다나 중국의 정치 체제는 OECD 회원국들에 비해 정부가 재정 불균형을 통제하는 데 더 큰 힘을 부여하고 있다. 그리고 중국 정부는 그 힘을 강력하게 활용했다. 1990년대 중국의 국유 기업 부채 중 50% 이상이 악성이었다. 중국 정부는 세계 경제에 큰 혼란을 주지 않으면서 거대한 구제 금융을 설계했다. 중국의 1990년대 구제 금융은 금세기의 첫 10년 동안 폭발적인 성장을 위한 토대가 되었다. 중국은 다소 둔화된 성장에 적응하면서 이러한 성과를 다시 이룩할 것이다.

다섯째, 가까운 미래에 금융 위기가 발생한다면, 중국 외 아시아에 그나마 가장 가능성이 있지만, 그 가능성 자체의 실현 확률은 높지 않다. S&P 글로벌신용평가S&P Global Ratings는 2021년까지 성숙될 것으로 예상되

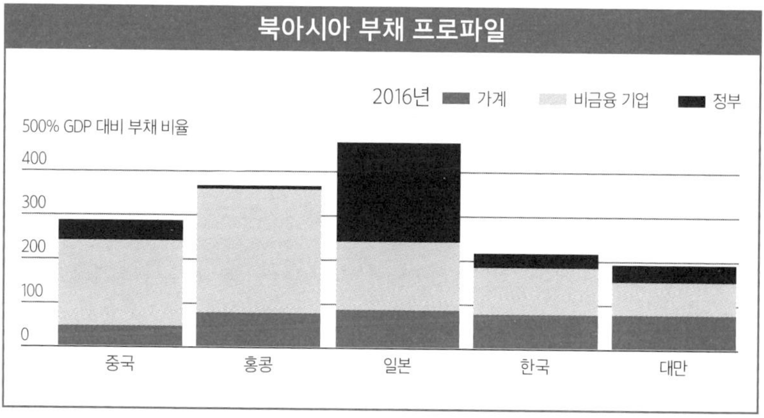

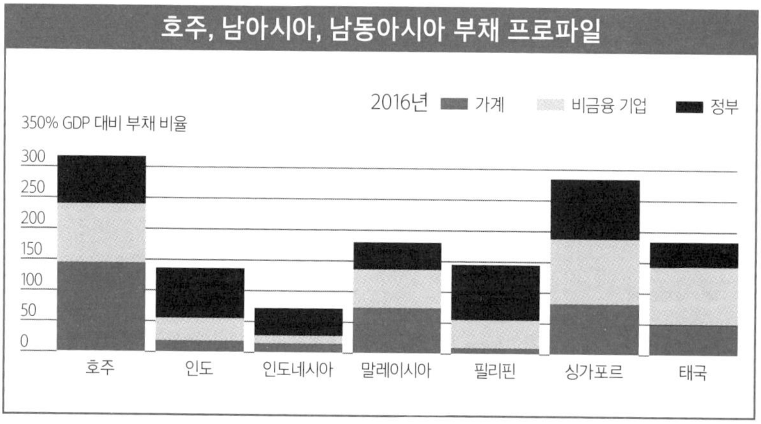

는 아시아 기업들의 부채가 약 1조 달러에 달할 것이고, 그중 외환으로 명시되는 금액의 63%는 달러로, 7%는 유로로 예측하고 있다. 이러한 맥락은 1990년대와는 매우 다르다. 이제 각 아시아 국가들은 외환 보유고를 강화했고, 위험 회피를 개선했으며, 자국 내 채권 시장은 재정에 대한 대안으로서 이미 준비가 되어 있다. 미 연방준비은행이 긴축을 하고 있는 반면, 유럽과 일본의 대규모 통화 완화 정책은 이를 상쇄하는 효과까지 제공하고 있다. 이자율은 역사적 수준으로 낮게 유지되고 있으며, 리플레이션reflation(디플레이션에서 벗어나 심한 인플레이션까지는 이르지 않은 상태)이 서비스 비용을 낮추는 데도 도움을 주고 있다.

아시아 지역의 차입 양상은 여전히 공격적이고, 아시아는 글로벌 성장에 가장 큰 공헌자이기 때문에 '부채 보유' 문제는 아주 중요하다. 크게 걱정할 일은 없는 것이, 싱가포르는 동남아시아에서 가장 큰 부채 부담을 지니고 있지만 이 도시 국가는 세계에서 가장 부유한 나라 중 하나이며, 가계가 보유한 자산만 약 1.1조 달러로 추산된다. 필리핀과 인도네시아는 타 지역과 달리 레버리지 가속을 회피해왔는데 부분적으로 미성숙한 금융 산업으로 인해 가계 대출이 쉽지 않기 때문이다. 인도네시아 또한 재정 적자를 GDP의 3%, 정부 부채를 GDP의 60%로 제한하는 엄격한 재정 규칙을 시행하고 있다. 한국과 호주는 과중한 부채 부담이 있지만 대부분의 부채는 자국 통화로 명시된다.

여섯째, 경제 성장을 이끌어내는 진정한 해결책이 오늘날의 폭넓은 경기 상승세에 이미 반영되어 있다. 유럽과 일본, 다수의 신흥 시장에

재정 여력 : 부채

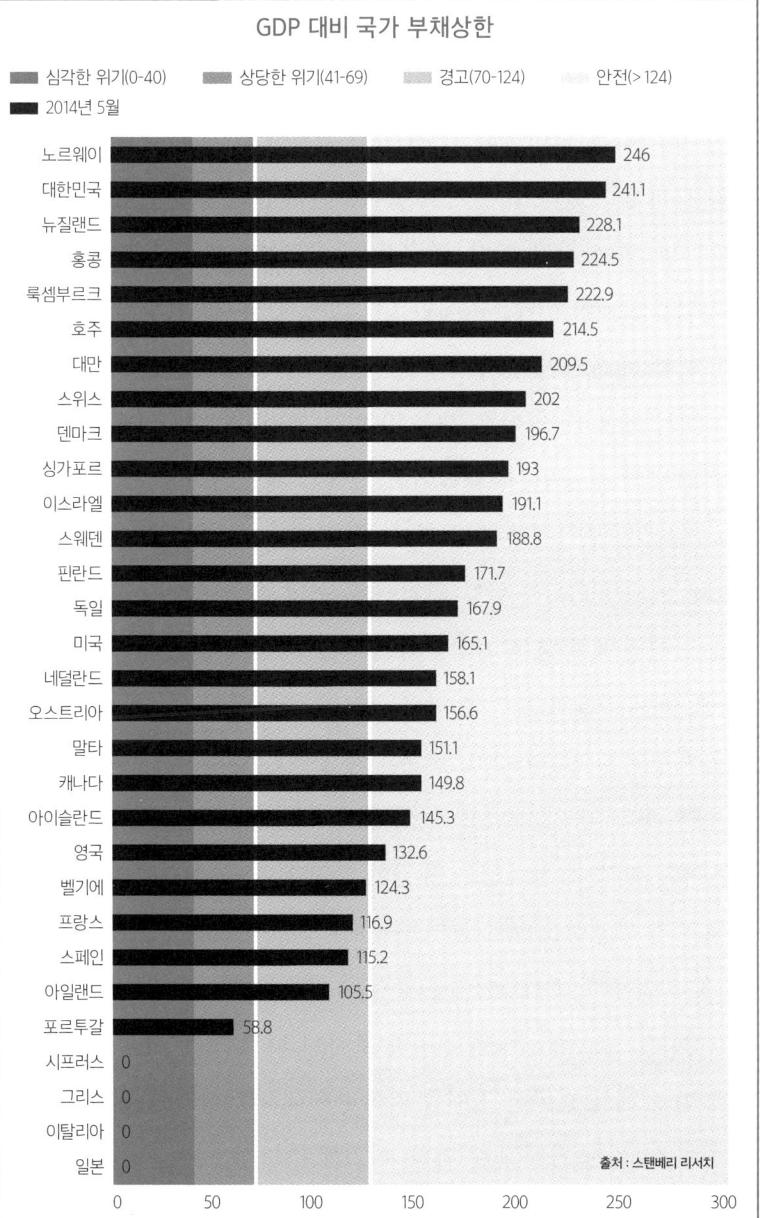

출처 : 스탠베리 리서치

서는 상당한 경기 상승세가 보이고 있으며, 중국은 PMIpurchasing managers index(구매 관리자 지수)가 50을 훨씬 상회하는 등 안정세를 보이고 있다. PMI가 기준치인 50을 넘으면 경기 확장을 50을 하회하면 경기 위축을 의미한다. 수년 만에 처음으로 세계 주요 경제도 회복의 길에 들어섰다. 하반기로 접어들면서 많은 부분에서 회복의 선명도는 더 향상되고 있다. 미국에서는 2015년과 2016년에 고전했던 기업들의 이익이 1분기에만 13% 반등했다. 임금 성장과 소매 매출이 함께 개선되면서 이 상황은 후반기 성장 가속화로 나타날 것이다. 제2차 세계 대전 이후 가장 긴 회복 기간(95개월)을 거치는 동안, 성장 중단의 상징인 '인플레이션 압력', '재고 누적', '주가 및 주택 거품' 현상은 보이지 않고 있다.

미국 이외의 PMI는 금융 위기 이후 최고 수준까지 상승했다. 또한 주요 경제권에 속하는 기업들의 수익도 회복세에 있다. 장기적으로 볼 때, 혁신 기술로 불안한 인구 구조를 극복해야 하는 과제는 여전히 존재한다. 1964년~2014년까지의 고용은 연평균 1.7% 증가했지만, 향후 50년 동안 매년 0.3%씩 앞으로는 감소할 것으로 예상되기 때문이다. 이것을 상쇄하는 유일한 방안은 지난 50년간의 속도보다 더 빠르게 생산성을 80% 높이는 것이다(현재의 연평균 생산성 향상 1.8%에서 3.3%로 높여야 한다). 이것은 충분히 가능한 일이다. 맥킨지 글로벌 인스티튜트McKinsey Global Institute의 조사에 따르면, 각 정부와 기업들이 모범 사례를 발굴하고 이를 지속적으로 채택한다면, 생산성 향상을 매년 3%씩 증가시킬 수 있다. 여기에 추가적으로 '진정한 혁신'의 힘이 더해진다면, 3.3%를 상회하는 더 큰 향상도 이뤄낼 수 있다.

기술 발전에 따른
전례 없는 노동 시장 혼란에 대한 진실

최근 수년 동안, 선진 산업 국가의 노동자들이 노동 시장에서 전례 없는 수준의 붕괴와 불안정성을 경험하고 있다는 이야기가 회자되고 있다. 기술로 인한 자동화, 인공지능, 로봇 등이 수많은 사람들의 일자리를 뺏을 것이라는 의미다. 그런데 이것이 정말 사실일까? 현재 어떤 일이 일어나고 있는가?

선진 산업 국가들의 노동자들이 전례 없는 수준의 노동 시장 붕괴와 불안정을 경험하고 있다는 이야기가 신뢰를 얻고 있다. 우버Uber에 의해 밀려난 택시 운전사, 인공 지능이 법률 문서 검토를 함에 따라 일자리를 잃게 된 변호사에서 블루칼라 제조 노동자들을 실직으로 밀어 넣은 로봇 자동화에 이르기까지, 대중들은 기술의 발달이 결과적으로 슘페터(오스트리아 경제학자, 1912년 〈경제발전론〉에서 이윤이란 바로 창조적 파괴행위를 성공적으로 이끈 기업가의 정당한 노력의 대가라고 함)가 주장한 기업의 이윤 추구 때문에 노동 시장의 변화를 일으키고 있다고 본다. 한 실리콘 밸리 전문가는 기술이 향후 10년에서 15년 내에 미국 일자리의 80~90%를 대체하거나 없앨 것이라고 예측하고 있다.

그러나 대중의 이러한 인식에도 불구하고 데이터에 대한 객관적 분석에 따르면 미국의 노동 시장은 '전례 없는 기술적 혼란'을 겪지 않고 있다. 사실 미국의 일자리 혼돈은 역사적으로 낮은 수준이다. 그리고 앞으로 살펴보겠지만, 이제는 걱정을 멈추고 기술 혁신을 통해 생산성 향상을 가속화할 때다.

다음 사항을 살펴보자. 정보통신혁신재단Information Technology and Innovation Foundation, ITIF은 정보통신이 일자리에 미치는 영향에 대한 현재의 엄격한 평가는 '잘못된 논리'와 '오류가 있는 경험적 분석'의

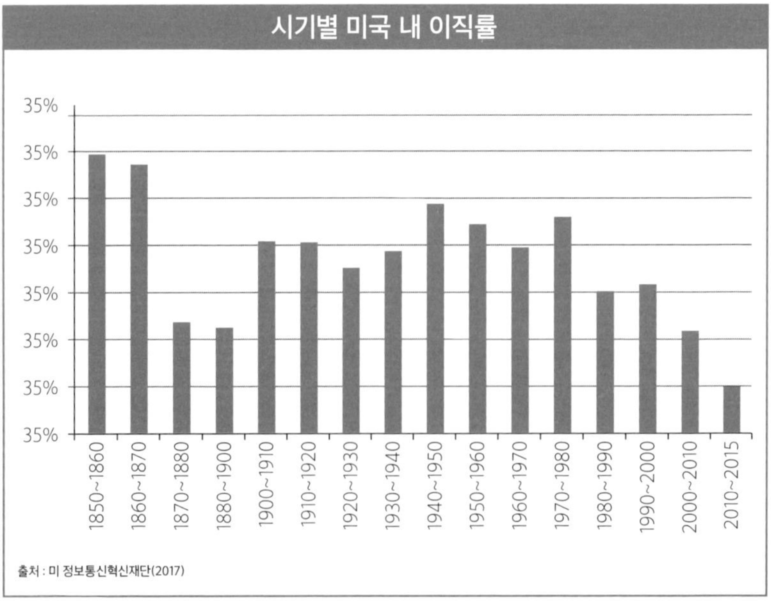

산물이며 현 정책 논쟁과도 관련이 없다고 판단하고 있다. 예를 들어, 기술 비관론자techno-pessimist들은 종종 로봇이 대부분의 인간 업무를 수행할 수 있다고 가정한다. 그러나 실제로는 절대 그렇지 않다. 또한 이들은 하나의 일자리가 사라지면, 증대된 생산성과 지출에 따른 2차 일자리 창출 효과가 없을 것이라고 가정한다. 그러나 기술 비관론자들의 이러한 과도한 평가는 '역사의 오독misreading에 따

기술 주도 일자리 혼돈의 둔화

10년 단위	이직 1950년대 일자리	조정 이직 1950년대 일자리	이직 2010년대 일자리	조정 이직 2010년대 일자리	기술로 인한 '일자리 소멸과 창출' 비율 1950년대 일자리	기술로 인한 '일자리 소멸과 창출' 비율 2010년대 일자리
1850~1860	60%	30%	해당 없음	해당 없음	45%	해당 없음
1860~1870	54%	29%	해당 없음	해당 없음	24%	해당 없음
1870~1880	23%	12%	해당 없음	해당 없음	36%	해당 없음
1880~1900	23%	11%	해당 없음	해당 없음	53%	해당 없음
1900~1910	30%	20%	해당 없음	해당 없음	72%	해당 없음
1910~1920	25%	20%	해당 없음	해당 없음	97%	해당 없음
1920~1930	25%	17%	해당 없음	해당 없음	61%	해당 없음
1930~1940	25%	19%	해당 없음	해당 없음	91%	해당 없음
1940~1950	31%	24%	해당 없음	해당 없음	65%	해당 없음
1950~1960	37%	22%	38%	17%	31%	83%
1960~1970	30%	20%	46%	31%	61%	30%
1970~1980	31%	23%	42%	32%	20%	32%
1980~1990	21%	15%	26%	19%	29%	52%
1990~2000	21%	16%	34%	29%	55%	25%
2000~2010	14%	11%	18%	15%	21%	32%
2010~2015	6%	5%	10%	9%	60%	74%

출처 : 미 정보통신혁신재단(2017)

른 결과다.

지난 165년간의 미국 역사를 신중하게 검토하면, 통계는 미국의 노동 시장이 현재 특별히 높은 수준의 일자리 혼돈—새로운 직업이 창출되고 낡은 직업이 파괴되는—을 겪고 있지는 않음을 보여주고 있다. 정확하게 말하자면, 오히려 그 반대의 상황이 벌어지고 있다.

특정 직종이 확대되고 또 다른 특정 직종은 줄어드는 것으로 정의할 수 있는 일자리 혼돈은 현재 역사적으로 낮은 수준에 머무르고 있다. 지난 20년 간—즉, 2007년과 2008년의 금융 위기와 닷컴 붕괴, 연속적인 대침체, 과거보다 더 파괴적인 새로운 기술의 등장을 포함하는—일자리 혼돈의 평균 수준은 1950년~2000년 평균의 38%, 1850년~2000년 평균의 42% 수준에 불과하다.

역사적 사실 그 자체보다, 오늘날 왜 이것이 중요한지 인식하는 것이 필요하다. 오피니언 리더들이 우리가 현재 검증되지 않은 경제 영역에 있고, 누군가의 일자리가 역사의 폐기장으로 던져질 수 있음을 계속 경고하고 있다. 이로 인해 대중은 기술적 진보에 불쾌감을 가지게 되고 사회는 지나칠 정도로 위험을 회피하는 방향으로 움직이게 된다. 즉 사회는 혼란과 더 큰 진보에 대응하여 안정과 현상 유지만을 추구하게 되는 것이다. 이러한 우려는 이론에 그치는 것이 아니라, 실제로 현실화된다. 일부 사법기관은 택시 일자리가 사라지는 것을 우려하여 우버와 같은 차량 공유 애플리케이션을 금지하고 있다. 대신 빌 게이츠와 같이 유명하고 존경받는 누군가의 엉뚱한 아이디어, 즉 '사람과 같이 로봇에게도 세금을 매겨야 한다'는 이야기를 고민 없이 받아들이고 있다. 사실 이런 아이디어는 1920년대에

트랙터에 세금을 부과해야 한다는 것과 흡사하다.

실제로 오늘날 선진 경제국이 당면한 가장 큰 경제적 도전은 노동 시장 혼란이 큰 게 아니라 작다는 데 있다. 또한 너무 작은 생산성도 큰 도전 과제다. 생산성을 높이는 것이 삶의 질을 높이는 유일한 방법이기 때문에, 지난 10년간 생산성 성장률이 60년 내에서 가장 낮은 수준에 있음은 나쁜 뉴스라 할 수 있다.

정보통신혁신재단의 전체적인 분석은 미네소타 대학의 인구 통계 조사 프로그램과 미네소타 인구센터Minnesota Population Center에서 수집한 인구 조사 데이터를 바탕으로 1850년부터 2015년까지의 미국의 직업 동향을 조사하여 각 10년간 직업 수준의 변화를 비교한 것이다. 혁신재단은 각 직업에 코드를 지정하여 각 10년 동안의 고용 증가 또는 감소가 기술적 진보 또는 기타 요인으로 인한 것인지의 여부를 판단했는데, 전반적으로 이 분석을 통해 3가지 주요 결과가 다음과 같이 나왔다.

첫째, 보편적 인식과 반대로, 일자리 혼란 비율은 시간이 지나면서 증가하기보다는 1850년대 이후로 미국 역사에서 최근 10년간 가장 낮은 수준이었다. 이 혼란은 1850년~1870년의 20년 사이에서 50%를 넘어서는 정점을 찍었는데, 이는 일자리 성장과 쇠퇴의 절대적 가치 총합이 전체 고용의 절반보다 더 컸다는 의미다. 또 다른 극단적인 경우는 지난 15년간의 혼란으로 이번에는 평균 약 10%의 가장 낮은 수준으로 떨어진 것이다. 절대적인 일자리 상실로만 봤을 때, 지난 15년 동안 상대적으로 고요했으며 1950년대의 70%, 1960년대, 70년대, 90년대의 절반 수준이었다.

둘째, 많은 사람들은 혁신이 더 가속화되면 새로운 산업과 새로운 일자리가 기술로 인한 일자리 손실만큼 보충될 것이라고 믿는다. 그러나 진실은 그 새로운 성장이 보충 그 이상이라는 점이다. 10년 동안 기술은 제거한 것보다 더 많은 일자리를 직접 창출했다. 그러나 1850년에서 현재까지 전체적으로 미국 경제는 왕성한 비율로 일자리를 창출해왔고 실업률은 낮았다. 이는 인구 증가로 설명되지 않는 대부분의 일자리 창출이 소비자와 기업의 구매력 증가로 인해 발생했기 때문이다. 이러한 혁신은 노동자와 기업이 더 많은 것을 생산할 수 있게 해주었는데, 이로 인해 임금은 오르고 상품이나 제품, 서비스의 가격은 하락했다. 그 결과 지출이 늘고 새로운 직군에서 더 많은 일자리가 만들어졌다.

기술의 진보로 인한 '일자리 소멸과 창출'

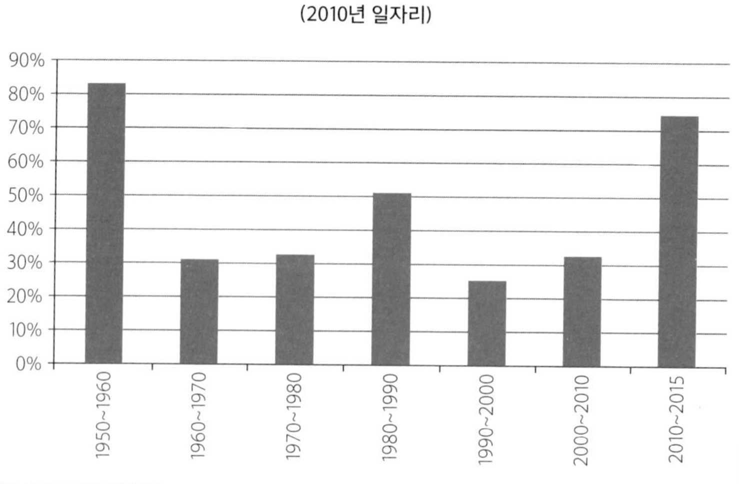

출처 : 미 정보통신혁신재단(2017)

셋째, 오늘날의 기술이 그 어느 때보다 일자리를 많이 파괴하고 있다는 일반적 견해와 반대로, 정보통신혁신재단은 그렇지 않다는 점을 발견했다. 2010년에서 2015년까지 이 기간에 10개의 일자리가 상실되고 7개의 기술 주도 일자리가 창출되었는데, 이것은 1950년과 1960년 이후 어떤 기간보다도 높은 비율이다.

제4차 산업혁명에 우려를 표하는 수많은 사람들은 이러한 상대적 고요함이 로봇과 인공지능이 주도하는 일자리 파괴 폭풍이 몰아치기 직전의 고요함에 불과하다고 주장한다. 그러나 세계경제포럼과 옥스퍼드대학 등이 주장하는 이러한 견해에 기반한 전망은 중요하지도 않고 정확하지도 않다.

인구통계학적 겨울이 인력 부족을 초래하기 전에, 인공지능과 로봇으로 적극적으로 활로를 개척해야 하는 최소한 12가지가 있다.

1. 기술이 주도하는 자동화는 생활수준을 향상시키는 과정의 핵심이다. 더 나은 '도구' 덕분에 더 많은 것을 생산할 수 있기 때문이다. 이것은 더 많이 생산함으로써 노동자는 더 많은 수입을 올릴 수 있고, 기업은 더 낮은 가격에 제품과 서비스를 제공할 수 있다. 이 두 가지로 인해 생활수준은 더 높아진다.
2. 기술에 의한 생산성에는 두 가지 종류가 있다. 엘리베이터 운영자를 대신하는 자동 엘리베이터와 같은 첫 번째 종류는 기술이 노동자를 대신하는 것이다. 망치 대신 공압 네일건Nnail gun을 사용하는 목수와 같은 두 번째 종류의 기술은 기술로 인해 생산성이 향상되는 것이다. 두

가지 모두 좋으며 생산성과 1인당 GDP가 모두 증가할 수 있다.

3. 특정 산업에서 자동화의 고용 영향력은 해당 산업의 유형에 달려있다. 자동화를 통해 조직은 비용을 줄이고 가격을 낮출 수 있다. 낮은 가격으로 재화나 서비스에 대한 수요가 현저하게 증가하지 않는 산업에서는 자동화를 통해 적은 인원으로 동일한 생산량을 산출할 수 있다. 그러나 낮은 가격으로 더 많은 수요가 창출되는 산업에서는 자동화를 통해 동일한 수의 근로자가 더 많은 것을 생산할 수 있다.

4, 자동화는 직종에 따라 다른 영향을 미친다. 여행사와 같은 일부 회사는 새로운 기술로 인해 고용이 감소한 것으로 나타났다. 일부 직종에서는 생활수준이 높아짐에 따라 이익이 증가한 것으로 나타났다. 예를 들어 더 많은 사람들이 아이 돌보미를 고용할 여력이 생길 수 있다. 또 다른 직업은 컴퓨터 과학자의 경우처럼 새로운 기술이 직접적으로 새로운 일자리를 창출할 때 증가세를 보이기도 한다.

5. 자동화는 지역적 특성에 따라 다른 영향을 미친다. 제조업의 경우와 같이 더 빠른 생산성 효과를 경험하는 산업에 더 높은 고용 비중을 갖으며, 비즈니스 서비스와 같이 생산성 증가가 느린 산업에는 비중이 높은 지역보다 더 늦은 순고용 증가세를 보여줄 것이다.

6. 자동화 자체가 반드시 순고용 증가를 유도하는 것은 아니다. 일부 일자리는 새로운 도구의 등장과 함께 창출되지만, 새로운 도구의 사용은 항상 더 많은 일자리를 없앤다. 순 현재 가치 비용이 절감 가치보다 큰 경우 어떤 조직도 자동화에 투자하지 않는다. 즉, 90시간의 작업 시간을 절약하는 시스템을 구축하는 데 100시간의 작업이 소요된다면 어떤 회사도 이를 채택하지 않을 것이다.

7. 똑같이 자동화가 반드시 순일자리 감소로 이어지지도 않는다. 특정 산업 분야에서 자동화가 일자리 일부를 제거한다 해도, 전체적인 경제에서 일자리가 감소하는 것은 아니기 때문이다. 비용이 절감되지 않는다면, 어떤 조직이 자동화를 추진하겠는가. 그리고 그렇게 절감된 비용의 대부분이 소비자에게 돌아가서 그 절감된 비용으로 소비자들이 다른 무언가를 구입한다면, 그러한 지출은 경제의 또 다른 부문에서 일자리를 창출하게 된다.

8. 자동화는 소위 '좋은' 일자리가 자동화된 경우에도 순 인간 복지net human welfare를 향상시킨다. 일부 사람들은 자동화가 단지 3D 분야에만 있어야 한다고 주장한다. 분명히 3D 업종과 같은 일을 자동화하는 것은 나쁜 일자리를 줄이면서 전체 GDP는 증가시키기 때문에 분명 좋은 일이다. 그러나 GDP의 증가 측면에서 보면, '좋은 일자리'를 자동화하는 것도 좋은 일이다. 원래의 산출물이 여전히 유지되고, 노동자들은 새로운 추가 생산물을 생산하기 위해 재배치되기 때문에 사회는 더 많은 재화와 서비스의 혜택을 얻게 된다.

9. 노동자를 보호하기 위해 자동화를 제한하는 것은 경제 성장과 생활수준 향상을 저해하는 것이다. 자동화가 가져오는 저렴한 가격 효과로도 수요가 충분히 성장하지 않는 일부 산업에서는 자동화를 추진하지 않아도 고용 효과가 있을 것이다. 어떤 경우에는 자동화로 인해 노동자가 해고될 수도 있고, 또 다른 경우에서는 회사가 자발적으로 퇴직하는 직원을 대신하는 새로운 직원을 고용하지 않을 수도 있다. 그러나 어느 경우든 특정 산업 분야에서는 자동화로 인해 일자리가 더 줄어들 수 있다. 따라서 일부 노동자들에게는 고통스러운 혼란을 줄 수 있기

때문에, 비용을 치르고서라도 이러한 결과는 피해야 한다는 견해에 쉽게 굴복하기 쉽다. 그러나 자동화 비용은 더 높은 생활수준을 향유하는 그 밖의 모든 사람들에게 상당한 이익을 가져다준다. 따라서 초점은 자동화로 대체된 노동자들이 다른 일자리로 쉽게 옮겨갈 수 있도록 하는 데 모아져야 한다.

10. 정보통신혁신재단이 주장하는 바와 같이 자동화 비율은 보상 일자리 창출 비율을 절대 넘어서지 않을 것이다. 기술 변화와 생산성의 현재 또는 예상 비율이 역사적 비율보다 높다는 증거가 없음에도 불구하고, 많은 사람들이 변화의 속도가 너무 빠르다고 우려한다. 그러나 자동화 비율이 증가하더라도, 특히 거시경제정책이 적절하게 조정된다면, 더 낮은 가격과 높은 임금으로 인한 동시 일자리 창출이 계속 유지되지 않을 것이라고 예상할 이유는 전혀 없다.

11. 생산성 향상은 과거와 마찬가지로 오늘날의 평균 노동자들에게 이익을 가져다준다. 생산성이 높아져 온 지난 수십 년 동안 임금이 정체되었다는 것은 사실이 아니다. 정보통신혁신재단, 미 의회 예산국, 샌프란시스코 연방준비은행이 증명한 바와 같이, 소득 불평등이 증가했기 때문이지, 생산성은 임금 상승으로 전환되었다.

12. 기술에 의한 자동화의 속도와 상관없이, 미국은 미국 노동자들이 직업간 이동을 할 수 있도록 더 많은 일을 해야 할 필요가 있다. 새로운 직업이나 일자리로 옮겨갈 수 있는 기술과 지원을 제공하지 못하면 구조적 실업이 증가할 뿐만 아니라 혁신과 자동화에 대한 저항도 거세가 발생할 가능성이 있다.

따라서 앞으로 정책 입안자와 관리자들은 이러한 분석을 통해 다음과 같은 3가지 핵심 포인트를 염두에 둬야 할 것이다.

첫째, 숨을 크게 쉬고 진정하라. 노동 시장의 혼란은 비정상적으로 높지 않으며, 통계적으로 지난 약 170년 동안 낮은 수준을 유지하고 있다. 인간의 노동이 희귀한 것이 될 것이라는 예측은 언제나 그렇듯이 지나치게 과장되어 있다.

둘째, 미래에 진정한 위험이 있다면, 그것은 기술적 변화와 이로 인한 생산성 증가가 너무 느리다는 데 있다. 현 상황은 결코 빠르지 않다. 따라서 정책 입안자는 변화를 늦추기보다는 창조적 파괴의 속도를 높이기 위해 가능한 모든 조치를 취해야 한다. 그렇지 않으면 현재의 달팽이처럼 늦은 진행 속도로 빠르게 생활수준을 높이는 것은 불가능하다.

셋째, 정책 입안자는 일자리를 잃은 노동자의 노동 시장 전환을 원활하게 하기 위해 더 많은 일을 해야 한다. 단기적인 경기 침체로 인한 일자리 손실인지 자연스러운 노동 시장 변동에 기인하는 추세로 인한 손실인지도 중요하지 않다.

이러한 사실들을 근거하여 우리는 다음과 같은 5가지를 예측할 수 있다.

첫째, 향후 8년에서 12년 동안 미국 정부 정책은 생산성과 경제 성장 극대화를 선호할 것이다. 트럼프 행정부는 이미 4가지 방법으로 엄청난 자동화 붐의 씨앗을 뿌리고 있다.

- 자본투자에 대한 ROI를 높이기 위해 규제 부담을 완화하고 있다.

인공지능의 경제적 영향력

인공지능은 매년 각국의 경제성장률을 2배로 늘릴 수 있는 잠재력을 갖고 있다.

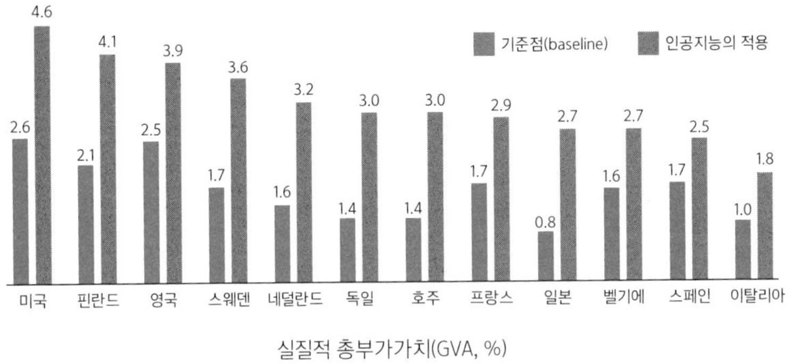

출처 : 악센추어 & 프론티어 이코노믹스

- 법인세율을 줄임으로써 더 많은 이익을 얻게 하려고 한다.
- 새로운 무역 협정은 오프쇼어링을 덜 매력적인 것으로 만들고 있다.
- 이민 제한으로 미국 노동자들의 생산성을 극대화하고 생산성과 함께 임금이 상승하도록 유도하고 있다.

둘째, 2035년까지 인공지능 기반 자동화는 연평균 4.6%의 놀라운 수준으로 미국의 연간 성장률을 가속화할 것이다. 이는 2009년에서 2016년까지의 성장률보다 40% 더 높다. 이러한 예측을 지원하는 악센추어 Accenture의 분석을 봐도 그렇다. 많은 전문가들이 세계가 3% 이상의 지속적인 성장을 하는 것에 의문을 제기하는 상황에서 이것은 분명히 고무적이다.

셋째, 제조 분야에서 인공지능의 배치는 리쇼어링reshoring(미국 기업들의 본국 철수)에 대한 추세를 더욱 가속화할 것이다. 생산성이 상승하고 비용이 급감함에 따라 미국 기업들은 생산 시설과 기지를 미국으로 다시 이전하게 될 것이다. 이로 인해 다른 부문의 일자리 손실이 상쇄될 수 있다. 그러나 이는 개발도상국들이 더 이상 수출 시장을 위한 값싼 제조 능력을 개발함으로써 더 이상 근대화의 길을 따를 수 없음을 의미한다. 보스턴 컨설팅 그룹Boston Consulting Group은 10억 달러 이상의 매출을 올리는 회사 중 3분의 1 이상이 리쇼어링을 고려하고 있다고 밝혔다. 결과적으로, 개발도상국은 자국 경제 성장을 촉진시킬 다른 방법을 찾아야 할 것이다.

넷째, 일자리 손실을 최소화하기 위하여, 고용주와 교육가들은 함께 협업하여 노동자들의 '스킬 격차'를 줄이는 데 노력을 기울여야 할 것이다. 노동자들이 인공지능, 로봇과 함께 일할 수 있는 적절한 기술을 보유하고 있는 한, 그 역할은 더 확대되고 일상적인 작업을 기계 및 소프트웨어로 분산하면서 가치를 창출하는 활동에 중점을 두어 일은 더욱더 의미 있는 것으로 변모하게 된다. 〈이코노미스트The Economist〉에 따르면 '인공지능은 그들을 보완할 수 있는 새로운 기술을 습득하도록 하지만 노동자를 직접적으로 대체하지는 않을 것이다'라고 밝혔다. 따라서 노동자들에게는 온라인 학습, 커뮤니티 칼리지 및 비즈니스 스쿨 코스 등을 통해 새로운 기술을 습득할 수 있는 기회를 제공해야 한다.

다섯째, 보편적 기본 소득은 본질적으로 미국에서 채택되지 않을 가능성이 큰 잘못된 해결책일 수 있다. 자동화가 대량 실직으로 이어질 것이라는 가상의 두려움에 대한 응답으로, 어떤 국가는 모든 성인에게 일을 하던 하지 않던 기본 소득을 제공하는 정책을 고려하고 있다. 하지만 이것은 잘못된 해결책일 수 있다. 자동화는 실업률을 높이지 않는다. 그러나 보편적 기본 소득은 실업률을 높일 수 있다. 사람들에게 일할 동기를 제공하지 않을 수 있으며, 더 많은 일자리를 창출할 수 있는 비용이 보편적 기본 소득으로 고갈될 수 있기 때문이다.

일의 미래를 재정의하는 인간-컴퓨터 '슈퍼마인드'

MIT 토마스 말론 교수는 "사실상 오늘날의 모든 인간의 업적들이 각 개인이 아닌 전체 인간 집단에 의해 달성되고 있다."고 말했다. 스마트 기술들이 전통적인 인간적 프로세스에 통합되면서, 이전에는 볼 수 없었던 강력한 형태의 콜레보레이션이 부상하고 있다는 의미다. 이러한 콜레보레이션의 본질은 무엇인가? 인간의 일자리에 미칠 영향은? 이러한 콜레보레이션이 인간을 위한 최대치의 가치를 창출할 수 있을까?

인공지능 및 기타 디지털 기술이 경제 성장과 생산성에 미치는 영향에 관한 세미나를 보면, 인간과 기계 지능의 시너지가 부품들의 단순한 총계를 훨씬 더 초과하는 경제적 가치를 창출할 수 있는 방법에 중점을 두고 있다. 이것이 어떤 메커니즘으로 발생할지, 현재 과학, 비즈니스, 정부 분야에서 치열한 논쟁의 주제가 되고 있다.

스마트 기계가 얼마나 많이, 얼마나 다양하게 인간의 미래 일자리를 없앨 것인지에 대한 현재 진행 중인—때로는 시끄러운—논쟁은 사실 중요한 점을 놓치고 있다. 과거, 인간 작업의 자동화가 사람들과 기계가 이전에는 할 수 없었던 수많은 일을 할 수 있도록 해준 것과 마찬가지로, 인간과 컴퓨터의 조합의 현재는 인간이나 컴퓨터가 각자 혼자서는 할 수 없는, 수많은 일들을 미래에 가능하게 한다는 것이다.

이러한 일이 어떻게 일어나는지 생각하려면, 명백하지만 널리 알려지지 않은 사실을 명심하는 것이 유용할 것이다. 저술 활동에서 칠면조 샌드위치 만들기에 이르기까지 모든 인간의 업적은 개별적 사람이 아닌 사람이라는 집단의 작업을 필요로 한다는 점이다. 앨버트 아인슈타인Albert Einstein과 같은 개인의 천재성에 의한 획기적인 발견이나 개발조차도 난데없이 나타난 것이 아니다. 즉, 그러한 업적은 모두 타인의 전작들이 수없이 쌓인 곳을 원천으로 한다.

MIT 토마스 W. 말론Thomas W. Malone 교수에 따르면, 이러한 모든 것들을 성취한 인간 집단을 '슈퍼마인드'라고 기술할 수 있다. 그가 저술한 명저《슈퍼마인드: 인간과 컴퓨터가 함께 하는 놀라운 힘Superminds: The Surprising Power of People and Computers Thinking Together》에서, 말론 교수는 지적으로 보이는 방식들로 함께 행동하는 개인들의 집단이 '슈퍼마인드'라고 정의했다.

오늘날 슈퍼마인드는 다음과 같은 것들을 포함하는 다양한 형태를 취한다.

- 대부분의 비즈니스 및 기타 조직의 계층 구조
- 다양한 종류의 상품과 서비스를 창출하고 교환하는 데 도움이 되는 시장

- 여러 전문직, 사회 지리적 그룹의 행동에 지침을 주는 규범과 명성을 사용하는 공동체
- 정부와 기타 다른 조직에서 흔히 볼 수 있는 민주주의

모든 슈퍼마인드는 일종의 집단지성을 지니고 있다. 집단 내 개인들이 홀로 하기가 불가능하지만 집단지성은 이를 수행할 수 있다. 오늘날 새로운 점은 이러한 집단의 지적, 물리적 활동에 기계가 점점 더 많이 참여하고 있다는 것이다. 즉, 사람들과 기계들이 결합하여 지구상의 그 어떤 집단보다 더 똑똑한 슈퍼마인드를 창조할 수 있다는 의미이다.

이를 위해 우리는 사람들과 컴퓨터가 지능을 필요로 하는 일에 보다 더 효과적으로 함께 작업할 수 있는 방법을 이해해야 한다. 따라서 먼저 지능을 정의해야 한다.

말론 교수는 "지능의 개념은 파악하기가 고약하고 사람들은 다양한 방식으로 그것을 정의한다. 따라서 지능의 정의라는 목표를 위해 '지능'은 '목표를 달성하는 능력'을 포함한다고 가정해 보자."고 제안한다. 그리고 우리는 개인이나 집단이 달성하고자하는 목표가 무엇인지를 항상 모르기 때문에, 개체가 지능적으로 보이는지 여부는 관찰자가 그 개체의 노력을 어떤 목표에 귀속시키는지에 달려 있다고 가정하자.

이러한 가정을 기반으로 두 종류의 지능을 정의내릴 수 있다. 첫 번째는 특정 환경에서 특정 목표를 효과적으로 달성할 수 있는 전문 지능specialized intelligence이다. 이것은 지능적 개체가 스스로 알고 있는 모

든 것을 기반으로 목표를 달성하는 데 도움이 될 가능성이 가장 큰 것을 수행함을 의미한다. 더 간단하게 말하자면, 전문 지능은 특정 목표를 달성하는 데 있어 '효율성'을 의미한다. 이러한 점에서, 전문 집단 지성은 '집단 효율성'이고, 슈퍼마인드는 '효율적인 집단'이 된다.

두 번째는 간혹 더 흥미롭고, 더 포괄적으로 유용한 것이다. 이는 일반 지능general intelligence이라고 한다. 일반 지능은 다양한 환경에서 다양한 목표를 효과적으로 달성할 수 있는 능력이다. 이는 지능적인 활동가가 특정한 종류의 일에 능숙할 뿐만 아니라 넓은 범위에서 일을 수행하는 방법을 학습하는 데도 능숙하다는 것을 의미한다. 즉, 지능에 대한 이러한 정의는 '다재다능함' 혹은 '적응력'을 거의 같은 것으로 본다. 이러한 의미에서 일반 집단지성은 '집단 다재다능함' 혹은 '집단 적응력'을 의미한다. 여기에서 슈퍼마인드는 다재다능하거나 적응력 있는 집단으로 정의된다.

이러한 정의를 기반하면, 연이어 질문이 이어질 것이다. '컴퓨터가 가지고 있는 지능은 무엇인가?'

전문 지능과 일반 지능의 차이는 오늘날 컴퓨터와 인간의 각 능력 차이를 명확하게 해준다. 일부 인공지능 컴퓨터는 특정 종류의 전문 지능 측면에서는 사람들보다 훨씬 더 '똑똑'하다. 오늘날 인공지능에 대해 대부분의 사람들이 인식하지 못하는 가장 중요한 것들 중 하나는 인공지능이 그저 그런 전문이 아닌 (인간은 상상할 수조차 없이) 매우 전문화되어 있다는 것이다.

구글의 검색 엔진은 야구 게임에 대한 뉴스 기사를 검색하는 데 매우 유용하다. 그러나 구글이 누군가의 자녀들의 리틀 리그 게임에 대한 글을 작성할 수는 없다. IBM의 왓슨Watson은 제퍼디Jeopardy! 퀴즈쇼에서 인간을 이겼다. 그러나 퀴즈쇼에 출연한 왓슨 프로그램은 체스보다 훨씬 쉬운 틱택톡tic-tac-toe(삼목게임)을 하지 못한다. 테슬라의 자동차도 마찬가지다. 자율주행 자동차는 인간 운전자 없이 스스로 운전하지만, 창고 선반에서 어떤 특정 상자를 집어 올릴 수는 없다.

물론 이러한 다른 일들을 수행할 수 있는 컴퓨터 시스템들이 있다. 그러나 요점은 그들이 각기 다른 특수한 프로그램이 아니라 각각의 특정 상황에서 무엇을 해야 할지 결정할 수 있는 일반적 인공지능은 아니라는 것이다. 일반 지능을 가진 인간이 서로 다른 특정 문제를 해결하기 위한 규칙을 포함하는 프로그램을 작성해야 하고, 주어진 상황에서 어떤 프로그램을 실행할지 결정해야 한다.

사실, 오늘날의 어떤 컴퓨터도 보통의 5세 인간의 일반 지능 수준에 가깝지 않다. 즉, 오늘날의 어떤 컴퓨터도 보통의 5세 어린이가 할 수 있는 엄청난 수의 주제에 대해 현명하게 대화할 수 없는 것이다. 아이들은 걸을 수 있고, 이상한 모양의 물체를 들며, 사람들이 언제 행복하고 슬프고 화를 내는지 알 수 있다.

그렇다면 이러한 격차가 얼마나 빨리 변화될 것인가? 1950년대 초기 인공지능이 등장한 이후부터 그랬지만, 인공지능 분야에서의 발전을 예측하기란 너무나 어렵다. 인공지능 연구자 스튜어트 암스트롱Stuart Armstrong과 카이 소탈라Kaj Sotala가 1950년에서 2012년 사이에 일반 지능을 지닌 인공지능(이하 일반 인공지능)이 언제 등장할 것인가에 관한 95건의 예측 자료들을 분석했을 때, 전문가와 비과학자 모두 향후 15년에서 25년 사이에 일어날 것이라고 전망한 사실을 알 수 있다. 즉, 62년 동안 관계자들은 이러한 일반 인공지능이 항상 (그들 시대 기준으로) 평균 20년 정도 후에 나타날 것이라고 봤던 것이다.

더 최근의 설문조사 및 인터뷰 또한 이러한 장기적 패턴과 일치하는 경향이 있다. 2018년 현재 일반인과 인공지능 전문가 모두 여전히 일반 인공지능이 약 15년에서 25년 내에 등장할 것으로 예측한다. 이것은 '확실하게 알 수는 없지만 일반 인공지능이 앞으로 수십 년 내에 나타날 것'이라고 자신있게 예측하는 사람들에게 회의적인 이유가 된다. 말론 교수는 일부 중대한 사회적 재해가 없다면, 일반 인공지능이 '언젠가(아마도 언젠가)' 나타나지만, 앞으로 수십 년 동안은 그렇지 않을 것으로 생각한다고 밝혔다.

그때까지 컴퓨터를 활용하는 데 있어 어떤 형태로든 인간이 개입할 필요가 있다. 오늘날 수많은 작업에서 사람들은 기계가 할 수 없는 일부 작업을 수행하고 있다. 그러나 컴퓨터가 자체적으로 완전하게 작업을 수행할 수 있는 경우에도 사람들은 항상 소프트웨어를 개발하고 시간이 지남에 따라 소프트웨어를 수정해야 한다. 또한 그들은 다른 상황에서 다른 프로그램을 사용할 시기와 일이 잘못되었을 때 무엇을 해야 할지를 결정한다.

이렇듯 컴퓨터와 인간의 시너지를 고려할 때, 인간과 컴퓨터는 어떻게 협력하여 가치를 창출 할 수 있을까?

말론 교수에 따르면, 사람들과 컴퓨터가 어떻게 협력할 수 있는지에 대한 가장 흥미로운 가능성 중 하나는 인간의 뇌가 어떻게 구성되어 있는지를 비유하여 나온 것이라는 주장이다. 뇌에는 여러 종류의 프로세싱을 전문으로 하는 많은 부분이 있으며, 이들 부분은 어떻게든 우리가 지능이라고 부르는 전반적인 행동을 생성하기 위해 함께 작동한다. 예를 들어, 뇌의 한 부분은 언어를 만드는 데 많이 관여하고, 또 다른 부분은 언어를 이해하고, 또 다른 부분은 시각 정보를 처리한다. 인공지능의 아버지 중 한 명인 마빈 민스키Marvin Minsky는 뇌의 이러한 구조를 '마음의 사회society of mind'라 불렀다.

민스키는 인간의 두뇌가 어떻게 작동하고 인공지능 프로그램이 어떻게 개발될지에 주로 관심을 쏟았다. 그러나 (그가 그러한 의도로 그렇게 언급을 했는지 알 수는 없지만) 그의 비유는 사람들과 컴퓨터로 구성된 슈퍼마인드가 어떻게 작동할지에 대한 굉장히 놀랍도록 중요한 아이디어를 제시한다. 즉 진짜 일반 인공지능이 출현하기까지 기다리는 것보다는, 그보다 훨씬 전에 사람들과 기계가 협력하여 '마음의 사회'를 구축하는 것이다. 전체적인 일 중 사람들과 기계가 함께 각각의 부분을 수행하는 것을 포함하는 마음의 사회를 구축함으로써 총체적으로 지능적인 시스템을 만드는 것이다.

즉, 컴퓨터가 스스로 전체 문제를 해결하지 않고, 동일한 문제에 대해 여러 사람과 여러 기계가 함께 작동하는 하이브리드 '사이버-인간 시스템'을 만들 수 있다. 몇몇 경우에 참여자들은 그들이 다른 사람들 혹은 어떤 기계와 상호 작용하는지 여부조차 알지 못하거나 아예 신경 쓰지 않을 수도 있다. 사람들은 기계가 가지고 있지 않은 일반 지능과 기타 기술을 제공할 수 있다. 기계는 사람들이 가지고 있지 않은 지식과 기타 기능을 제공할 수 있다. 그리고 이 시스템은 이전에 어떤 사람, 단체, 컴퓨터보다 더 지능적으로 작동할 수 있다.

이것이 인공지능에 대해 현재 일반적으로 생각되는 것과 다른 점은 무엇일까? 오늘날 많은 사람들은 컴퓨터가 궁극적으로 대부분의 일을 혼자 수행할 것이지만, 사람이 필요한 상황에는 여전히 사람이 핵심적으로 배치되어야 한다고 가정한다. 그러나 대부분의 일이 사람 집단에 의해 수행된다는 사실을 깨닫는 것과 도움이 된다면 그 상황에 컴퓨터를 배치하는 것이 훨씬 더 유용할 것이다. 즉, 우리는 사람을 핵심적인 위치에, 그리고 그러한 사람 집단에 컴퓨터를 배치하는 쪽으로 생각을 옮겨야 한다.

그의 저술에서 말론 교수는 묻는다. "기업이나 다른 조직이 컴퓨터를 인간 집단의 일부로 사용하려는 경우 컴퓨터가 해당 집단에서 어떤 역할을 수행해야 하는가?"

오늘날 사람과 기계가 수행하는 역할에 대해 생각할 때 4가지 가능성이 있다. 사람들은 기계가 도구로만 작동할 때 가장 잘 제어한다. 그리고 기계의 역할이 조수, 동료 및 마침내 관리자로 확대됨에 따라 기계는 연속적으로 더 많은 제어권을 가지게 된다. 이 역할들 각각을 살펴보자.

1. 도구

망치나 잔디 깎는 기계와 같은 물리적 도구는 인간이 가지고 있지 않은 능력을 제공한다. 그러나 인간 사용자가 직접적으로 통제권을 갖고, 행동을 지도하고 진행 상황을 모니터링한다. 정보 도구도 비슷하다. 스프레드 시트를 사용하면, 프로그램은 인간 사용자가 시키는 대로 수행한다. 이로 인해 재무 분석과 같은 업무에 대한 사용자의 전문 지능이 향상하곤 한다.

그러나 앞으로 자동화 도구 사용에서 가장 중요한 점은 개별 사용자의 전문 지능을 높이는 데 있는 것이 아니라 사람들이 서로 효과적으로 커뮤니케이션할 수 있도록 도와 집단지성을 높이는 데 있다. 오늘날에도 컴퓨터는 인간의 커뮤니케이션을 향상시키는 도구로 주로 사용된다. 전자메일, 모바일 응용 프로그램, 웹, 페이스북, 구글, 위키피디아, 넷플릭스, 유튜브, 트위터와 같은 사이트를 통해 전 세계에서 가장 대규모로 연결된 집단이 만들어졌다. 이 모든 경우, 컴퓨터는 수많은 '지능적' 처리를 수행하지는 않는다. 그들은 주로 사람에 의해 생성된 정보를 다른 사람에게 전송한다.

우리는 인공지능의 잠재력을 과대평가하는 경우가 있다. 그러나 이미 지구상에 존재하는 '인간 두뇌라 불리는 놀랍도록 강력한 70억 개 이상의 정보 프로세서들이 초연결hyperconnectivity됨으로써 지니게 된 잠재력'은 과소평가하는 경우가 있다.

2. 조수

도구와 달리 인간 도우미는 직접적인 주의를 기울이지 않고 작업할 수 있고, 그 외 다른 사람이 지정한 일반 목표를 달성하기 위해 종종 주도권을 쥐기도 한다. 자동화된 보조 도구도 마찬가지지만, 도구와 보조의 경계가 항상 정확한 것은 아니다. 예를 들어 문자 메시지 플랫폼은 대부분 도구이지만 때로는 사용자의—명백하게 민망한—맞춤법을 자동 수정하는 주도력을 발휘하기도 한다.

자동화 조수의 또 다른 사례는 온라인 의류 소매업 체인 스티치픽스Stitch Fix Inc에서 사용하는 소프트웨어로, 이 자동화 조수는 인간 스타일리스트가 고객에게 옷을 추천하는 데 도움을 준다. 스티치픽스 고객들은 자신들의 스타일, 사이즈, 가격 선호도에 대한 상세한 설문을 작성해주는 데, 이렇게 수집된 데이터는 기계 학습 알고리즘으로 소화되어, 각 고객에게 적합한 옷을 골라주는 데 활용된다.

이러한 파트너십의 알고리즘 조수는 인간 스타일리스트보다 훨씬 많은 정보를 계산할 수 있다. 예를 들어, 청바지는 딱 맞는 것을 고르는 게 쉽지 않은 품목으로 악명 높다. 그러나 이 알고리즘은 비슷한 측정값을 가진 다른 고객이 결정한 다양한 스타일의 청바지를 선별할 수 있다.

인간 스타일리스트가 하는 일은 각 고객들에게 보낼 청바지의 스타일을 최종 결정하는 것이다. 인간 스타일리스트는 스티치픽스 알고리즘 조수가 처리하는 법을 학습하지 않은 정보를 고려할 수 있다. 예를 들어, 인간 스타일리스트는 고객이 원하는 것이 베이비 샤워를 위한 것인지 비즈니스 미팅을 위한 것인지를 알 수 있다. 인간과 컴퓨터의 협력으로 혼자서 할 수 있는 것보다 더 나은 서비스를 제공할 수 있다.

3. 동료

컴퓨터의 가장 흥미로운 사용법 중 일부는 조수나 도구보다는 오히려 인간 동료처럼 역할을 하는 경우를 포함하고 있는데, 인공지능과 관련 없는 경우에도 그렇다. 예를 들어, 주식 트레이더인 경우, 그는 인지하지 못한 채 자동화된 프로그램 트레이딩 시스템과 거래하고 있을 수 있다.

뉴욕에 위치한 레모네이드 보험사Lemonade Insurance Agency, LLC에서 고객의 보험 청구 업무를 하는 경우, 짐AI Jim이라는 인공지능 동료를 만날 수 있다. 짐은 채팅봇으로 레모네이드의 고객 파일은 문자 메시지를 교환하여 청구한다. 청구가 특정 매개 변수를 충족하면 짐은 자동으로 거의 즉시 지불 처리를 한다. 그렇지 않다면, 짐은 그 일을 끝낼 인간 동료에게 미처리 건을 전달한다.

4. 관리자

관리자 역할은 어떨까? 인간 관리자는 업무를 위임하고, 지시를 내리고, 결과를 평가하며, 다른 사람들과의 협력을 조정한다. 기계가 이러한 모든 업무를 수행할 수 있고 실제로 그러할 때, 기계가 자동화된 관리자로서 일을 하는 것이다. 어떤 사람들은 관리자로서의 기계에 대한 아이디어는 매우 위협적이라고 생각하지만, 우리는 이미 기계 관리자와 함께 매일 같이 살고 있다. 교통 신호등은 운전자를 안내한다. 자동 콜 라우터는 콜센터 직원에게 작업을 전달한다. 그리고 대부분의 사람들은 이를 위협적이거나 문제가 되는 상황이라고 하지 않는다.

미래에는 관리자 역할을 수행하는 기계들의 사례가 더 많아질 가능성이 있다. 예를 들어, 크라우드포지CrowdForge 시스템은 문서 작성과 같은 복잡한 업무를 크라우드 소싱 방식으로 해결한다. 한 실험에서, 이 시스템은 백과사전 방식으로 기사를 작성하기 위해, 아마존 매커니컬 터크Amazon Mechanical Turk 온라인 인력시장을 통한 온라인 근무자를 활용했다. 이 시스템은 먼저 온라인 근무자들에게 각 기사의 대한 개요를 제출하도록 요청했다. 그런 다음 다른 근무자들에게 각 개요에 대한 관련 사실을 찾도록 요청했다. 다음으로, 다른 직원들에게 그러한 팩트를 사용하여 일관된 단락을 쓰도록 요청했고, 마지막으로 시스템이 각 단락을 모아 완전한 기사를 작성했다. 흥미롭게도 독자는 평균적으로 한 사람이 쓴 기사보다 이 방법으로 작성된 기사에 더 후한 점수를 줬다.

이제 기계가 수행할 수 있는 역할을 이해했다면, 지능적으로 작동할 수 있는 슈퍼마인드(회사 또는 팀과 같은)의 설계를 알아보자. 이러한 슈퍼마인드를 설계하려는 경우 필요한 프로세스는 5가지이다. 개인이든 집단이든 모든 마인드는 아래의 5가지의 일부 또는 전부를 수행해야 한다.

1. 실행의 가능성을 찾아라
2. 취할 행동을 결정하라
3. 외부 세계를 감지하라
4. 과거를 기억하라
5. 경험을 통해 학습하라

사람, 컴퓨터, 집단에 상관없이 지능적으로 작동하는 개체는 이러한 5가지를 수행해야 한다. 말론 교수는 "컴퓨터는 항상 그런 것은 아니지만 종종 슈퍼마인드를 더 똑똑하게 만드는 새로운 방식으로

마인드의 5가지 인지 프로세스

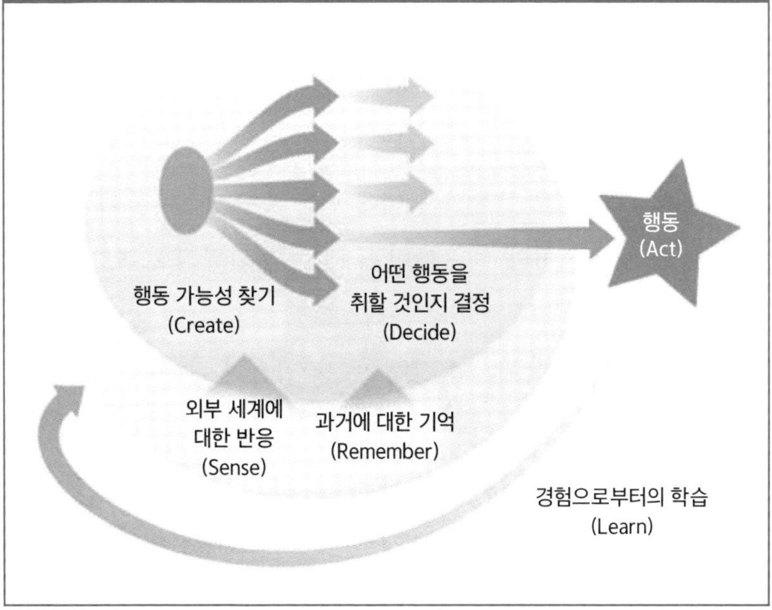

이러한 모든 일을 수행할 수 있도록 만든다."라고 말한다.

말론 교수는 피앤지와 유사한 한 대형 소비재 회사를 대상으로 전략 기획의 사례를 소개한다. 오늘날 대기업에서의 기업 전략 기획에는 상대적으로 소규모의 그룹—주로 고위 임원, 담당 직원, 일부 외부 컨설턴트—이 참여한다. 그러나 기술을 사용하여 훨씬 더 많은 사람들을 참여시키고 기계가 생각하도록 할 수 있다면 어떨까?

프로세스 1 : 실행의 가능성을 찾아라

컴퓨터의 가장 중요한 역할 중 하나는 그것이 더 많은 사람들이 함께 생산적으로 생각할 수 있는 커뮤니케이션 도구라는 것이다. 전략 기획 프로세스에서 이를 수행하려면 웹을 통해 온라인 콘테스트를 활용하면 된다. 각 조직에 따라 여러 가지 수준에서 별도의 온라인 경연 대회를 열 수도 있다. 예를 들어, 피앤지가 이 접근법을 사용할 경우 팬틴Pantene 샴푸, 헤드앤숄더Head&Shoulders 샴푸, 타이드Tide 세탁 세제와 같은 각 브랜드에 대해 별도로 콘테스트를 개최할 수 있다. 또한 헤어 케어와 섬유 케어 등 각 사업 단위의 브랜드 전략을 결합하는 방법에 대한 별도의 콘테스트도 개최할 수 있다. 그리고 사업 단위 전략을 전체 기업 전략으로 결합하기 위한 또 하나의 콘테스트도 가능하다.

각 콘테스트를 모든 임직원들에게 공개하고, 콘테스트에 참여한 사람은 누구나 전략 옵션을 제안할 수 있으며 다른 사람들은 아이디어에 대해 의견을 더하거나 그 아이디어로부터 도움을 얻을 수도 있다. 결국 각 콘테스트에서 가장 월등한 전략이 선택될 것이다. 그러나 전략을 수립하는 과정에서 여러 가지 다양한 옵션을 고려하는 것이 중요하다.

이 프로세스를 많은 사람들에게 개방하면 놀랍고 새로운 옵션이 발생할 수도 있다. 예를 들어, 전통적인 기업 전략 기획 프로세스에 포함되지 않았던 젊고 최신 기술에 정통한 직원들이, 셀피를 웹 사이트에 올리는 개인 고객을 위해 특별히 고안된 피부 및 눈 화장과 관련된 새로운 화장품 개념을 제안할 수도 있다.

프로세스 2 : 취할 행동을 결정하라

전략적 가능성을 창출하는 데 더 많은 사람들을 참여시킬 때 발생하는 이점들 중 하나는 훨씬 더 많은 가능성을 얻을 수 있다는 것이다. 그러나 어떤 가능성이 가장 유망한지 결정하기 위해 그것들을 모두 평가해야 하며, 새로운 기술은 훨씬 더 많은 사람들과 더 많은 종류의 전문가들이 평가 과정에 쉽게 참여할 수 있도록 해준다. 예를 들어, 피앤지는 제조 엔지니어들이 기술적으로 제품 제조가 가능한지 평가하고, 운영 관리자가 제품 가격을 추정하게, 그리고 외부 시장 조사자들이 다른 가격대의 해당 제품에 대한 수요를 예측하기를 원할 수 있다.

어떤 경우에는 이러한 질문에 많은 사람들의 의견을 조합할 가치가 있다. 예를 들어, 피앤지는 제품 수요를 예측하기 위해 온라인 예측 시장을 활용할 수 있다. 이러한 시장은 이미 영화 흥행 수입, 미국 대통령 선거 승자 및 기타 많은 것들을 성공적으로 예측하는 데 사용되었다. 실제 미래 시장과 마찬가지로 예측 시장에서 사람들은 미래 사건에 대한 예측 분을 사고 팔 수 있다. 예를 들어 팬틴 샴푸의 전 세계 매출액이 연간 18억 달러에서 19억 달러 사이라고 생각하면, 참여자는 그 예측치의 일정분을 살 수 있다. 예측이 맞다면, 소유한 그 일정분에 대해 (말하자면) 1달러씩 얻게 될 것이다. 그러나 예측이 틀리면 아무 것도 얻지 못한다. 즉, 예측 시장을 통한 최종 가격으로 매출의 범위에 대한 확률을 얻을 수 있다.

프로세스 3 : 외부 세계를 감지하라

좋은 전략안을 수립하기 위해 필요한 핵심은 외부 세계에서 벌어지는 일을 효과적으로 감지할 수 있는 능력이다. 고객이 지금 원하는 것은 무엇인가? 경쟁 업체들은 무엇을 하고 있는가? 업계를 변화시킬 수 있는 새로운 기술은 무엇인가? 오늘날 감지 기능을 향상시키는 데 가장 눈에 띄는 방법은 빅데이터와 데이터 분석이다.

예를 들어, 피앤지는 온라인 소셜 네트워크에서 자사 제품에 대한 긍정적이고 부정적인 의견을 분석하여 제품에 대한 고객의 감성이 어떻게 변하는지 측정할 수 있다. 제품에 대한 여러 가지 가격으로 온라인 실험을 수행할 수도 있다. 또한 고객이 피앤지 제품 대 경쟁 업체의 제품을 보는 데 소비한 시간을 분석하기 위해 소매점에 비디오 및 터치 플로어를 설치하여 판매 변경에 대한 조기 경고를 얻을 수도 있다.

피앤지는 아마존이 이미 했던 것을 따라할 수도 있다. 대용량의 데이터를 사용하여 고객의 가격, 광고, 추천에 대한 고객 반응 등 비즈니스의 여러 부분에 대한 상세한 모델을 개발하고 재고 정책, 배송 방법, 창고 위치에 따라 변하는 공급망 비용을 파악할 수 있다. 이러한 도구를 사용하면 컴퓨터가 수를 활용하여 전략 기획의 수많은 양적 업무를 대신 수행할 수 있으며 사람은 일반 지능을 사용하여 보다 정성적 분석을 수행할 수 있다.

프로세스 4 : 과거를 기억하라

슈퍼마인드가 더 나은 전략적 계획을 세우는 데 있어, 기술을 활용하는 또 다른 방법은 다른 상대가 유사한 상황에서 겪었던 좋은 아이디어를 기억하도록 돕는 것이다. 예를 들어, 전략적 제안을 생성하기 위한 응용 프로그램에 내재된 소프트웨어 조수는 다음과 같은 일반적 전략을 자동적으로 제안할 수 있다.

- 고객이나 공급업체가 수행한 업무 중 일부를 통합시키기
- 프리랜서 또는 전문업체에게 내부 업무를 더 많이 아웃소싱하기
- 관련 시장 분야, 인근 지역 또는 고객이 자주 방문하는 다른 시장으로 이동하기

이러한 옵션 중 하나를 선택하면 시스템은 해당 유형의 전략에 필요한 세부 사항을 포함하는 템플릿을 자동으로 제공할 수 있다.

다른 조직이나 설정에서 활용했던 좋은 전략을 기억해서 소프트웨어 조수는 사용자 설정에 대한 새로운 전략을 생성하는 데 도움이 될 수 있다. 예를 들어 셀피를 사용하여 화장품을 사용자에게 맞춰주는 전략이 성공했다면 소프트웨어 조수는 고객이 스마트폰을 사용하여 피앤지의 다른 제품—샴푸, 치약, 세탁 세제, 감자 칩 등—을 사용자에게 맞춰주는 유사한 전략을 제안할 수 있다. 물론 이러한 조합의 대부분은 어리석거나 비현실적이어서 매우 빨리 고사될 수도 있지만 일부는 놀랍게도 유용할 수 있다. 어리석은 옵션에서 때로는 좋은 아이디어가 발생하기도 한다!

예를 들어, 2000년대 초 피앤지는 프링글스Pringles 감자칩에 재미있는 그림과 단어를 인쇄하는 프로세스를 개발했다. 이 기술을 사용하면, 고객은 자신이 지정한 이미지로 미리 인쇄된 프링글스를 구입할 수 있다.

프로세스 5 : 경험을 통해 학습하라

시스템이 오랫동안 계속 사용되면, 슈퍼마인드가 경험을 통해 점점 더 효과적이 된다는 것을 알 수 있다. 예를 들어, 대부분의 사람들이 초기 단계에서는 인식하지 못했던 전략적 아이디어를 인식하는데 슈퍼마인드가 도움이 될 수 있다. 스티브 잡스와 빌 게이츠가 지금 우리가 개인용 컴퓨터라고 불렀던 기계를 개발했던 1970년대 대부분의 사람들은 이 이상하고 어색한 장치가 앞으로 수십 년 동안 가장 혁신적이고 영향력 있는 제품이 되리란 것을 전혀 몰랐다.

진흙에서 다이아몬드를 놓치지 않고 아이디어를 빠르게 필터링하는 것은 쉽지 않다. 그러나 사람들이 기술 발전과 기타 획기적인 돌파구를 얼마나 정확하고 빠르게 예측하는지를 오랜 시간 체계적으로 추적함으로써 이러한 능력을 보유한 비범한 사람들을 식별해내는 것이 가능하다. 이후 우리는 이들에게 우리가 거부할 수도 있지만 그들이 다르게 보는 새로운 아이디어를 살펴달라고 요청할 수 있다.

또 다른 흥미로운 가능성은 학습 루프learning loop를 사용하는 것이다. 이것은 처음에는 인간 전문가가 전략안을 수동으로 평가하기 시작하지만, 이후에는 기계의 예측 능력이 인간보다 좋아지면서 점차 이 작업을 기계가 점점 더 많이 수행하는 것이다.

일반적으로 가격보다는 품질 경쟁을 시도하는 피앤지와 같은 회사에서, 제품을 평가하는 전문가들은 일반적으로 저렴한 가격을 강조하는 전략을 거부한다. 이에 인간 프로그래머들은 저비용 전략을 명시적으로 걸러내는 프로그램을 개발할 것이다. 그러나 기계 학습 프로그램은 전문가들이 이러한 유형의 전략을 거부한다는 것을 인식하여 그러한 전략에 부합되지 않는 행동을 말하기 시작할 것이다. 전문가가 충분한 시간을 가지고 그 말에 동의하면 프로그램은 묻는 것을 멈추고 자동으로 그러한 유사한 행동들을 계속 필터링할 것이다.

비즈니스 전략은 스마트 머신이 인간과 함께 슈퍼마인드를 만들어, 지금까지 인간만으로 구성된 것보다 훨씬 더 월등하게 해결할 수많은 것들 중 하나일 뿐이다. 슈퍼마인드를 통해 우리는 오늘날의 더딘 인구 성장률, 엄청난 실업, 빠른 경제 성장 등의 이슈를 원만하게 해결할 수도 있다. 여기에서 가장 큰 도전 과제는 인간이 기계 지능을 활용하고 인간의 능력을 극대화할 수 있는 기계를 만들 수 있는 기술을 마련하는 것이다. 많은 경우 이것은 미래의 슈퍼마인드들이 일상적으로 인간이나 기계의 어떤 단일 그룹도 불가능했던 일들을 처리할 수 있도록 하는 것이다.

이러한 기술과 비전을 기반으로 우리는 슈퍼마인드에 대한 2가지를 예측할 수 있다.

첫째, 2025년까지 사이버인간 비즈니스 전략 슈퍼마인드가 하나 이상의 컨설팅 회사를 통해 서비스로 제공될 것이다. 시스템의 복잡성과 그 시스템이 처리하는 업무의 특성이 일반적인 점을 고려할 때, 기업들이 이 목적을 위해 독자적으로 시스템을 개발할 것 같지는 않다. 대신 오늘날의 컨설팅 회사 또는 향후 이들의 경쟁 업체가 이러한 기능 대부분을 서비스로 제공할 것이다. 이 회사는 다양한 전략적 가능성을 신속하게 추출하고 평가할 수 있는 전문 인력풀을 갖추고 있을 것이다. 이때 프로세스는 일부 업무를 자동화하고 기타 업무도 관리할 것이다. 이러한 '전략 시스템'은 인간-컴퓨터의 슈퍼마인드를 활용하여 한 기업에 실행 가능한 수백만 가지의 전략을 생산하고 평가한다. 시간이 지나면서 컴퓨터가 점점 더 많은 업무를 수행하게 되고, 사람은 여전히 이 프로세스의 핵심 부분에 참여하게 될 것이다.

둘째, 인간-컴퓨터 슈퍼마인드는 모든 종류의 어려운 비즈니스 및 사회적 문제를 해결하는 데 활용될 것이다. 컴퓨터는 전문 지능을 사용하여 문제의 일부를 해결하고 문제의 나머지는 사람들이 일반 지능을 활용하여 해결할 것이다. 이 과정 속에서, 컴퓨터는 지금까지 불가능했던 수없이 많은 인간들의 집단을 참여시키고 조정할 수 있다. 새로운 주택, 스마트폰, 공장, 도시, 교육 시스템에서 테러 방지, 의료처지 계획 수립에 이르기까지 다양한 응용 프로그램들이 등장할 것이다. 사실상 가능성은 거의 무제한이라고 할 수 있다.

온라인 디지털 광고 시장의 사기, 클릭은 과연 돈을 벌어주고 있는가?

온라인 광고 사기가 연간 60억 달러를 광고 시장 참여자들에게 부과하고 있다. 왜 이런 일이 일어나며, 우리가 이것에 관심을 두어야 하는 이유가 무엇일까? 이 문제를 어떻게 다뤄야 할까?

소매상 존 워너메이커John Wannamaker의 말을 인용해보자. “광고에 지출된 돈의 절반이 쓸모없는 일에 투입되었다는 점을 잘 알고 있습니다. 그런데 어떤 쪽이 그 절반인지도 잘 모르겠네요.” 존 워너메이커의 말은 오늘날 광고주들의 온라인 광고에 대한 인식을 단편적으로 보여준다. 온라인 광고가 과연 효과는 있는지, 적절한 비용을 치르고 있는 것인지 등 광고주들은 파악할 수도, 확인할 수도 없는 상황이다. 그리고 이 과정에서 어떤 광고주는 ‘클릭 사기’로 돈을 잃고 있으며, 또 다른 다양한 사기 행위로 돈을 빼앗기고 있다는 것은 명확한 일이다.

문제의 심각성은 무엇일까? 돈의 액수로 살펴보자. 전 세계 온라인 광고는 2010년 600억 달러에서 2017년 1,400억 달러로 성장했다. 그중 약 320억 달러는 소위 프로그램화된 광고에 할당되었다. 프로그램화된 광고는 목표 고객에 대한 기계화된 학습 알고리즘을 사용한다. 즉, 검색 기록, 쇼핑 습관, 연령, 성별 등을 포함하는 수많은 개인 정보를 바탕으로 수천 개의 사이트에 광고를 함으로써 소비자를 타겟팅하는 것이다.

문제는 광고 공급업체가 수익을 창출하기 위해 불법적 광고 트래픽을 생성하는 데 '클릭봇clickbot'을 사용한다는 것에 있다. 즉, 광고주들은 이러한 사기 공급업체로 인해 고객에게 도달하지도 못하는 광고에 수십억 달러를 쓰고 있는 것이다.

전 세계 온라인 광고 매출 예상

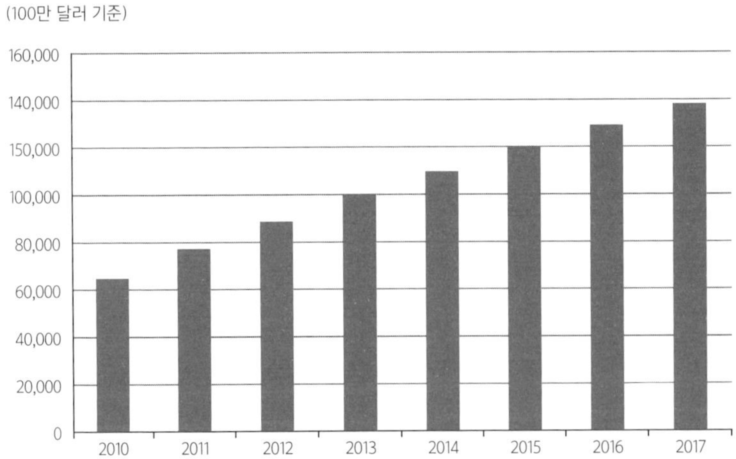

	2010	2011	2012	2013	2014	2015	2016	2017
합계	65,836	78,706	91,788	103,301	113,928	124,202	134,165	143,816

출처 : 디지털 TV 리서치(2018)

전 세계 광고 전문가 커뮤니티인 마케팅테크뉴스MarketingTechNews에 따르면, 온라인 광고 사기 문제는 이미 전 세계에 만연해 있으며, 소위 말하는 '클릭 농장click farms'이 빠르게 전문적으로 대규모 운영되고 있다. 예를 들어, 태국 당국은 2017년 6월 한 집에서 운영되던 클릭 농장을 급습하여 9대의 컴퓨터, 500대의 휴대 전화, 35만 개의 SIM 카드, 21대의 SIM 카드 판독기를 압수했다. 이러한 클릭 농장은 광고에서 발생하는 부정 행위를 제공하는데, 사회관계망서비스SNS에 가짜 계정을 만들어 특정 게시물에 '좋아요'를 클릭하거나, 가짜 팔로어follower를 만들고, 특정 게시물이나 영상 등의 조회수를 가짜로 올려주는 등의 서비스를 제공한다.

이들 클릭 농장은 적응력이 뛰어나며 소셜 미디어 계정의 팔로어 수에서 음원 플레이 누적 수에 이르기까지 인터넷상의 모든 방식에 영향을 미친다. 그러나 사기 목적의 광고를 위해 이 농장을 활용하면 업계에 심각한 균열이 일어나며, 그로 인해 발생하는 사기 비용은 연간 수십억 달러에 이른다는 점이다.

2017년 5월, 세계적인 광고 에이전시 네트워크 '맥캔 월드와이트McCann Worldwide 디지털 전략' 부문 수석 부사장 출신의 연구원 오거스킨 포우Augustine Fou 박사는 봇을 이용하는 온라인 광고 사기 문제를 조망하는 놀라운 글을 기고했다. 포우 박사는 구글이 전체를 합하면 2,600만 회 이상 다운로드된 40개의 앱을 구글 플레이 스토어에서 삭제했다고 설명했는데, 이러한 앱들은 일반적 다운로드와는 많이 다른 것들이었다. 포우 박사에 따르면 이렇다. "보안업체 체크포인트Check Point는 이러한 앱들이 불법적인 광고 클릭 기능을 수행했다는 점을 발견했고, 포브스Forbes는 이것이 '가장 큰 안드로이드 광고 사기'가 될 수 있다고 보도했습니다."

여느 거대 글로벌 기술 기업과 마찬가지로, 구글도 이 문제를 해결할 솔루션을 보유하고 있는데, 그것은 '바운서Bouncer(경비원, 기도)'로 불리운다. 이것은 동류의 사기 사례로부터 고객을 보호하도록 설계되었다. 그러나 종종 그러하듯, 악의적 사람들은 보다 한 걸음 앞서 나가고, 코드명 주디Judy로 불리는 광고 사기 멜웨어는 탐지되지 않았다.

포우 박사에 따르면, 주디는 분당 10억 개의 사기 광고를 생성할 수 있다. 1년 동안 발견되지 않았기 때문에 수학자조차도 이 멜웨어가 일으킨 피해를 계량화하기가 쉽지 않다.

그러나 이는 체크 포인트가 밝혀낸 또 다른 광고 사기 맬웨어 '파이어볼Fireball'과 비교하면 소소할 정도다. 주디가 1분에 10억 건의 사기 광고를 생성한다면, 파이어볼은 같은 시간에 300억 개를 생성한다. 이것은 이해의 수준을 넘어서는 광고 사기에 해당한다.

이러한 활동들이 일으키는 금전적 여파는 상당하다. 미국 광고주 협회Association of National Advertisers, ANA와 보안업체 화이트 옵스White Ops가 2017년 수행한 공동 연구에 따르면, 봇에 의한 광고 사기로 인한 비용은 2016년 72억 달러, 2017년 63억 달러였다. 이 연구의 핵심 결과는 다음 6가지로 압축된다.

1. '트래픽 소싱'이 사기의 주요 위험 요소다. 즉, 외부 소스로부터의 트래픽을 구매하는 프로세스인 트래픽 소싱이 사기 활동의 주축이라는 것이다. 이 보고서는 소스 트래픽이 비소스non-sourced 트래픽

보다 3.6배 이상, 즉 광고 사기가 정상적인 것보다 3.6배 이상 발생했다고 밝혔다.

2. 데스크톱 디스플레이의 9%, 비디오 소비의 22%가 사기성이다. 이는 디스플레이 광고 사기가 11%, 데스크톱 비디오의 사기 비율이 23%였던 지난해보다 소폭 감소한 것이다.

3. 모바일 사기가 예상보다 훨씬 낮았다. 전반적으로 앱 환경과 모바일 웹 디스플레이 구매에서 사기 행위는 2% 미만이었다. 그러나 이것은 모바일 웹 비디오, 클릭당 지불 사기를 포함하지 않았기 때문에, 여전히 높은 사기율과 문제성을 유지하고 있다.

4. 소위 '프로그램화된 미디어 구매' 사기는 미디어 에이전시가 필터링 프로세스와 관리 역량을 향상시킴에 따라 일반 시장 구매보다 더 이상 심해지지 않았다.

5. 사기는 시즌에 따른 특징이 있다. 사기 수준은 주요 휴일 기간, 특히 블랙 프라이데이와 사이버 먼데이Cyber Monday에 급등했다. 휴가 시즌 끝 무렵의 일반 소비자들에 대한 사기 광고 수준은 낮은 편이나, 시즌에 민감한 소비자들에 대한 광고 사기 수준은 전체 휴일 기간 동안 계속 급증했다. 또한 사기는 각 분기 말에 급증하는 것으로 나타났다.

6. 전체적인 광고 구매 시장에서, 오직 봇 방문자만 있는 사이트가 전 세계 웹사이트의 5분의 1을 차지하고 있었다.

의미심장한 부분은, 온라인 광고 사기는 적발하기가 너무 어렵다는 데 있다. 63억 달러로 보는 미국 광고주협회의 추정은 실제로 일어나고 있는 수치에 비하면 형편없이 낮을 수도 있다는 이야기다.

그렇다면 앞으로 이러한 온라인 광고 시장의 현실에는 어떤 변화가 일어날까? 현재의 시장 상황과 기술, 광고주들의 대응을 고려하여, 우리는 다음과 같이 2가지를 예측한다.

첫째, 앞으로 가장 성공적인 광고주는 온라인 광고 사기를 최소화하는 것으로 입증된 '캠페인 기획 방식'을 선택할 것이다. 2017년 미국 광고주 협회 조사에 따르면 최고의 광고 실적을 올린 25%의 광고주들에게 온라인 광고 사기는 10%에 불과했다. 이는 미국의 평균 기업들이 했던 온라인 광고 사기보다 현저히 낮은 수준이다. 이를 더 자세히 살펴보면, 이들 25%의 광고주들은 7가지 캠페인 기획 방식을 준수한 것으로 나타났다.

1. 모든 벤더들로부터의 공급 투명성: 사기는 투명하지 않은 영역에서 발생해 성장하는 경향이 있다. 가격 정책, 트래픽 소싱, 소유 및 운영 도메인을 통해 관리되는 잠재 고객 수, 잠재 고객 수 확대 등과 관련된 세부 정보를 살펴야 한다. 광고 구매자, 즉 광고주는 이러한 투명성을 요구해야 하고, 이러한 세부 정보가 제공되지 않을 경우 관계를 다시 고려해야 한다.

2. 트래픽 소스에 대한 공급 투명성: 합법적인 제3자 트래픽 소스는 실제로 많이 존재한다. 예를 들어, 유료 검색이 그러하다. 그러나 트래픽 소싱은 봇 운영자들이 돈을 버는 가장 일반적인 방법으로, 방문자를 클릭당 비용으로 판매하는 것이다. 광고주는 소스 트래픽을 인식하고 미디어 대행사와 협력하여 미디어 일정 상의 해당 소스에 대한 활용을 정확하게 이해해야 한다. 광고주는 게시자publisher로부터 트래픽 소스에 대한 투명성을, 제3자 트래픽 소스를 식별하는 데

필요로 하는 제안서를 제출하게 해야 한다. 미국 광고주협회의 외부 법률 고문 리드 스미스Reed Smith가 개발한 방식의 하나는 '미디어 회사는 제3자 트래픽 소싱 방식을 서면으로 그리고 지속적으로 업데이트된 상황을 광고주와 기관에 공개하도록' 하는 것이다.

3. 잠재 고객 확대에 대한 공급 투명성: 게시자에게 고객 확대를 맡기면, 이들은 트래픽을 발생시키는 프로바이더들에게 콘텐츠를 확대하는 방식으로 봇의 비중을 높일 가능성이 있다. 따라서 광고주들은 고객 확대에 대한 게시자의 투명성을 요구하고 게시자에게 잠재 고객 확대 사례를 식별할 수 있는 방식을 요구하는 것이 좋다. 광고주는 고객 확대를 거부하는, 그리고 게시자의 소유 및 운영 사이트에서만 광고를 운용하는 옵션 또한 요구해야 할 것이다.

4. 정확한 의사결정을 내리는 데 필요한 데이터 수집에 대한 적절한 트래킹(추적) 구축: 모든 공급업체와 게시자 협력사에게 '효력이 없는' 제3자 트래픽 측정을 요구해야 한다. 이것은 상당한 기술을 요하는 것일 수 있다. 따라서 광고주는 SIVT와 GIVT와 같은 용어를 미리 숙지할 필요가 있을 것이다.

5. 광고 구매시, 이용 약관에 비인간 트래픽에 대한 조항 삽입: 광고 계약에 봇이 아닌 노출 및 유효한 트래픽에 대해서만 비용을 지불한다는 조항이 포함되어야 한다.

6. 좁은 타겟팅과 저렴한 방식에 대한 회의적 접근: 공급자가 수요를 충족시키지 못하는 상황에는 항상 사기 행위가 뒤따를 것이다. 따라서 잠재적인 공급을 너무 많이 제한하는 것도 좋지 않다. 더욱이 사기 방지는 무료가 아니기 때문에, 가장 낮은 CPM 요금에는 정교한

보호 조치가 포함되지 않아 가장 단순하고 저렴한 봇조차도 발견하지 못하는 경우도 있다. 미국 광고주협회 연구에 따르면, 최고의 실적은 광고 할인 구매를 거의 이용하지 않은 상태에서 나왔다.

7. 성공을 위한 정확한 매트릭스 구축: 미디어 레이팅 카운실Media Rating Council, MRC은 제3자 측정 프로세스를 정확하게 인증하는 업체로, 이용할 가치가 있다.

둘째, 가장 성공적인 기업은 또한 광고 캠페인 동안 부정행위 방지 '우수 방식'도 채택할 것이다. 미국 광고주협회는 온라인 광고 사기를 줄이는 '적극적 참여' 방식을 다음 6가지로 확인하고 있다.

1. 고객 타겟팅 방지를 통해 사기 고객을 차단하라: 새로운 컴퓨터들이 매일 감염되고 있으며, 봇은 자주 쿠키를 새로 고침한다. 그러나 잘 알려진 클릭봇 IP 어드레스, 사용자 ID, 디바이스 ID를 제외하도록 정기적으로 안티 타겟팅 세그먼트를 업데이트하는 것이 효과적일 수 있다.

2. 도메인 타겟팅 방지 혹은 제외 목록을 통해 사기성 도메인을 차단하라: 미국 광고주협회의 조사에 따르면, 모든 웹 사이트 도메인 중 20%는 사기 도메인이다. 이러한 이유로 새로운 도메인들이 계속 등록된다. 따라서 정기적으로 도메인 제외 목록을 업데이트하여 이미 알려져 있는 '캐쉬 아웃 사이트'를 제외하면 효과를 볼 수 있다.

3. 사기 방지 도구로 DMP를 사용하라: 가능하다면, 자사 데이터 관리 플랫폼data management platform, DMP으로부터의 직접 받은 로그 단위의 데이터를 자사 프로그램 플랫폼으로 스트리밍하라. 이를 통해 이용

자 ID와 디바이스 ID에 광고를 게재하는 것을 회피할 수 있다. 정기 또는 실시간 업데이트가 중요하다.

4. 목표를 만족시키지 못할 경우, 협력자와 대면하라: 캠페인 시작부터 온라인 광고 사기 수준에 대한 목표를 설정하고, 사기 수준이 기준을 넘어서는 경우 협력사와 대면하라. 우수한 협력사는 대면을 피하지 않고 적극적일 것이다.

5. 어떤 활동인지 이해하라: 게재 위치, 캠페인, 전술, 게시자, 시기적 성향을 연구하여 사기를 피하는 데 도움이 되는—미래 캠페인에 적용할 수 있는—트렌드를 파악하라. 발생하는 사기 유형을 이해하고, 사람 중심의 (봇이 아닌) 고객에게 가장 잘 도달할 수 있는 영역을 파악해야 한다.

6. 나쁜 행위가 일어나지 않게 하라: 나쁜 행위자를 가려내고, 그 결과를 전달하라. 각각의 브랜드는 모두 다양한 니즈와 솔루션을 갖추고 있지만 온라인 광고 사기를 지속적으로 유도하는 나쁜 행위자(도메인, 게재 위치, 파트너 등)에 대한 결과를 가려내고 계속 전달해야만 한다. 어떤 경우에도, 나쁜 행위자와 선한 행위자는 동시에 존재한다. 우리가 해야 할 일은 그 행위자에 대한 다른 처우를 계속 보여주는 것이다.

위조, 불법 복제가 양산하는 위기를 해결하라

위조와 불법 복제의 부작용은 세계 경제에 연간 4조 7,000억 달러의 손실을 일으키고, 2022년까지 합법적인 540만 개의 일자리를 위험에 빠트릴 것으로 추정되고 있다. 이러한 위조와 불법 복제는 경제적으로 어떤 의미를 지니고 있을까? 기술 경제의 시대, 그 해결책은?

'위조와 불법 복제의 경제적 영향'이라는 한 보고서는 2022년까지 위조와 불법 복제의 전 세계 경제적 가치가 2조 8,000억 달러에 이를 것으로 추산하고 있다. 영국 컨설팅 업체 프런티어 이코노믹스Frontier Economics가 내놓은 이 보고서에서 위조와 불법 복제 활동이 경제적 손실뿐만 아니라 투자, 세금 손실, 범죄행위 처벌과 관련하여 더 넓은 사회 경제적 영향을 미칠 것으로 추정하고 있다. 결론적으로 2022년까지 이와 연계되는 추가 비용만 1조 9,000억 달러에 이를 것으로 예측하고 있다.

종합하면, 위조와 불법 복제의 부작용은 세계 경제에 연간 4조

7,000억 달러의 손실을 일으키고, 2022년까지 합법적인 540만 개의 일자리를 위험에 빠트릴 것으로 예측하고 있다.

프런티어 이코노믹스의 수석 선임 아마르 브레켄리지Amar Breckenridge는 "이 새로운 연구는 위조와 불법 복제의 규모가 엄청나게 커지고 있다."고 말한다. "우리의 목표는 가능한 한 정확하게 이 불법적인 지하 경제의 규모와 성장, 정부와 소비자에게 미치는 영향의 특성을 잡아내는 것이었습니다. 결과는 상호 연결된 경제에서 합법적인 사업 영역뿐만 아니라 소비자와 정부가 위조품과 불법 복제품 거래로 인한 고통을 함께 겪고 있음을 다시 한 번 보여줬습니다."

프런티어의 분석은 경제협력개발기구OECD와 유럽연합 지적재산권사무국the European Union Intellectual Property Office이 발표한 2016년 보고서를 바탕으로 작성되었다. 이 보고서는 위조품과 해적판 제품이 세계 경제 전체에 미치는 가치에 중점을 두었다. 연구는 동일 주제로 OECD의 2008년 보고서(당시 이 보고서에 모두 경악을 금치 못했다)에서 파악된 수준보다 80 % 이상 상황이 더 악화된 것으로 나타났다.

2017년 새로운 연구의 범위는 훨씬 더 방대했다. 프런티어의 시도는 전 세계적으로 모조품에 대한 모든 생산과 교역의 직간접적 영향을 추정하려는 것이었다. 만약, 앞으로 어떤 변화도 없다고 가정할 때, 2022년까지 4가지 범주와 연간 추정 경제적 영향은 아래와 같다.

1. 국제적으로 거래되는 위조품 및 불법 복제품_최대 9,910억 달러
2. 각 국가내 생산·소비 위조품 및 불법 복제품_최대 9,590억 달러
3. 영화, 음원, 소프트웨어의 디지털 불법 복제_최대 8,560억 달러
4. 광범위한 사회 경제적 비용_최대 1조 8,800억 달러(아래와 같이 구성)

- 합법적인 경제 활동 위축 : 최대 1,250억 달러
- 외국인 직접 투자 감소 : 최대 2,310억 달러
- 세금과 같은 정부 재정 손실 : 최대 2,710억 달러
- 범죄 처리 비용 : 최대 1,250억 달러

즉, 세계적인 범죄 행위에 따른 연간 최대 피해가 4조 7,000억 달러에 이른다는 것이다. 이 금액은 지구에 사는 70억 인구 각 개인에게 매년 약 700달러를 지급할 수 있는 수준이다.

위조와 불법 복제는 5가지 면에서 경제를 왜곡시킨다.

첫째, 이러한 행위는 보상을 더 큰 사회적 혜택으로 승화시키는 혁신을 저해한다. 장기적으로 볼 때 이것이 혁신력을 감소시키기 때문이다. 패션 액세서리나 엔터테인먼트의 경우에는 그렇게 중요하지 않을 수 있다. 하지만 소프트웨어와 의약품과 같은 분야에서는 차세대의 큰 솔루션을 개발할 것인지 아닌지를 결정하는 데 있어 매우 중요하다.

둘째, 이러한 행위는 공공의 안전을 위태롭게 한다. 정품 생산 과정에 포함되는 품질 관리가 위조품에는 적용되지 않기 때문이다. 항공기 부품, 자동차 부품 또는 의약품의 경우 이는 생사의 문제가 될 수 있다.

셋째, 이러한 행위는 정부로부터 세금 수입을 박탈한다. 지하 경제의 여러 측면과 마찬가지로 위조품은 세수 부족을 일으키고, 그 부족분을 다른 납세자들에게 부담시킨다.

넷째, 위조와 밀수의 은밀한 성격 때문에 매우 부적절한 범죄 요소가 필연적으로 연계된다. 특히 OECD 국가에서는 위조품을 밀매하

위조, 불법 복제 현황 추정			
구분	현황	2013년	2022년(추정)
1	위조 및 불법 복제 상품의 전 세계 교역량	410억 달러	9,910억 달러
2	위조 및 불법 복제 상품의 자국내 소비	2,490~4,560억 달러	5,240~9,590억 달러
3	영화, 음원, 소프트웨어의 불법 복제	2,130억 달러	3,840~8,560억 달러
	-영화 저작권 침해	1,600억 달러	2,890~6,440억 달러
	-음원 저작권 침해	290억 달러	530~1,170억 달러
	-소프트웨어 저작권 침해	240억 달러	420~950억 달러
	위조 및 불법 복제 상품의 전체 가치	**9,230억~11.3조 달러**	**19조~28조 달러**
4	경제 사회적 비용		
	-합법적 경제활동에 대한 피해	4,700~5,970억 달러	9,800억~1조2,440억 달러
	-외국인 직접 투자 감소(추정)	1,110억 달러	2,310억 달러
	-재무 손실(추정)	960억~1,300억 달러	1,990억~2,700억 달러
	-범죄 비용(추정)	600억 달러	1,250억 달러
4	**전체 경제 사회적 비용**	**7,370~8,980억 달러**	**15조~18조 달러**
	고용 손실 (추정)	**200만~260만 달러**	**420~540만 달러**

출처 : 프론티어(2018)

는 데 뇌물, 강요, 폭력이 반드시 수반된다. 또한 위조품을 저지하기 위해 필요한 법 집행 자원은 사회가 부담해야 하는 또 다른 중대 비용이 된다.

마지막으로, 미국 내에서만 거래되는 위조품만 해도 50% 이상이 중국에서 생산되고 있어, 이는 필연적으로 국가간 무역 관계를 긴장시키고 더욱 악화시킨다. 위조품으로 직장이 사라진 540만 개의 일자리 피해는 주로 미국과 유럽연합에서 발생한다.

오늘날 OECD를 비롯하여 기타 국가에서 규제 기관과 법집행 기관은 위조 및 불법 복제 문제를 해결하기 위해 과학자, 엔지니어들과 협력하고 있다. 이에 위조와 불법 복제에 대한 세계적 현상과 문제에 대해 우리는 앞으로 다음 4가지를 예측한다.

첫째, 2018년까지 새로운 기기들이 폭넓게 도입되면서, 위조품 색출이 좀 더 수월해질 것이다. 한 연구팀은 기계 학습 알고리즘을 사용하여 동일한 제품의 정품 버전과 위조 버전을 구별하는 새로운 시스템을 개발했다. 이 시스템의 주요 원리는 정품 제품의 미세한 특성이 고유한 유사성을 나타내어 해당 제품을 위조 버전과 구별할 수 있다는 아이디어에 기인한다. 즉, 이 시스템은 카메라가 물체를 260배로 확대해서, 인간의 눈에는 보이지 않는 특징을 찾아내 판별에 활용한다. 이 시스템은 엔트루피Entrupy Inc라는 벤처 기업이 상용화했다. 여러 다른 위조 감지 방법이 존재하지만 이 방법들은 제품에 침투하는 등 제품을 손상시킬 위험이 있어 그다지 효용적이지 않다. 그에 반해 엔트루피의 방법은 비손상 방식의 감지 시스템으로 위조자가 생산한 제품과 원 제조업체 버전으로 생산된 정품을 쉽게 구별할 수 있다. 직물, 가죽, 약품, 전자 제품, 장난감 및 신발과 같은 다양한 물체와 재료에 대한 3백만 개의 이미지 데이터 세트가 이미 갖춰져 있다. 현재 분류 정확도는 98% 이상이다(엔트루피 기술 데모는 https://www.youtube.com/watch?v=DsdsY8-gljg에서 확인할 수 있다).

둘째로, 2025년까지 복제가 불가능한 보안 태그가 고가 명품 브랜드 제품에 인쇄되어, 위조품과 식별될 수 있을 것이다. 그래핀graphene과 같은 2D 물질은 분자 수준에서 무작위 결점defect을 가지고 있음이 밝혀졌다. 이러한 2D 물질을 보안 태그로 활용함으로써, 제조자들은 스마트폰 카메라로 읽을 수 있는 복제 불가능한 식별자를 제작할 수 있다. 그래핀이 포함되어 있는 태그는 스마트폰의 플래시에 노출되었을 때 발광하도록 설계되었다. 카메라가 읽는 고유한 패턴은 위조

궁극의 보안

복제가 불가능한 보안 태그에 대한 아이디어는 2001년에 등장했지만 실현화되지 못했다. 그러나 태그를 분자 단위로 적용하면서 이러한 태그에 대한 가능성의 길이 열렸다.

최초 방식

태그 형성

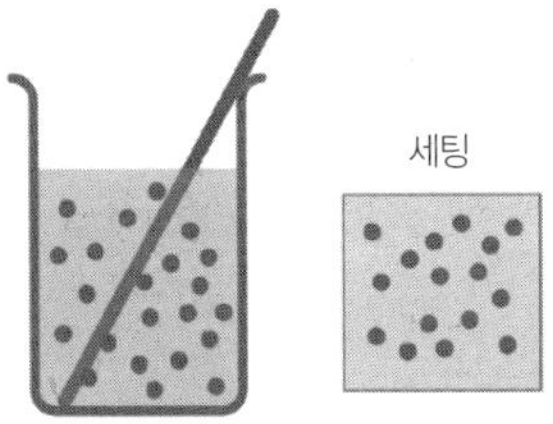

극미립자를 젤에 넣고 휘저어 불규칙하게 섞는다. 태그를 제작할 수 있도록 몰드에 붓는다.

판독 단계

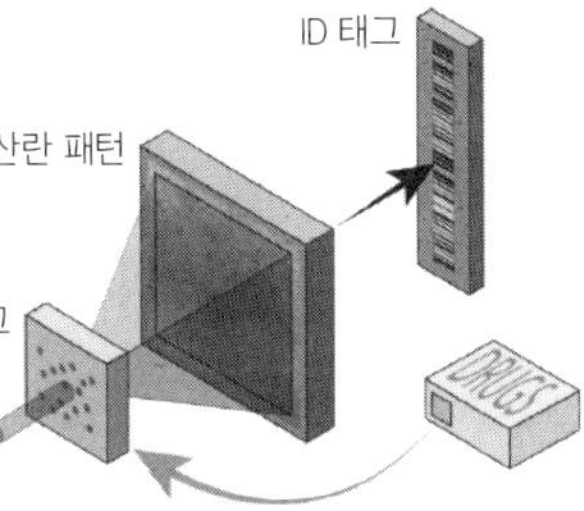

소비자들은 산란 패턴을 일으키기 위해 레이저를 사용해야 하고, 이를 수학적으로 ID코드로 변환해야 한다. 이후, 제조사 정보와 비교한다.

새로운 방식

태그 형성

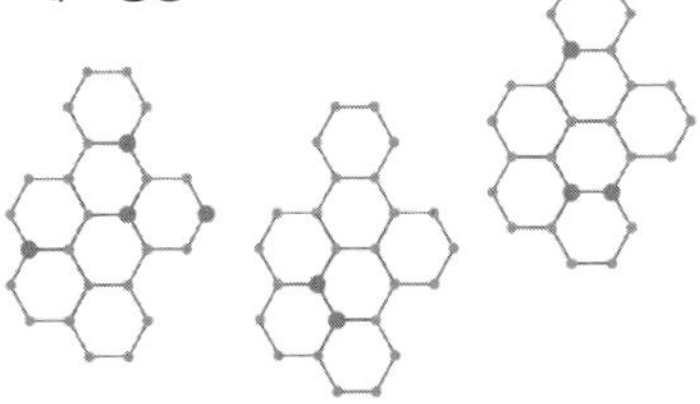

그래핀과 같은 2D 물질에는 불규칙하고 독특한 무작위 결점이 있다. 이러한 결점 중 하나가 북제가 불가능한 태그로 이용될 수 있다.

판독 단계

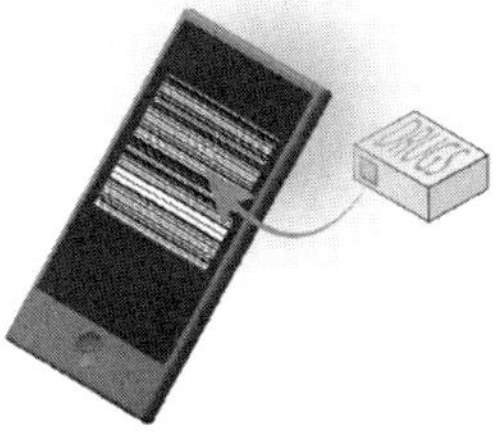

스마트폰 카메라 플래시가 발광을 유도하고, 패턴을 찾는다. 이 패턴은 제조사의 데이터베이스와 자동으로 연결되어 판독 비교 대상이 된다.

될 수 없어, 구매자, 유통업자, 법 집행관들은 제품이 정품인지 위조인지를 즉시 판단할 수 있다. 무엇보다도 이 태그는 너무 얇아서 유해성이 없으며, 개별 알약 및 캡슐에도 인쇄될 수도 있다. 이 아이디어를 어떤 기업들이 채택할지는 모르지만, 어떤 산업 영역에서든 복제될 수 없도록 하는 방향으로 신속한 전환이 이뤄질 것이다. 퀀텀베이스Quantum Base라는 영국 회사가 현재 이러한 기술 특허를 보유하고 있으며 최근 세계 최대 홀로그램 제조업체 옵섹OpSec과 계약이 체결됐다. 옵섹은 내년부터 홀로그램에 원자 수준의 태그를 부착시키는 작업을 진행할 것으로 알려져 있다. 첫 번째 애플리케이션에는 에어백과 같은 자동차 부품도 포함될 것이다.

셋째, 기업이 서비스형 소프트웨어 혹은 서비스형 플랫폼Software As A Service, SaaS으로 점차 이동함에 따라 디지털 저작권 침해는 줄어들 것이다. OECD 국가의 주요 기업들은 소프트웨어 불법 복제에 대한 정책을 오랫동안 시행해 왔다. 하지만 전 세계적으로, 특히 소비자들 사이에서는 여전히 이 문제가 중요한 주제로 남아있다. 그러나 마이크로소프트 오피스 364Microsoft Office 364와 어도비 크리에이티브 클라우드Adobe Creative Cloud와 같은 가입 소프트웨어로의 전환은 소비자가 소프트웨어를 해적판을 통해 사용하는 것을 어렵게 만든다. 가까운 미래 이 문제가 모두 사라지진 않겠지만, SaaS에 따라 이 문제는 사소한 문제로 점점 더 작아질 것임은 확실하다.

넷째, 디지털 엔터테인먼트의 불법 복제가 아직 큰 문제로 남아 있지만, 기술이 이 문제도 해결하는 데 도움을 줄 것이다. 디지털 엔터테인먼트 불법 복제를 해결하는 한 가지 접근법은 음악이나 비디오의 가격에

'디지털 워터마크'를 녹이는 것이다. 이를 통해 플레이 시스템이나 어플리케이션이 그 상품이 라이선스를 취득한 것인지 아닌지를 확인할 수 있다. 플레이 시스템이나 어플리케이션이 워터마크를 통해 콘텐츠 재생을 진행하거나, 그렇지 않은 경우 해당 콘텐츠의 라이선스 구입 페이지로 이동시킬 수 있다. 이것은 라이선스가 부여된 사용자를 식별하고 해당 재생 장치가 해당 사용자 또는 해당 문서 영역에 대해 라이선스가 부여되었는지를 확인하는 것이다. 문제는 이 기능을 안드로이드Android 및 iOS와 같은 주요 기술에 통합하는 데 있다.

언스케일드Unscaled: 비규모 경제가 주도하는 오늘날의 비즈니스

운송, 농업, 소매뿐만 아니라 원유, 화학제품, 반도체, 철강과 같은 가공 산업에 있어서도 규모의 경제가 적어도 지난 150년 동안 패자와 승자를 분리했다. 그러나 새로운 연구 결과에 따르면 인공 지능으로 가속화된 주요 신기술의 급증이 이제는 규모의 경제가 밀어내고 있다. 《언스케일드: 인공지능과 새로운 세대의 신생 기업이 미래의 경제를 창조하는 방법Unscaled: How AI and a New Generation of Upstarts Are Creating the Economy of the Future》에서 논쟁된 바와 같이, 앞으로의 비즈니스는 '비규모의 경제economies of unscale'가 주도할 것 같다.

비규모의 경제는 두 개의 보완적인 시장 요소에 의해 가능하다. 플랫폼의 출현과 필요에 따라 임대할 수 있는 기술이다. 두 가지의 발전은 규모의 경제를 정의한 고정 비용과 산출 간의 강력한 역관계를 약화시켰다. 이제는 작은 '비규모의 기업'이 틈새시장을 추구하고 '대량 생산, 유통, 마케팅과 같은 분야에서 수십 년 동안 큰 투자를 단행하여 몸집을 불렸던' 큰 기업에 성공적으로 도전할 수 있다.

규모의 투자는 많은 의미를 지녔다. 20세기 초, 세계는 역사상 다른 어떤 시기보다 기술적으로 더 발전했다. 그 시기에는 발명가와 기업가들이 자동차, 비행기, 라디오, 텔레비전 등을 개발했고, 전력 그리드와 전화 시스템이 구축됐을 때다. 당시의 새로운 기술들은 대량 생산을 가능하게 하고 대중 시장에 대한 채널을 제공함으로써 비로소 '규모의 시대'를 열었다. 전기는 자동화를 주도하여 기업들은 방대한 양의 제품을 대량 생산할 수 있는 거대한 공장을 건설할 수 있었다. 라디오와 TV는 거대한 대중에게 다가갈 수 있는 수단을 제공했고, 기업들은 이를 대중 마케팅으로 활용했다. 규모의 경제가 비즈니스 성공을 좌우했던 것이다. 실제로 규모는 엄청난 경쟁 우위를 제공했다. 고정비를 낮췄을 뿐만 아니라 경쟁 업체에 대해 강력한 진입 장벽을 형성했다. 따라서 거의 모든 조직들은 20세기에 규모를 추구했다. 수십만 명의 임직원을 둔 공룡 기업, 5만 명의 학생을 둔 대학, 다국적 의료 서비스 제공 기업 등의 결과물이 그것이다.

그러나 오늘날, 우리는 새로운 기술 파동을 경험하고 있다. 이 파동은 아이폰iPhone, 페이스북Facebook 및 아마존 웹서비스Amazon Web Services의 등장으로 모바일, 소셜, 클라우드 컴퓨팅이 시작된 2007년 경부터 시작됐다. 이제 우리는 여기에 인공지능을 추가했다. 인공지능은 오늘날 세기의 '전기'로 모든 것을 발전시키는 기술이다.

인공 지능은 대량 생산 및 대량 판매를 대신하는 특별한 자산을 가지고 있는데 이것이 경쟁 우위의 기반이 된다. 인공 지능은 개인에 대해 학습할 수 있고, 자동으로 제품을 각 개인에게 맞춤 설정할 수 있다. 한 예로, GPS 네비게이션 앱 웨이즈Waze는 특정한 순간에 목적지에 맞는 개인 맞춤 경로 지도를 제공하는 방법이다. 이 맞춤 지도는 아마도 다른 사람이나 다른 시간에는 작동하지 않아도 되고 그들에게 혹은 특정 시간에는 필요없는 것일 수도 있다. 인공 지능은 점점 더 좁아지는 시장에 대한 대량 맞춤화를 가능하게 한다. 고객을 위해 특별히 제작된 맞춤형 제품인 경우 고객은 그것을 더 선호할 것이다. 이러한 서비스를 수백만 명에게 제공할 수 있다. 이것이 바로 비규모의 경제 기반이다. 오늘날 첨단 기술 분야에서 승리하는 기업은 모든 고객에게 똑같은 것을 부여하는 것이 아니라 그들 각자가 원하는 것을 수익성 있는 방식으로 제공하는 기업이 될 것이다.

현재의 기술 조류가 비규모의 경제를 촉진하는 데 있어 또 다른 동등하게 중요한 방식이 있다. 쉽고 빠르게 규모를 임대함으로써 기업은 민첩성과 집중도를 높일 수 있기 때문에, 훨씬 적은 비용과 노력으로 변화하는 수요와 조건에 보다 신속하게 적응할 수 있다.

따라서 규모의 기업은 비규모의 경쟁자들에게 자신들이 포위되었다는 것을 알게 될 것이다. 스트라이프Stripe는 샌프란시스코에 위치한 비규모의 기업으로 금융 서비스를 제공해 대형 은행에 도전하고 있다. 똑같이 샌프란시스코에 위치한 에어비앤비Airbnb도 비규모의 호텔 기업으로 거대 체인 호텔로부터 고객을 흡수하고 있다. 워비파커Warby Parker는 뉴욕에 위치한 비규모의 안경 회사로 거대 안경 브랜드들을 위협하고 있다.

'비규모의 경제'가 비즈니스의 새로운 세계를 지배한다면, 규모를 갖춘 대기업은 이제 어떻게 경쟁하고 번영할 수 있을까?

프록터앤갬블의 사례를 보자. 이들은 대량 판매 시장을 개척한 최초의 규모의 브랜드 아이보리Ivory 비누를 세상에 내놓은 기업이다. 제2차 세계 대전이 끝난 후, 프록터앤갬블은 소비 시장이 열리면서 자동 의류 세탁기 용도로, 최초의 대중 시장용 비누 타이드Tide 세제를 출시했다. 20세기 말에 이르러, 프록터앤갬블은 300개 이상의 브랜드를 제공하고 연간 매출액 380억 달러를 벌어 들이는 거대한 규모로 성장했다.

분석 기업 CB 인사이트CB Insights는 2016년에 작은 비규모의 기업이 프록터앤갬블을 공격하고 있는 모든 방식을 보여주는 그래픽을 발표했다. 그래픽을 보면, 더 이상 프록터앤갬블은 신생 기업에 대한 강력한 방어력을 지닌 규모의 기업으로 나타나지 않고, 대신 신생 제품에 취약한 일련의 개별 상품들이 나타난다. 예를 들어, 프록터앤갬블의 질레트 면도기는 달러 쉐이브 클럽Dollar Shave Club과 해리스Harry 's Inc.의 정기배송 모델에 도전받고 있다. 그리고 e살롱eSalon의 '맞춤' 헤어 컬러링은 프록터앤갬블 클레롤Clairol 대중 상품용 헤어 컬러링과 경쟁하고 있다.이것은 규모의 경제를 넘어 비규모의 경제를 선호하는 시대에 대기업들이 무엇에 직면하고 있는지를 보여주는 명확한 증거다. 작은 비규모의 기업들이 틈새시장을 더 완벽하게 겨냥한, 즉 대중 상품에 대항하여 승리할 수 있는 제품 혹은 서비스를 가지고 대기업에 도전할 수 있다. 비규모의 경쟁자들이 충분한 고객을 확보하면, 규모의 경제에는 문제가 발생하기 시작한다. 비용이 많이 투자된 거대 공장과 유통 시스템의 단위별 비용이 상승하게 된다. 비규모의 기업들은 부담하지 않아도 되는 비용 부담을 발생하는 것이다.

프록터앤갬블은 비규모의 경쟁자들이 취하는 도전을 인지하고 이에 대응을 하고 있다. 약 10년 동안 프록터앤갬블은 커넥트+디벨럽Connect+Develop으로 불리는 프로그램을 운영해오고 있다. 커넥트+디벨럽은 프록터앤갬블과 잘 어울리는 제품을 가진 사람이라면 누구든지 회사에 개발 제안서를 제출하도록 초대한다. 직접적인 표명을 하진 않지만, 커넥트+디벨럽은 경쟁하는 대신 혜택을 주는 방식으로 프록터앤갬블을 틈새시장을 위한 플랫폼으로 자리매김하게 하는 것이다. 대상은 새로운 비규모 제품의 가치를 어느 정도 확보한 기업들과 제품을 시장에 출시하는 데 프록터앤갬블의 유통, 마케팅, 지식을 대여할 수 있는 제품 혁신자들이다. 현재까지 커넥트+디벨럽은 프록터앤갬블을 규모의 기업에서 비규모의 기업으로 바꾸진 않았지만, 회사를 올바른 방향으로 이동시키고 있다.

비규모의 경제를 실험하는 대기업이 프록터앤갬블만 유일한 것은 아니다. 제너럴 일렉트릭General Electric 또한 앞으로 펼쳐질 시대에 생명을 유지하고자 노력하는 기업이다. GE는 다른 기업들이 사물 인터넷의 청사진을 포착하는 데 이용할 수 있는 인공 지능 기반의 플랫폼인 프레딕스Predix에 큰 투자를 하고 있다. 자사 역사의 대부분 동안, GE는 철도 기관차, 비행기 엔진, 공장 자동화 설비, 조명 시스템 등과 같은 산업용 제품을 구축해왔다. 2010년, GE는 수많은 산업용 제품들 내에 이미 센서들이 장착됐다는 인지하자마자 사물 인터넷을 포용했다. 이 센서들은 클라우드를 통해 자신들의 데이터를 다시 프레딕스에 전달할 수 있고, 프레딕스는 이 데이터를 활용하여 GE의 기계에 대해 더 많은 정보를 수집할 수 있다.

프레딕스는 GE가 고객을 위해 제품을 최적화하는 데 도움을 준다. 프레딕스가 모든 GE 기관차로부터 학습된 것은 철도가 GE 기관차를 더 잘 운용하는 데 도움을 주기 때문이다. GE는 비규모의 시대에 프레딕스를 다른 기업들에게 개방하여 산업 디자이너를 위한 앱 카탈로그를 만드는 데 사용하도록 했다. 2005년 GE에서 분사한 글로벌 전문 서비스 회사 인 젠팩트Genpact는 프레딕스를 활용하여 주요 예비 부품 재고 최적화 프로그램을 출시했다. 인도 뭄바이에 위치한 다국적 기업 테크 마힌드라Tech Mahindra Ltd.는 프레딕스를 사용하여 태양광 발전소를 원격으로 관리할 수 있는 응용 프로그램을 제작했다. GE는 산업 개발자들이 서로 배우고 프레딕스 생태계 시스템을 구축하는 데 도움이 되도록 프레딕스 트랜스폼Predix Transform이라는 컨퍼런스도 개최하고 있다.

프록터앤갬블과 마찬가지로, 프레딕스가 그 자체로 GE를 비규모의 기업으로 개편하지는 않는다. 다만 GE는 그들의 기술 조합과 데이터를 이용해 다른 기업들이 임대할 수 있는 플랫폼을 제공함으로써 비규모의 혜택을 포용하는 정책을 취했다.

2016년 제트닷컴Jet.com을 인수한 월마트 스토어Walmart Stores는 대기업을 위한 비규모의 도전에 또 다른 교훈을 준다. 월마트는 건물에 있어 규모의 슈퍼스타였다. 따라서 소매 비즈니스 산업이 비규모화되면서 점점 더 크게 취약해지는 상황에 처하고 있다. 이 취약성은 왜 이들이 입증된 회사 제트닷컴을 인수하는 데 30억 달러를 썼는지를 설명한다. 제트닷컴은 정교한 인공 지능 플랫폼을 기반으로 하며, 고객이 주문하는 양과 고객이 제품과 얼마나 멀리 있는지 등 다양한 요소를 분석하여 심지어 월마트보다도 낮은 가격으로 소비자에게 최저 가격을 제공하는 것을 목표로 했다. 제트닷컴 대부분의 제품은 독립적인 소매 업체에서 가져 왔고 업체 수는 2,000개 이상이다. 이 플랫폼의 장점은 아마존이 그들의 마켓 플레이스를 통해 판매하는 소매업체와 종종 맞대결하는 방식과 달리 제트닷컴은 그 자체가 소매업체와 경쟁하지 않는다는 데 있다.

월마트는 제트닷컴의 인공 지능에 대한 신뢰, 그리고 혁신적인 기술을 위해 이들을 인수한 것이다. 그러나 비규모의 렌즈를 통해 본다면, 그것은 월마트가 플랫폼 전략을 시험하고 있는 것처럼 보인다. 아마도 제트닷컴은 집중화된 틈새 소비자 소매업체들이 어디서 누구에게나 물리적 제품을 판매할 수 있는 기존 월마트라는 물리적 플랫폼의 힘을 임대하는 방향으로 진화할 것이다.

1993년에 설립된 아마존닷컴은 비규모 경제에서 경쟁할 수 있도록 특별히 설계된 최초의 대기업 중 하나였다. 창업자이자 CEO인 제프 베조스Jeff Bezos에 따르면, 그것은 아마존 내에서 새롭고 민첩하며 제품 중심의 비즈니스를 끊임없이 창안하겠다는 것이다. 이러한 것들은 아마존의 기업 플랫폼 위에 빠르게 구축될 수 있고 비규모의 신생 기업들처럼 행동할 수 있는 비즈니스이다. 베조스에게 있어, 비즈니스가 그 자체의 규모로 허물어질 때 모든 것들이 잘못되기 시작한다. 베조스는 이것을 '초심을 잃는 둘째 날(Day 2)'이라고 부른다.

그렇다면 베조스가 초심을 잊지 않는 '첫째 날(Day 1)'로 언급하는 창의적 단계를 통해 아마존이 계속 순환되려면 어떻게 계획을 세워야 하는가? 베조스는 "나는 전체적인 답을 알지 못한다. 그러나 나는 약간은 알 것 같다."고 말했다. 베조스는 비규모에 대해 우리가 알고 있는 것과 일치하는 4가지 포인트를 밝혔다.

첫 번째 포인트는 '진정한 고객 집중'이다. 비규모의 시대에 성공하는 제품은 개별 고객들로 하여금 하나의 시장처럼 느끼게 한다. 그렇게 하려면 고객에 대한 깊은 지식과 특정 세그먼트를—그 규모에 상관없이—완벽하게 만족시키는 제품을 기꺼이 제작해야 한다. 앞서 말했듯 대기업들은 이러한 점에서 보통 실패하고 만다. 대기업들은 대개 가능한 한 많은 고객을 대상으로 제품을 개발하는데 노력을 기울이기 때문이다. 베조스는 "첫날에 머무르려면 참을성 있게 실험하고, 실패를 수용하고, 씨앗을 뿌리고, 묘목을 보호하고, 고객의 기쁨을 볼 때(자만하지 말고) 더 열심히 해야 한다."고 말한다. 이러한 접근 방식 덕분에 수년 동안 아마존은 우리에게 킨들, 아마존 웹 서비스, 알렉사Alexa와 같은 것들을 보여줄 수 있었다. 그 결과, 아마존은 스스로 항상 새로워지는 것처럼 보인다.

두 번째 포인트는 '프록시에 저항하는 것'이다. 규모의 기업은 중요하지 않은 것을 관리하는 데 길을 잃을 수 있다. 하나의 사례가 프로세스다. 베조스는 자주 언급한다. "프로세스가 문제가 된다. 결과를 바라보는 것을 그만 두고, 우리가 프로세스를 올바르게 수행하고 있는지 확인해야 한다." 또 다른 나쁜 프록시는 실제 고객을 아는 것이 아닌 이를 대체하는 시장 조사를 포함한다. "우리와 제품, 혹은 서비스 소유주들은 고객을 이해해야 하고, 비전을 가져야 하며, 제공되는 것들을 사랑해야 한다." 이는 의도적으로 신생 기업을 위한 지침처럼 들린다. 베조스는 아마존이 언제나 신생 기업처럼 느끼기를 원한다.

세 번째 포인트는 '외부 트렌드를 포용하는 것'이다. "거대한 트렌드는 파악하기 쉽다. 수많은 사람들이 이야기하고 그에 대해 글을 쓴다. 그러나 이상하게도 대기업이 그것을 포용하는 것은 쉽지 않을 수 있다." 예를 들어, 신문사는 인터넷 시대가 오고 있는 것을 목도했지만, 온라인으로 이동하는 데는 너무 오래 시간을 들였다. 대기업이 민첩한 작은 기업들의 집합체로서 운영된다면, 새로운 기술을 발견하고 이에 반응하는 것이 더 자연스러워질 것이다.

첫째 날(Day 1)이 계속 순환하기를 원하는 사람들을 위한 베조스의 네 번째 포인트는 '고속 의사 결정'을 보장하는 것이다. 베조스가 쓴 글을 보면, '절대 획일적인 하나의 의사 결정 프로세스를 사용하지 말라'고 한다. 작은 부서들에게 그들의 통찰력과 고객의 현실에 기반하는 그들 자체적인 의사결정을 내리도록 해야 한다. 기업의 규모가 크면 클수록, 의사결정은 더욱 더 복잡해진다. 경영진은 의사 결정을 내리기 전에 엄청난 양의 인풋input과 정보가 필요하다고 느낀다. 생각한다. 이러한 모든 것들이 정체로 이어진다. 첫날과 같은 의사결정이 이뤄져야 한다. 의사결정이 잘못된 것으로 판정되면 더 빠르게 움직여야 한다.

우리 주변의 기업들이 영원하지 않다는 점을 기억하라. 오늘날의 기업이란 산업 시대에 고안된 것으로 당시의 독특한 조건에 부응하여 생성된 것이다. 새로운 조건들이 새로운 구조를 필요로 한다는 것에 의미가 있다. 새로운 구조는 아마도 지금은 존재하지 않는 어떤 것처럼 보일 수도 있다. 그러나 비규모의 기업과 같은 형태는 가까운 미래에 확실하게 주도적 구조가 될 것이다.

포춘 500 조직의 리더들은 비규모의 시대를 위해 그들 조직을 재창조할 수 있는 방법을 찾기 시작할 것이다. 이러한 현실과 흐름을 고려할 때, 우리는 앞으로 3가지를 예측할 수 있다.

첫째, 2030년까지 다양한 산업 분야에서 대기업의 성공 경로는 작고 민첩하며 혁신적인 기업들이 의존하는 '플랫폼 기업'으로 변모할 수 있는지 여부에 달려 있을 것이다. 커넥트+디벨롭, 프레딕스, 제트닷컴은 다른 대기업이 모방할 수 있는 플랫폼 플레이 사례다. 전력 회사는 플랫폼 마인드를 채택하고 수천 명의 작은 에너지 생산자를 지원할 수 있는 시스템을 구축할 수 있다. 주요 은행은 소비자 저축앱 디짓Digit, 애콘스Acorns, 스태시Stash와 같은 작고 집중된 금융 애플리케이션을 위한 플랫폼이 될 수 있다.

모든 기업이 플랫폼이 되거나 아니면 사라져야 할 것이라는 말은 아니다. 오히려 성공적인 플랫폼 전략은 비규모 시대의 성장을 향한 하나의 길을 제시한다. 플랫폼은 엄청난 수익을 올릴 수 있고, 플랫폼에서 작동하는 기업이 성공을 위해 그 플랫폼에 의존하게 되기 때문에 유지가 가능하다. 이것이 아마존 웹 서비스AWS가 왜 아마존을 위한 수익 엔진으로 부상하고 있느지에 대한 이유이다. AWS는 마진이 20%를 넘는다. 이에 비해 아마존 소매 사업의 마진은 낮은 한 자리 수에 불과하다.

오늘날 활발하게 활동하고 있는 기업들은 그들 산업에 매우 특화된 규모를 수십 년 동안 구축해왔다. 효율적인 공장, 유통 채널, 소매점, 공급망, 마케팅 전문 기술, 글로벌 파트너십 등을 마련해온 것이다. 이제 이들 기업들의 리더들은 단순히 다른 기업에 그 기능을 임대하는 것이 더 나은 사업인지를 직접 자문해야 한다.

수백 개의 작은 기업들이 혁신적인 신차를 설계하고 제작, 판매 및 고객에게 전달하는 데 도움을 주는 자동차 제조 플랫폼으로 포드 자동차를 상상해보라. 이러한 모든 작은 자동차 제조업체들이 틈새시장에 새로운 서비스를 제공할 수 있을 것이다. 세계 최대 맥주 제조사 앤하우저-부시 인베브 SA/NVAnheuser-Busch InBev SA/NV가 타 맥주 브랜드 인수를 중단하고 소규모 맥주 제조자들에게 생산 설비 및 유통 기능을 임대하여 웹 페이지에서 몇 번의 클릭만으로 시장에 출시할 수 있게 해주는 맥주 플랫폼으로 변모하는 것을 상상해보라.

둘째, 규모에 따른 운영 탁월성이 결정적이지 않은 세계에서, 성공적인 대기업은 '절대적인 제품 중심'을 채택하게 될 것이다. 기업이 덩치가 커지면서 프로세스, 관료주의, 정치, 주가, 혹은 확인된 시장에 적합한 훌륭한 제품을 제작하는 것과 아무 관련도 없는 다른 많은 문제들에 관심을 가지면서 그들의 중심이 무엇인지를 잃어버리곤 한다. 그들은 가능한 한 거의 모든 사람들에게 호소력 있는 제품을 고안해 규모의 경제를 달성하고 더 많은 수익을 올리려는 시도를 한다. 그러나 비규모의 시대에, 그러한 대중 상품을 고안하는 것은 곧 그들의 아킬레스건이 된다. 제품 중심의 작은 비규모의 경쟁자들을 이길 수가 없는 것이다.

비규모의 시대에 대기업은 세분화된 시장에 완벽하게 적합한 제품을 만드는 데 전념하는 소규모 비즈니스의 네트워크처럼 보이도록 해야 한다. 왜냐하면 대기업은 모든 것을 임대할 것이기 때문이다. 기업들은 수십 년 동안 비핵심 업무를 해체해왔다. 애플은 중국 기업에 생산을 위탁하고 넷플릭스는 데이터 센터를 구축하는 대신 AWS에서 엔터테인먼트 스트리밍 서비스를 제공한다. 차세대 비규모 기업은 훨씬 더 많은 아웃소싱에 의존하게 될 것이다. 이들에게는 훌륭한 제품을 개발하는 것과는 관련 없는 모든 것을 임대하는 것이 필요하다.

제품 제작자는 비즈니스를 추진하고 최고의 대기업들은 그들이 제품과 서비스를 구축하는 데 도움이 되는 플랫폼을 제공하고 있다. 20년 후의 포춘 선정 500대 기업은 현재의 거대 기업보다 규모가 작고 이동 속도가 빠른 중소기업 네트워크와 유사할 것이다.

셋째, 2020년 중반까지 들어 본 적이 거의 없는 수많은 회사들이 역동적인 리번들링rebundling을 통해 크게 성장할 것이다. 비규모 시대의 승자는 모든 고객에게 '하나의 시장'처럼 느끼게 한다. 각 개별적 개인에게 맞춤화할 수 있는 제품과 서비스는 대중 시장 제품과 서비스를 능가할 것이다. 그러나 다양한 제품을 갖춘 대기업들이 강점을 유지할 수 있는 방법이 있다. 기업이 제품 하나에 대한 특정 고객을 이해하게 되면 해당 고객에게 포트폴리오를 통해 다른 제품을 제공할 수 있다. 이러한 이유로 대기업은 각 고객에게 맞춤화된 제품군을 번들링으로 제공함으로써 승리자가 될 수 있다.

이것이 어떻게 작동되는지 이해하려면 어니스트 컴퍼니The Honest

Company를 보면 된다. 2012년에 어니스트는 정기 배송 서비스 형태로 안전한 유기농 기저귀와 물휴지 세트를 판매하기 시작했다. 첫 해에, 어니스트는 대중 시장 브랜드와 다른 틈새시장 제품을 원하는 틈새 고객에게 서비스를 제공하여 1천만 달러의 매출을 올렸다. 이들은 그 지식을 사용하여 샴푸, 치약, 비타민을 포함한 다른 제품군을 개발했다.

2016년까지 어니스트는 135가지의 집중화된 제품을 판매하여 적합한 고객에게 적합한 제품들을 세트로 묶었다. 그해 매출액은 3억 달러를 넘어 섰다. 어떤 면에서 어니스트는 다양한 품목을 제공하는 미니 프록터앤갬블이 되었지만 큰 차이점이 있었다. 어니스트는 고객을 알고 있었고 이에 따라 다양한 제품을 번들로 제공할 수 있었다. 프록터앤갬플의 각 제품은 독립 브랜드이며 어니스트만큼 친숙하지 못하거나 이해하지 못한 고객들에게 상점에서 판매된다. 어니스트의 성장은 2017년에 비록 둔화되었지만 CEO 브라이언 Lee의 사임 이후에도 제품 번들링 전략에 전념하고 있다.

역동적인 리번들링 전략으로 기업은 규모의 혜택을 모방할 수 있다. 그러한 회사는 제품에 중점을 둔 민첩하고 혁신적인 제품을 유지하고 포트폴리오를 사용하여 개별 고객에게 판매를 확대할 수 있다. 따라서 향후 프록터앤갬블은 수천 개의 제품 중심 엔터티를 위한 플랫폼으로 작동할 수 있지만 각 고객에게 설계된 제품 번들의 이해도를 높여 제공할 수 있을 만큼 지능적이어야 할 것이다.

인플레이션, 실업, 그리고 필립스 곡선

필립스 곡선(혹은 필립스 커브)에 따르면 '실업률이 낮을 때, 인플레이션이 높고, 그 반대도 마찬가지'다. 연방준비이사회는 여전히 이 사고를 기반으로 정책을 결정한다. 그러나 실업률과 인플레이션의 상관관계에 대해 경험적 증거는 무엇을 말하고 있는가? 이 경험적 증거들이 의미하는 바는 무엇일까? 통화 정책과 그 결과로 파생되는 인플레이션 부문에 어떤 일이 일어날 것인가?

1958년, 경제학자 A. W. 필립스A.W. Phillips는 영국에서 100년 동안 임금과 실업간 반비례 관계가 있음을 발견했다. 1960년, 미국의 경제학자 사무엘슨Samuelson과 솔로우Solow는 필립스의 이 아이디어를 취하여 인플레이션과 실업간 연관성을 구체화시켰다. 즉, "실업률이 낮을 때 인플레이션이 높다. 혹은 그 반대의 경우도 성립한다." 이 아이디어가 바로 필립스 곡선Phillips Curve이다. 이 곡선은 한 축을 실업률로 다른 한 축을 인플레이션으로 역사적 자료를 그래프로 표기할 때, 낮은 실업률과 높은 인플레이션 사이에 밀접한 관련이 있다는 점을 보여준다. 직관적으로 이것은 이치에 맞다. 경제 성장이 일어나고 실직자가 거의 없는 안정된 세계에서, 임금은 급격히 상승한다. 고용주들이 부족한 노동력에 대한 가치를 높게 매기기 때문이다. 이것은 연방준비은행(이하 연준)이 수십 년간 금리를 책정하는 데 사용하는 근본적인 경제 이론이었다.

그러나 필라델피아 연준 소속의 경제학자가 수행한 새로운 연구에 따르면, 필립스 곡선은 유효하지 않다! 지난 30년 동안 금리를 정하기 위한 연준의 전략 핵심이 근거하는 기본 원칙이 실제로는 상당히 문제가 있는 지침이었다는 것이다.

필라델피아 연준의 연구 책임자 마이클 도트세이Michael Dotsey는 공동 저술 논문에서 필립스 곡선을 기반으로 한 예측 모델이 인플레이션을 예측하는 데 전혀 도움이 되지 않는다는 것을 보여줬다. 도트세이와 같은 연준 소속 경제학자 시게루 후지타Shigeru Fujita, 톰 스타크Tom Stark는 "우리 연구 결과는 통화 정책결정자들이 인플레이션 압력을 측정할 때 필립스 곡선에 의존하지만, 이제 매우 신중해야 한다."고 밝혔다. 이들의 연구는 시의 적절한 것처럼 보인다. 실업률이 지속적으로 하락했음에도 불구하고 지난 수 개월 동안 미국의 인플레이션은 둔화됐기 때문이다. 필립스 커브에 따르면 실업률 하락은 인플레이션 상승과 관계가 있어야 한다.

필라델피아 연준의 경제학자들은 실업률 상승이 때로는 인플레이션을 낮추는 데 도움이 될 수 있지만 실업률 하락이 인플레이션 상승을 예측하는 데는 도움이 되지 않는다는 사실을 발견한 것이다.

이들은 특히 1970년대 전체와 1980년대 초반에 이러한 현상이 나타났는데, 연준이 높은 인플레이션 상승으로 미국 경제가 침체되지 않도록 대응한 시기였다고 언급했다. 이들은 "우리의 증거는 필립스 곡선을 사용하면 경기 침체기에 통화 정책 과정에 가치를 더할 수도 있지만, 어떤 확실성과는 거리가 멀다는 것입니다. 현재 미국 경제가 직면하고 있는 것과 같은 일반적 시기에 필립스 곡선에 의존하는 증거는 찾을 수가 없었습니다."라고 기술했다.

사실 이 보고서는 그렇게 놀라운 것이 아니다. 그럼에도 연방공개시장위원회Federal Open Market Committee, FOMC는 이러한 연구, 즉 경험적 부합 요소가 명확히 부족함에도 불고하고, 기존 모델을 사용하고 있다.

왜 그러할까? 사무엘슨과 슬로우가 필립스 곡선에 대한 아이디어를 대중화한지 불과 수 년 후인 1970년대 실업률과 인플레이션의 관계는 그들이 말하는 대로 더 이상 작동하지 않게 되었다. 이 시기에 경제는 높은 인플레이션과 실업률을 특징으로 하는 '스태그플레이션stagflation'으로 고통 받았다. 1977년 11월, 미 의회는 경제 정상화의 일환으로 연준법Federal Reserve Act을 개정하여 연준에게 '이중 권한'을 부여했다. 이로 인해 연준은 물가 안정에 대한 책임뿐만 아니라, 최대한의 고용을 촉진하는 정책을 취해야 했다. 물가와 고용을 모두 아우르는 이러한 이중 권한을 고려할 때, 오늘날의 연준이 왜 여전히 단순한 필립스 곡선 아이디어에 집착하는지를 이해할 수 있다. 필립스 곡선은 이 두 문제를 밀접하게 관련시킨 유일한 문서화된 프레임워크이기 때문이다.

결과적으로 재닛 옐런Janet Yellen 연방준비제도이사회 의장은 여전히 필립스 곡선이 '살아있고 유효하다'는 것처럼 행동하고 있다. 이러한 이유로, 연준은 16년 만에 가장 낮은 수준인 U3 실업률(약 4.3%)이 2018년의 어느 때 인플레이션을 촉발하여, 연준 목표인 최소 2%까지 압박할 것이라고 가정하고 있다. 그리고 추가적인 금리 인상이 없으면, 더 높은 인플레이션이 일어날 것이라고 말한다.

따라서 연준의 행동과 경제에 미치는 그들의 영향 간에는 오랜 시간 지체했기 때문에, 연방공개시장위원회 위원들은 지금 통화 정책을 강화함으로써 인플레이션이 2%를 넘는 위험을 선조치하는 것이 올바른 결정이라고 주장한다. 그러나 이와 연계된 문제는 실업률을 제외한 모든 주요 경제 지표가 인플레이션이 언제오든 문제가 되지 않는다는 것을 보여주고 있다는 점이다.

그렇다면 왜 필립스 곡선은 이제 70년대 이전과 같은 방식으로 작동하지 않는가? 여기에는 적어도 5가지 이유가 있다.

1. 오늘날의 U3 실업률은 1990년대 이전의 실업률과 동일하지 않다. 대부분의 경제학자들은 1990년대에 발생했던 '공식 BLS 고용 데이터의 명확한 변화'를 무시하고 있다. 이는 무책임한 행동이다. 이들은 더 이전의 기간 데이터가 오늘날의 U3와 비교 가능한 것처럼 행동한다. 실제로, 60년대, 70년대, 80년대에 사용된 '실업의 옛날 방식의 정의'는 실업에 대한 U6의 정의와 가장 유사하다. U6는 풀타임 직업을 찾을 수 없어 파트타임 근무를 하는 사람들, 풀타임 직업이라고 하기에는 미비한 직업의 사람들까지 포함해 계산하는

것이다. 이러한 관점에서 보면, 오늘날의 8.6%의 U6 실업률은 인플레이션이 별 것 아니며, 필립스 곡선 관계를 사용하여 곧 통제될 것이라는 기대를 이끌어 내지 못할 것이다.

2. 지난 수개월 동안 미국 경제 성장 엔진에는 다른 강점들에도 불구하고 균열이 나타났다. 느린 성장은 2017년 2/4분기에 연간 3.2%의 성장을 보였음에도 여전히 그대로다. 8년 평균 1.9%의 회복 이후 미지근한 성장 지표가 4.3%의 U3 실업률보다 더 높다고 가정하는 것이 현명하다. 따라서 필립스 곡선 유형 관계가 여전히 존재하더라도 우리는 의미심장한 인플레이션이 도래할 것으로 예상해서는 안 된다.

3. 지난 50년 동안 미국은 고임금 일자리가 있는 제조업 기반을 많이 잃었고, 저임금 일자리에 더 많은 사람들이 몰리는 서비스 지향 경제가 되었다. 또한 U3는 정규직과 동일한 비중으로 파트타임 직업을 계상한다. 이 두 가지 요인 모두 낮은 실업률에도 불구하고 저조한 임금 상승률을 견인하는 주요 역할을 하고 있다. 경제학자 데이비드 로젠버그David Rosenberg는 저임금 일자리가 대불황 이전보다 전체 일자리 중 높은 비율을 차지하고 있고 고임금 일자리가 전혀 성장하지 않았음을 연구했다. 이러한 요소들은 필립스 곡선이 공식화되었을 때보다 경제 소비에 대한 고용의 영향이 미약해졌다는 것을 의미한다.

4. 지난 30년 동안 세계화로 인해 미국과 전 세계에서 경제적 상황이 모두 재정립되었다. 제조 및 서비스업 노동 시장 모두 더 이상 해당 소지역에만 국한되는 것이 아니라, 적어도 국가적이거나 심지어

세계적인 산업에 의존하게 되었다. 이로 인해 수많은 분야에서 전 세계적으로 과도한 산업 역량이 발생했다. 세계화의 강력한 디플레이션 요소는 연준이나 기타 어떤 세력에 의해서도 통제될 수 없다. 필립스 곡선은 전 세계 실업 또는 인플레이션을 측정하려는 시도조차 하지 않고 있다.

5. 디지털 혁명이 인플레이션 측정을 더욱 어렵게 만들고 있다. 모든 산업에서 창출된 가치가 이전보다 더 크게ever-greater 공유된다. 이것은 비금전적 고객 잉여customer surplus의 형태에 존재하기 때문이다. 즉, 스마트폰 앱, 데이터베이스, 통신 네트워크, 엔터테인먼트를 포함하여 우리가 소비하는 모든 무료 제품 및 서비스는 경제적 계산 요소에 나타나지 않는다. 실제로 우리는 20년 이상의 가상virtual 디플레이션을 경험해오고 있다. 훨씬 더 많은 가치를 가격이 거의 오르지 않는 서비스 번들 형태로 얻기 때문이다. 이러한 트렌드는 더욱 가속화되고 있을 뿐이다.

현재 인플레이션이 길어지는 동안 U3 실업률은 계속 떨어지고 있다. 구식 필립스 곡선의 가정은 세계화, 기술 혁신, 산업별 구조 조정, 측정받는 요소들의 재정의를 비롯한 여러 가지 이유로 더 이상 유효하게 작동하지 않고 있다. 그러나 연준은 여전히 필립스 곡선 로직을 사용하여 그들의 이중 권한을 계속 추진하고 있다.

이러한 트렌드와 변화되고 있는 현실을 기반으로 우리는 앞으로 다음 3가지를 예측한다.

첫째, 세계화가 느려지고 정치적 민족주의가 가속화되면서 디플레이션 압력이 줄어들고 인플레이션이 약간 더 높아질 것이다. 세계화는 역사적으로 그리고 특히 지난 30년 동안 강력한 디플레이션 요소였다. 그러나 그 힘이 이제 약화되고 있다. 이것은 세계 무역의 정체로 입증된다. 반대로 역사적으로 인플레이션 압력이 높은 정치적 민족주의가 부상하고 있다. 세계화의 둔화는 주로 구조적 요인에 기인할 수 있다. 예를 들어, 관세율은 20세기 후반에 꾸준히 하락하여 이 과정에서 세계 무역을 촉진하는 데 도움이 되었다. 그러나 이제는 대부분의 상품이 무관세로 국경을 넘을 것이므로 무역 자유화에 대한 추가 노력은 수익 감소의 대상이 될 것이다. 아웃소싱도 마찬가지다. 실제로 많은 기업들이 아웃소싱을 너무 많이 함으로써, 다루기 힘든 공급자 미로를 전 세계 곳곳에 남겼다. 앞으로 10년 안에 이것의 대부분이 족쇄를 풀고 세상에 등장할 것이다. 마찬가지로 동유럽과 중국의 자본주의 경제로의 통합은 10억 명의 추가 근로자를 세계 노동인구로 끌어 들여 세계화의 엄청난 추진력이 되었다. 그러나 앞으로는 그 어떤 비슷한 일도 일어나지 않는다.

반면, 정치는 점차 세계화에 대한 역풍을 보여주고 있다. 부유한 국가간 무역은 가난한 국가간 무역보다 덜 혼란스러운 경향이 있다. 이머징 마켓이 글로벌 트레이딩 시스템에서 더 큰 플레이어가 되어감에 따라 선진국의 숙련되지 않은 노동자에게 더 큰 영향을 주고 있다. 그 결과는 민족주의적 반발로, 이는 이민 감소와 더 높아진 무역 장벽으로 이어질 것이고, 다시 임금과 인플레이션으로 이어질 것이다.

둘째, 제한된 세계화와 강화된 민족주의의 영향에도 불구하고, 인플레이션은 당분간 미국 경제에 심각한 문제가 되지는 않을 것이다. 오늘날 역사적으로 낮은 노동 참여율로 인해, U6가 5% 이하로 떨어지면 문제가 될 수 있지만 거의 '완전 고용'에 근접한 곳은 어디에도 없다. 베이비 붐 세대의 퇴직 속도는 매우 불확실하다. '미국 우선'이라는 아젠다에도 불구하고, 미국이 여전히 세계화된 경제에서 살고 있고, 인도와 아프리카는 고령화된 중국과 라틴 아메리카 계급을 장악하기 위해 대기 중이다. 그리고 가장 중요한 사실은 전 세계의 전례 없는 잉여 자본으로 인한 생산성 붐이 이제 시작하고 있다는 점이다. 정보기술 및 바이오기술 경제는 세계가 근원적으로 디플레이션 상태에 머무른다는 것을 의미한다. 이러한 배경 하에서 인플레이션을 2.5~3%로 지속적으로 관리하는 것은 도전 과제가 될 것이다. 그리고 4% 이상의 지속적인 실질 성장만이 연간 4% 혹은 그 이상의 인플레이션을 발생시킬 수 있다.

셋째, 정책적 이유로 연준과 다른 중앙은행들은 물가 상승률을 현재의 2%보다 그 이상 상승시킬 것이다. 70년대를 기억하는 사람들에게 이것은 비뚤어진 길이다. 그러나 우리가 일본에서 목도한 장기 불황을 고려할 때, 이 논리는 오히려 직선적이다. 인플레이션이 4%이고 심한 경기 침체로 인해 중앙은행들이 일시적으로 실질 이자율을 마이너스 3%로 낮출 필요가 있는 경우, 이것은 명목율nominal rate을 1%로 줄임으로써 가능할 수 있다. 반대로 인플레이션이 2%라면, 명목율을 마이너스 1%로 낮추기 어려울 수 있다. 왜냐하면 사람들은 부정적인 유연한negative-yielding 자산보다는 현금을 확보하는 것을 선택할 것이기 때문이다. 또한 중앙은행들은 경기 대침체Great Recession를 통해 자산 거품 붕괴가 경제에 심각한 피해를 줄 수 있음을 학습했다. 여기에서 다시 한 번 약간의 상승 인플레이션이 일종의 안전밸브를 제공할 수 있다. 인플레이션율의 추세가 주택 파산으로 이어지도록 더 높게 상승했다면, 명목상 주택 가격은 실질 가격의 변화에 비해 덜 떨어질 것이다. 이것은 모기지가 줄어들 것이란 의미다. 기본 인플레이션율이 높아지면 대출 기관이 호황기의 제로이자 모기지를 제공하기가 더 어려워질 것이다. 실질적 자금 조달 비용이 증가하기 때문이다. 이것은 대출 제공자와 신청자 모두에게 더 많은 규제를 부과하는 방향으로 흐른다.

다음은 노동 시장이 있다. 명목 임금 삭감을 받아들이는 데 있어 노동자의 불만은 기본 인플레이션이 매우 낮을 때 역으로 경제 충격 국면에서 실질 임금 하향 조정을 어렵게 만든다. 인플레이션이 더 높으면 그 문제는 줄어든다. 우리는 오늘날 이 문제를 유럽 시장에서 목도하고 있다. 유럽의 노동시장은 유연하지 못하다. 다른 많은 국가들도 경기 순환 경향과 반대되는 재정 정책 혹은 화폐 가치 저하로 인한 역 쇼크에 대응할 능력을 갖추지 못하고 있다.

디지털이 몰고 온 황금시대, 그리고 그 이후의 세계

오늘날 괄목할만한 기술 경제 붐은 현재의 경제가 앞으로 2040년 전에 해결해야 하는 파괴적 스트레스를 미리 예고하고 있다. 특히, 인구 통계, 기술 및 불평등이 더욱 그렇다. 거대한 변혁을 앞두고 우리가 직면하고 있는 문제들은 무엇인가? 중장기적 전망은?

인도와 아프리카를 제외하고 세계 노동 인구 대다수는 급속도로 노령화 중이고 노동 인구 증가율은 점차 둔화되고 있다. 미국의 노동 인구 증가율만 해도 2020년대 매년 0.4%씩 둔화되고 있다. 이러한 주요 인구통계 변화는 1970년대 이후 경제 성장을 촉진시킨 풍부한 노동력이 이제 그 종언을 맞고 있다는 의미이다. 더 건강하게 오래 사는 삶 덕분에 많은 사람들이 70대가 되고 그 이상이 되도 일을 잘 하고 있지만, 이러한 추세가 노령 인구화의 부정적 영향을 완전히 상쇄할 수는 없다.

수많은 시장에서 노동 인구의 전체 규모가 정체되거나 축소되면서, 인적 자본의 부족함은 잠재적으로 경제 성장 모멘텀을 축소시킬 수 있다. 그렇게 되면 각국 정부는 급증하는 의료비, 노령 연금, 높은 수준의 부채 등을 처리하는 데 있어 큰 어려움에 직면하게 될 것이다. 더욱이, 2000년 이후 선진국에서 중·저 숙련 노동자들이 직면했던 정체된 임금이 수요 증가와 공급 부족이라는 단순한 경제 논리로 인해 상승하기 시작할 것이다. 그러나 인구 통계만이 이러한 현상을 일으키는 유일한 요소는 아니다.

인류 역사상 5번째 기술·경제 혁명의 전개에 따라, 인공지능, 사물인터넷, 서비스 로봇에 기반하는 자동화의 물결이 전례 없이 가속화될 것이다. 부족해진 노동력에 대응하여 기업과 투자자들은 생산성 확대를 위해 자동화 기술에 점점 더 의존하게 될 것이다.

그러나 모든 성장에는 그에 따르는 수요가 필요하다. 성장된 생산량에 상응하는 소비가 바로 그것이다. 컨설팅 기업 베인앤컴퍼니Bain & Company 분석에 따르면, 현실적으로 자동화는 잠재 수요보다 훨씬 더 앞서 잠재 생산물을 미리 내놓을 수 있다. 예를 들어, 자동화의 급속한 확산은 기존 미국 내 일자리의 20~25%를 사라지게 할 수 있는데, 이는 약 4천만 명의 노동자들에게 해당되는 규모다. 동시에 더 많은 노동자들의 임금 인상을 억제시키기도 한다.

베인앤컴퍼니는 자동화의 이점 중 가장 큰 부분이 주로 두 그룹으로 집중될 것을 예상한다. 하나는 '자본 소유주', 또 하나는 '높은 보상을 받는 고도로 숙련된 상위 20%의 노동자들'이다. 실제로 고도로 숙련된 노동자가 부족한 현상으로 인해 그들의 임금은 저숙련 노동자보다 훨씬 더 높게 오를 수 있다. 결과적으로, 자동화는 소득 불평등을 증대시키고 잠재적으로 부와 불평등을 증가시킬 잠재력을 가지고 있다.

상대적으로 낮은 수준의 소득 불평등으로 2020년대를 진입하고, 이미 수요 성장률이 공급 성장률을 제한하지 않는 국가의 경우, 부의 포괄적 분배는 쉽게 관리될 수 있다. 그러나 미국과 중국이라는 세계 2대 경제국은 역사적 수준의 높은 소득 불평등 상태에 있고, 자동화는 이러한 불평등을 더 심화시킬 수 있다.

베인앤컴퍼니는 10~20년에 걸쳐 미국에서만 8조 달러에 달하는 엄청난 규모의 투자 확대를 일으키는 적절하게 빠른 롤아웃rollout을 기대하고 있다. 추가되는 잠재적 산출물의 대부분은 대변환과 연계되는 투자 수요를 충족시키는 방향으로 연결될 것이다. 이로 인해 전체 경제 성장률이 1980년대와 1990년대에 마지막으로 봤던 수준만큼 다시 높아질 것이다.

중요한 점은 미국 서비스 부문의 신속한 자동화는 이전 기술·경제 혁명보다 2~3배 더 빠르게 일자리를 없앨 수 있다는 것이다. 그리고 이러한 투자 물결이 2030년대에 약화되면 소비가 아닌 저축과 투자에 중점을 둔 이들에게 수입이 너무 많이 집중되는 심대한 불균형 경제를 남길지도 모른다. 이러한 시나리오에서, 2035년 이후의 성장은 제한적 수요 상황을 맞게 되는데, 이로 인해 투자 붐에 의해 일시적으로 감춰진 노동 시장 혼란(혹은 붕괴)의 전체 규모가 드러나게 될 것이다. 베인앤컴퍼니는 시간이 지나면서 인구통계, 자동화 및 불평등의 상호 작용이 심각한 모순을 일으킬 수 있다고 우려한다. 특히, 잠재적 생산물의 급격한 증가는 궁극적으로 경기 침체를 초래할 수 있다.

이러한 추측 가능한 분석 외에 다른 문제들도 분명 발생할 것이다. 다만 지금까지 명확한 역사적 패턴은 더 적은 자원으로 더 많은 가치를 창출하는 것이 항상 물질적 부와 번영을 이끌어냈다는 점이다. 그때와 지금은 다를 것이라고 주장할 근거는 여전히 없다.

베인앤컴퍼니의 우려는 속도pace와 관련이 있다. 기술·경제 혁명의 전개 단계가 끝나면, 상대적인 침체의 시기가 있다. 1970년대도 이와 비슷했다. 베인앤컴퍼니의 분석은 지금부터 15~20년, 즉 2030년 초반까지에만 한정된 것이다. 즉, 다음 기술·경제 혁명이 가속화될 때까지 기다려야 할 수도 있는 일시적 감속을 온전히 반영하지 못하고 있다.

그 시기에 침체의 원인이 되는 불균형을 해소하는 방법은 어느 정도 소득 분배의 패턴을 변화시켜, 저축보다는 지출 의향이 있는 사람들에게 소득이 흘러가도록 하는 데 있다. 이외에도 수많은 옵션이 존재하며 각 나라는 각자의 경로를 선택할 것이다. 다만 역사적으로, 심각한 경제 불균형에 직면한 정부가 종종 시장 기반의 산출물을 재구성하는 데 과도하게 적극적인 역할을 선택했을 때 위기는 일어났다. 그러한 선택의 장기적 결과는 부정적인 경우가 많았다.

디지털이 몰고 온 오늘날의 황금시대에 대한 기대와 우려를 향후 다음의 9가지를 예측한다.

첫째, 2020년대까지 60~40 경제가 지속되면서, 수많은 중산층 시장이 침식될 것이다. 이것은 레이 달리오Ray Dalio가 언급한 2층 경제twotiered economy의 기능이다. 사람들은 양자(고소득층과 그 외) 모두가 현재보다는 나아질 것이라고 믿는다. 그러나 그들 사이의 격차는 더 커질 수 있다. 이것은 자체 기획 상품private-label, PL 제품의 지속적인 확장, 그리고 고가 시장 혹은 저가 시장을 명확하게 선택하지 못한 기업에게 프리미엄 브랜드에 대한 압력 고조를 의미한다. 중국, 인도와 같은 신흥 시장에서 개발된 원가 모델은 광범위한 저가 수요층을 두고 경쟁하는 기성 기업들에게 중요한 교훈을 제공한다. 열정적이고 공격적인 신흥 세력들 또한 '충분히 좋은' 제품과 서비스를 이들 저가 수요층에게 판매할 수 있는 점점 더 커지는 기회를 가질 것이라는 점이다.

자동화의 이론적 근거는 시장의 상위층과 하위층에 따라 달라질 것이다. 프리미엄 제품을 생산하는 이들은 상위층에게 더 나은 경험, 더 높은 고객 친밀도, 더 탁월한 개인맞춤화를 제공하기 위해 자동화 기술을 활용할 것이다. 다시 말해, 이들 기업들은 그들 제품을 더욱 프리미엄화하기 위해 기술을 사용한다. 시장의 하위층을 위한 제품을 생산하는 기업들은 중·저 소득 고객들의 낮은 구매력에 맞는 제품들로 구성하고 제작 원가를 낮추기 위해 자동화 기술을 사용할 것이다.

결국 소비자들은 패스트푸드점의 셀프 주문 키오스크와 고가의 풀서비스 식사 경험 중 하나를, 기계 기반의 금융 자문 서비스와 사람과 직접 대면하는 금융 자문 서비스 중 하나를 선택하게 될 것이다.

둘째, 인공 지능, 사물인터넷, 모바일 컴퓨팅에 기반하는 자동화는 그 잠재력의 영향으로 앞으로 10~15년간 투자 붐을 일으킬 것이다. 향후 10여

년 간의 새로운 자동화 기술에 대한 투자는 모든 주요 자본투자 물결과 동일한 패턴을 따를 것이다. 일반적으로 투자는 점차적으로 모멘텀을 형성하다, 결국 수요가 정점에 이르면 수요 초과가 되어 종언을 맞게 된다. 현재의 시점은 점차적으로 모멘텀을 형성해가는 시기로, 향후 10여 년 동안의 투자 규모는 거의 모든 산업과 부문에 영향을 줄 것이고 이전 기간보다 훨씬 더 큰 규모로 확대될 것이다. 이것은 선진국뿐만 아니라 개발도상국 중 일부 국가들을 통해 동시에 확산될 것이다.

셋째, 기업의 입장에서, 향후 초기 투자 물결은 기업을 위한 4가지 유형의 기회를 창출해줄 것이다. 관리자와 투자자들은 이를 이해해야 한다.

1. 핵심 플랫폼 제공업체는 이러한 자동화 단계에 필수적인 '구현 기술'을 제공할 것이다. 이것은 보다 범용화되는 자동화 기술을 위한 주요 구성 요소다. 이 그룹은 고능률 로보틱 핸드hand와 같은 물리적 구성 요소, 기계 학습 시스템과 같은 분석 혹은 통제 구성 요소, 그리고 이들을 함께 엮는 응용 프로그램 인터페이스로 분할된다.

2. 시스템 통합업체는 다양한 구성 요소를 결합하고, 하나의 통합 패키지를 구축하기 위해 다양하고 복잡한 하드웨어와 소프트웨어 요소들을 결합함으로써—상품을 하역할 수 있는 드론과 같은—기능적 시스템을 만들 것이다.

3. 응용 프로그램 개발업체는 다양한 자동화 시스템을 고객의 집에 상품 패키지를 배송하는 것과 같은 개별적 용도로 활용하는 방법을 찾아내는 역할을 담당한다. 혁신의 대부분은 기존 제품이나 서비스를 자동화하여 보완하거나 대체하는 데 있다. 대체 기능보다는 새

로운 용도에 중점을 둔 획기적인 혁신이 시간이 지남에 따라 커질 수 있고, 전반적인 기능이 계속 발전함에 따라 결국 자동화 시스템의 주요 핵심이 된다.

4. 베인앤컴퍼니에 따르면, 새로운 자동화 시스템을 가능하게 부수적 인프라 제공업체는 자동화의 다음 단계가 필요로 하는 전체 투자의 거의 절반에 해당될 수 있다. 예를 들어, 고도로 자동화된 레스토랑 주방은 일반적으로 자동화된 음식 준비 시스템을 최대한 활용하기 위해 리모델링을 광범위하게 해야 한다. 조리 및 준비에 필요한 새로운 설비는 적은 공간을 차지하지만, 로봇을 위해 새로운 전자 및 트래킹 추적 시스템이 필요할 것이다. 시스템은 매우 다양할 것이다. 일부는 수직 공간을 사용한다. 로봇 셰프가 그러할 것이다. 그러나 기존 설비와 저장고를 활용하기 위해 수직 이동만으로는 불가능한 경우 변형이 필요할 수도 있다.

넷째, 부동산과 인프라에 관련된 투자자들은 자동화로 인한 혼란의 속도에 예기치 못한 방식으로 영향을 받게 될 것이다. 자동화는 특히 미국, 캐나다, 영국과 같은 곳에서의 소매 공간에 대한 수요 이동과 감소에 이미 기여해오고 있다. 자동화는 사무 공간에 대한 수요 감소로 이어질 가능성이 있으며 특히 자동화에 보다 더 취약한 백오피스 기능(컨택 센터와 같은 고객 대면 기능)에 묶여있을 때 더욱 그렇다. 반면 고도로 자동화된 공장을 통해 제조 활동을 하는 작은 '유연화된 공간flex space'에 대한 수요 증가뿐만 아니라 창고와 물류 공간에 대한 수요도 더욱 높아질 것 같다.

마찬가지로, 물리적 기반 시설, 특히 전력 그리드 및 통신 분야에 대한 투자가 증가할 것이다. 자동화가 24시간 오픈, 상시 판매 서비스에 대한 고객의 수요를 만족시키면서 소매 비즈니스는 더 많은 전력을 필요로 할 것이기 때문이다. 또한 고도로 자동화된 비즈니스는 오늘날의 데이터 센터와 유사한, 그러나 더 향상된 서비스 수준 협약Service Level Agreement, SLA과 안정성 보장을 필요로 할 것이다. 유틸리티는 일반적인 서비스 믹스mix(혼합)에 새로운 부가 가치 서비스를 추가할 수 있을 것이다.

또한 자동화는 거리 비용 감소에 기여할 것이다. 이로 인해 대도시 지역의 가장 먼 외곽 지대에 대한 저밀도 개발에 추가적인 투자가 촉발될 것이다. 이들 지역에 안정적인 전력 시설과 통신을 제공하기 위해서다. 베인앤컴퍼니는 특히 로봇이 수백만 명의 인력을 대체함으로써, 지금까지 필요했던 '대중 교통 프로젝트'에 대한 수요가 일시적으로 다년간 줄어들 수 있다고 밝혔다. 장기적으로는 장거리 트럭 운송을 포함하여 교통수단에서 자율주행 차량 사용이 늘어나면서 장거리 운송에 혼잡함이 없는 고도의 운송 밀도가 가능해질 것이다. 차선 전체에 대한 사용 수준이 낮아진다는 의미이다.

다섯째, 자동화 기술에 대한 투자가 시작됨에 따라 2020년대에는 고도로 숙련된 고소득 노동자가 상당히 부족할 것이다. 시간이 지나면서 노동자들은 새로운 스킬을 습득할 것이고 그 스킬에 대한 수요가 있는 일자리로 이동하게 될 것이다. 그러나 이러한 유형의 이동에는 상당한 시간이 걸린다. 의사, 데이터 설계자, 전략 관리자, 연구 개발 관리자와 같이 오늘날 가장 숙련된, 가장 높은 보상을 받는 일자리를 보라. 이러한 직업은 일반적으로 최소한 4년에서 8년 동안의 고

등 교육을 필요로 한다. 중간 수준 혹은 최상위 자리에 필요한 스킬과 경험을 개발하려면, 졸업생들에게 대략 10년의 경험이 필요하다. 즉, 중간 숙련자에서 고도로 숙련된 일자리로 상향 이동하는 사람들이 필요한 모든 교육을 받고 그 목표를 향해 2020년 초부터 일하기 시작했다고 가정하더라도, 거의 2030년대의 초반까지 고도로 숙련된 직책을 맡을 능력을 갖추진 못할 것이다. 아마도 재숙련과 재교육의 전환은 수십 년이 요구될 것이기 때문에 고도로 숙련된 노동자의 희소성은 고용주에게 장기적 과제로 남을 것이다. 희소성 있는 인재에 대한 경쟁이 치열해짐에 따라 선두 기업들은 희소가치가 높은 고급 인재를 유치하여 성장시키고 유지하는 데, 그리고 그들이 최대한 생산적이도록 하는 데 더 많은 투자를 할 것이다. 기업은 이를 위해, 금전적 혜택, 문화, 유연한 업무 배치와 같은 기존 인센티브를 더욱 강화할 것이다.

여섯째, 베이비붐 세대는 이 세대의 가장 어린 구성원이 66세가 될 때까지, 즉 적어도 2030년까지 중요한 인력풀pool of talent로 남을 것이다. 마지막 베이비붐 세대에서 고도로 숙련된 노동자를 유지하고자 하는 기업은 더 짧은 근무 시간을 포함하여 보다 유연한 업무 배치를 채택해야 할 수도 있다. 실제로 인재 경쟁이 치열해지면서, 오늘날의 표준 고용 제안은 사라질 수 있다. 2020년대와 그 이후의 노동력은 네 세대들을 포함한다. 베이비붐 세대, X세대, 밀레니얼 세대, Z세대가 그들이다. 네 세대 모두에게 동일한 패키지를 제공하는 기업은 각 세대에 보다 집중화된 패키지를 제안하는 기업의 인재 사냥에 취약해질 것이다. 최고의 인재를 확보하기 위해 기업은 보상, 혜택, 근무 시간을 개별적으로 맞춤화하는 각기 다른 세그먼트를 제공해야 한다.

일곱째, 기업과 투자자들에게 있어, 고도로 숙련된 노동자의 희귀성과 중·저숙련 노동자의 풍요함은 새로운 고숙련 직무로 노동자들이 이동할 수 있도록 지원하는 기회를 창출할 것이다. 이러한 노력은 인재에 목마른 민간 부문 기업뿐만 아니라 실업 증가, 임금 정체 및 소득 불평등에 대한 해결책을 모색하는 정부 기관으로부터도 지원을 받을 가능성이 높다. 하나의 대안은 영리를 목적으로 하는 교육 시스템과 기업 교육 프로그램이다. 다른 하나는 컴퓨터 기술자와 자동차 기술자를 위한 마이크로소프트 공인 기술자격증Microsoft Certified Solutions Expert, MCSE, 자동차 정비사 자격증Automotive Service Excellence, ASE과 유사한 새로운 전문 인증이다.

다양한 서비스 부문의 역할에 객관적이고 시장성 있는 자격을 부여함으로써 이러한 프로그램은 교육의 중점을 향상시키고 노동 시장의 유연성을 높일 수 있다. 예를 들어, 식품 서비스 및 소매업에 종사하는 상당한 수의 기존 인력에 대해, '고객 경험 전문가' 자격 인증 프로그램은 명확한 스킬과 성과 측정 방법을 마련할 수 있다. 이로 인해 고용주들은 후보를 가려내고 인증 받은 노동자들에게 프리미엄 혜택을 제안할 수 있다.

여덟째, 베이비붐 세대의 지출 증가는 2020년대에 피크일 것이다. 베인앤컴퍼니 소속의 한 연구원은 '이전 세대와 비교하여 베이비붐 세대는 고소득 및 고지출의 기간이 약 10년 정도 더 길 것'으로 전망하고 있다. 이 세대의 엄청난 규모는 주택 및 이동 수단과 같은 고가 상

더 부유하고 더 많은 교육을 받은 계층에게 집중되는 '노동 기간 연장'

고소득자들은 연령과 관계된 일자리 감소의 민감성으로부터 비교적 자유롭다

연령과 관계된 일자리 감소 민감성 평균 분포도

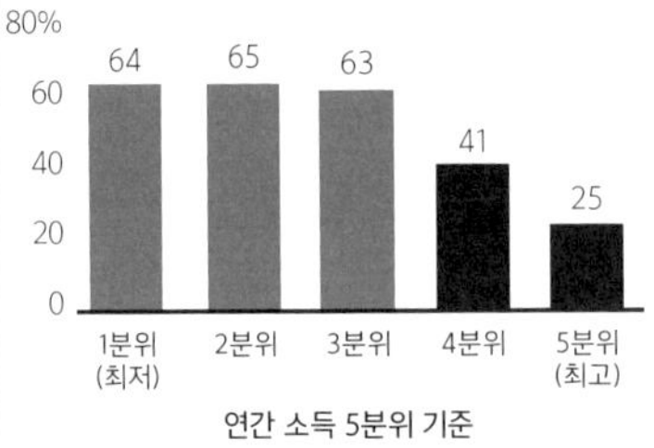

결과적으로 더 많은 교육을 받은 계층이 더 오래 일하는 경향을 보인다.

미국 남성 기준, 학력에 따른 노동참여율

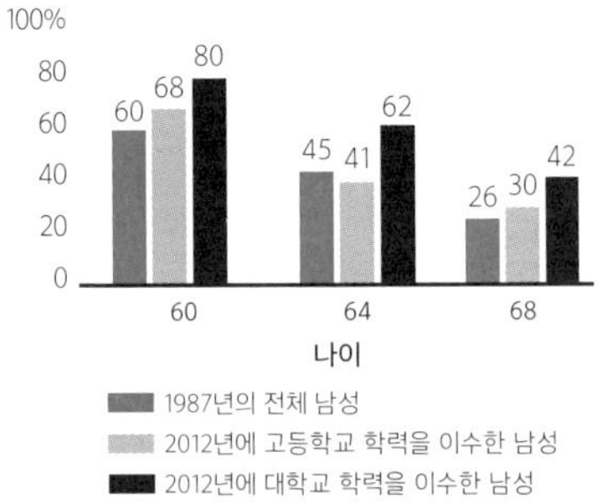

평균 민감도(average susceptibility)는 각 일자리에 대한 분포를 평균으로 하여 계상된 것이다. 이 분포는 미국 내 모든 일자리의 연령에 따른 감소 민감성에 대한 보스턴대학의 연구에 기반하고 있다. 오른쪽 차트의 남성 기준 데이터는 일자리에 대한 지속성 비교 자료를 제공해준다.

출처 : 미 노동통계국, 인구통계국, 시카고 연방준비은행, 은퇴조사센터, 보스턴 칼리지, 배인 매크로 트렌드 그룹 분석서(2017)

품big ticket을 포함해 대부분의 상품과 서비스에 대한 상당한 시장 기회가 있음을 의미한다. 이러한 인구통계학적 변화에 기반하는 지출 증가는 전체 가구 상위 20% 내에 가장 집중될 것이다. 베이비붐 세대의 은퇴 기간 지출은 2030년대에 점차 줄기 시작하기 전에 앞으로 10년 동안 정점에 도달할 것이다. 베이비붐 세대 지출의 실제 정점은 이미 지났지만(실제 정점은 베이비붐 세대주의 연령이 40대 중반이었을 때), 다른 세대보다 월등하게 긴 은퇴 과도 기간 덕분에 지출 패턴에 의미있는 변화를 일으켰다.

예를 들어, 주택 소유율 정점은 1982년보다 10년 후였다. 즉, 현재 주택 소유율은 은퇴 기간에 해당하는 연령층(55세~74세)에서 정점이다. 1984년부터 2015년 사이 미국에서, 은퇴 예정자들pre-retirees의 주택 지출 성장률은 한창 핵심 생산·재생산 연령대에 있는 사람들(30세~54세)의 2배 이상이었다.

주택 건설업체와 가정용 제품 및 서비스를 제공하는 사업자에게, 베이비붐 세대는 앞으로 수년 동안 거대한 소비자 풀이 될 것이다. 가구당 지출액 또한 베이비붐 세대가 더 높다. 베이비붐 세대는 풍요로운 시기에 고소득 세대였기 때문이다.

다만 다른 많은 요소 및 트렌드와 마찬가지로, 기업들은 변화하는 인구통계 및 소득 패턴을 신중하게 평가해야 한다. 노령층 가구의 상위 20%는 은퇴 후 기간을 보낼 수 있는 충분한 저축률을 보일 것이다. 그러나 하위 40%는 퇴직 저축액이 거의 없으며 건강상의 이유로 소득 활동에서도 계속 소외될 것이다. 부유한 베이비붐 세대는 나이가 들수록 더 많은 편의 및 지원 서비스를 제공받길 원할 것이다. 베이비붐 세대에서 전체적으로 감소할 것으로 예상되는 유일한 품목은 의류로 국한된다. 그리고 2020년대 말부터 베이비붐 세대의 지출은 줄어들기 시작할 것이다.

아홉째, 2020년대 후반과 2030년대에 들어서면서 은퇴자들과 노동 연령 인구는 잠재적으로 정부 영역뿐만 아니라 비즈니스 영역에서도 자원resource을 두고 다투게 될 것이다. 높은 소득과 부의 불평등은 베이비붐 세대 은퇴자와 노동 연령 밀레니엄 세대 간에 자원이 어떻게 분배되는지에 대한 문제를 제기할 수 있다. 이로 인해 공적 연금과 헬스케어 시스템이 파기 단계가 논의될 지도 모른다.

세금을 내는 중산층이 줄어들면서 세금으로 부유하지 않은 은퇴

75세와 그 이상의 연령층의 가계 지출, 1984년 이후 50% 이상 상승

2015년 미국 달러 기준, 가계 지출 (75세와 그 이상의 연령층 대상)

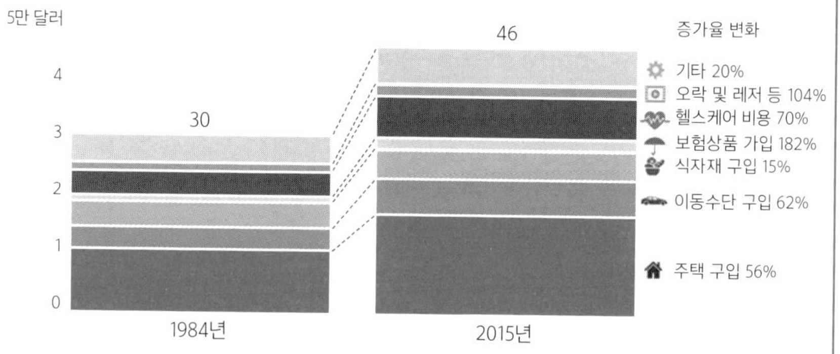

헬스케어에는 프리미엄 건강 보험 비용도 포함된다. 이 결과는 2012년 가계 연령 분포 자료를 기반하였고, 소비 지출 조사(the Consumer Expenditure survey)와 미 통계청의 세전(pretax) 수입 분포 간의 2004년~2015년 평균 관계값을 통해 조정했다.

출처 : 미 노동통계국, 소비 지출 조사, 미국 통계청, 배인 매크로 트렌드 그룹 분석서(2017)

자들의 수요를 충당하는 것이 불가능해질 것이다. 기업과 투자자들에게 정부의 트랜스퍼transfer(정부가 세금을 걷어 생활보조금 등의 지급을 통해 소득 재분배로 지출하는 것)는 매우 중요한데, 지출 패턴이나 비즈니스 기회가 상승하거나 감소할 수 있기 때문이다. 예를 들어 은퇴자에게 트랜스퍼가 증가하면 은퇴자들이 더 많은 지출을 할 가능성이 있다. 기업, 경영진 및 심지어 주주들까지도 기존의 연금 의무, 고도로 숙련된 노동자의 부족, 중상위 및 저숙련 근로자의 실업 수당 및 소득 감소에 대한 사회적 압박과 관련하여 정부 트랜스퍼 협의에 참여해야 하는 이유가 여기에 있다.

PART 4

정보통신과 과학

WISE
TRENDS

거의 목전에 당도한 5G의 미래

5G에 대한 전 세계적인 대대적 투자는 무선 통신기술이 보여줄 미래에 대한 확신이다. 2019년 선진 경제에서 시작되어 개발도상국으로 번질 이 아이템이 비즈니스와 소비자들에게 끼칠 영향은 무엇일까? 통신 회사들에게는 어떤 기회를 제공하는가?

5G의 미래가 많은 사람들이 예상했던 것보다 더 빨리 도착하고 있다. 그러나 어려움을 겪고 있는 통신 업계에는 아직까지 충분히 빨리 도착하지는 못한 것 같다.

스마트폰과 태블릿의 도입에 의해 쉽게 성장했던 이동통신업계는 이제 그 쉬웠던 성장의 시대를 마감했다. 또한 가상현실과 사물인터넷과 같은 혁신을 기반으로 한 새로운 성장 시대도 아직은 미흡한 상황이다.

그러나 최근 몇 달간 통신업계 리더들에게 새로운 낙관론을 불러일으키고 있다. 이는 업계가 일반적으로 새로운 무선 표준에 수반하는 정치와 다툼에서 벗어나, 빠른 속도로 5G를 현실에 적용하기 위해 관리에 몰두했기 때문이다.

이미 5G 네트워크가 곧 투자 붐을 일으키고 세계를 크게 변화시키는 새로운 서비스의 물결을 가져올 것이며, 통신 산업을 새로운 번영의 시대로 되돌려 놓을 희망이 되고 있다.

지금까지 미국의 통신 회사들은 연방통신위원회Federal Communications Commission 스펙트럼 경매에서 전자기 스펙트럼의 5G 호환 세그먼트를 위해 600억 달러를 지출했다. 독일, 인도 및 캐나다와 같은 국가의 통신 회사들도 점점 더 혼잡해지는 전파에 대한 경쟁이 심화됨에 따라 해당 국가의 경매에서 스펙트럼 권한을 확보하는 데 많은 투자를 단행했다.

최근 수년간 전 세계적으로 스펙트럼 경매에 투자된 이 엄청난 금액은 전자기 스펙트럼의 증가하는 가치와 이것이 경제생활의 중심이 될 것임을 보여준다. 실제로 무선 스펙트럼은 현재 세계에서 점점 더 가치가 커지고 있는 무형 자원 중 하나이다. 보다 구체적으로, 5G 호환 스펙트럼에 대한 투자는 5G 무선 기술의 (이미 인식된) 경제적 약속에 대한 강력한 암시라 할 수 있다. 5G는 2019년 선진국에서 이후 빠르게 이머징 마켓으로 그 영역을 넓혀갈 것이다.

그러나 통신업계가 스펙트럼을 황금으로 전환할 수 있기 전에, 5G라는 영광의 길에는 넘어야 할 새로운 형태의 도전 과제가 있다. 기업들은 사람과 기업이 이처럼 거의 헤아릴 수도 없는 엄청난 양의 모바일 대역폭으로 무엇을 할 수 있는지 정확히 파악하는 데 점점 더 집중하고 있다.

이 시점에서 초점은 무엇일까? 그것은 기술적 문제에 있지 않다. 핵심은 비즈니스 이슈다. 즉, 5G가 통신 업계에 어떻게 돈을 벌어줄 것인지를 파악하는 것이다. 2018년에 한국의 한 통신회사인 KT의 CEO는 다음과 같이 언급했다. "2018년 동계 올림픽에서 많은 흥미로운 애플리케이션을 시연했다. 그러나 우리는 아직 5G에 대한 '킬러 애플리케이션'이 무엇인지 알지 못한다."

가트너는 스마트폰 판매가 이뤄진 2004년 이후 2017년 들어 2년 연속으로 판매 감소가 일어났다고 보고했다. 그리고 2018년에 본 각 기업들의 발표는 스마트폰이 혁신의 정점을 찍은 것처럼 보임이 확실했다.

이러한 불안은 장치 부문을 넘어 더 확대되었다. AT&T가 2016년 이후 실적 저조를 보였고, 버라이즌 커뮤니케이션스 또한 2015년 이후 정점에서 하락 중이다. 인텔과 삼성은 칩 판매 증가로 다시 성장했지만 퀄컴은 3년 연속 판매 감소를 보고했다. 한편 장비 제조업체 에릭슨Ericsson은 10,000개의 일자리를 없애고 경쟁업체 노키아Nokia는 2017년초 발표한 13억 달러 비용 절감 프로그램의 일환으로 수천 명을 해고를 계속 진행 중이다.

그러나 울상만 짓기보다 통신업계는 네트워크 런치, 칩셋, 장비 아키텍처, 엔드 포인트 장치의 일부 진전과 같은 5G의 물결을 타고 있다. 리서치 기업 IHS의 임원인 스테판 테랄Stéphane Téral은 이렇게 말한다. "이 산업에는 5G가 몹시 필요합니다. 모두가 업계를 살리려고 노력하고 있습니다. 이것은 전체 인프라 사업에 구멍이 나는 것을 방지하기 위한 아이디어이기도 합니다."

AT&T, 버라이즌, 스프린트Sprint는 2018년 말에서 2019년까지 미국 내 상업용 5G 출시를 위한 타임 테이블을 모두 발표했다. 차이나 모바일China Mobile과 일본 NTT 도코모는 5G 출시를 2020년까지 목표로 하고 있다. 칩 부문에서 퀄컴은 5G를 위해 19개 전화기 제조사, 18개 통신 회사와 계약을 체결한 것을 포함해, 적극적인 행보를 이어오고 있다. 퀄컴의 5G 견인으로 인해 이 회사는 브로드컴Broadcom의 적대적 인수의 대상이 되기도 했다. 인텔은 PC 제조사와 협력하여 2019년 5G 지원 노트북을 개발했다.

2017년 12월 3GPP 산업 그룹은 하드웨어와 칩 회사가 장비를 구축하기에 충분한 5G 표준을 공식화했다. 2018년 여름에는 두 번째 표준이 완성될 것이다.

'3G에서 4G로'와 같은 과거를 보면, 산업 참여자들은 더 중요한 개발 표준으로 들어가기 전에, 표준이 완성될 때까지 대기했다. 그러나 기존 4G LTE 또는 롱텀 에볼루션 네트워크는 결국 새로운 표준이 등장할 것이라는 사실을 알고 설계된 것이다. LTE를 통해 통신사업자는 처음부터 새로운 네트워크를 구축하는 대신 현재 네트워크를 5G로 발전시킬 수 있다.

이는 표준이 빨리 결합됨으로써 최종 표준이 고정되기 전에 업계 전반의 참여자들이 이미 시험을 실시하고 있음을 의미한다. 이를 통해 칩 제조사들은 상위 레이어가 완성되기 전에 스펙의 하위 레이어를 기반으로 실리콘 제작을 시작할 수 있었다. 과거에는 표준이 완료되고 상용 배포까지 18개월이 걸렸다. 그러나 이제는 6개월 이내면 충분하다. 이것은 이전 세대들보다 더 빠른 가속이다.

그러나 5G에 대한 이 타임테이블의 단축으로 많은 사람들이 새로운 네트워크를 활용할 수 있는 제품과 서비스를 개발해야했다.

이것은 이상한 딜레마가 아니다. 네트워크 변화에 있어서, 그것이 2G에서 3G로 이동하는 모바일 네트워크든, 다이얼업에서 광대역으로 이동하는 홈네트워크든, 사람들이 모든 대역폭을 어떻게 사용할 것인지는 분명하지 않았다. 그러나 과거에 기본 시장은 이렇게 호소했다. "사람들이 이미 하고 있는 것이 무엇이든, 훨씬 더 빠르고 더 자주 할 수 있게 될 것이다."

이러한 호소는 처음부터 막대한 인프라 투자를 정당화하기에 충분했다. "5G는 완전히 다른 종류입니다. 현재 4G LTE는 이론적으로 최대 100Mbps의 속도를 제공하지만 5G는 최종적으로 20Gbps를 제공합니다. 그러나 5G에 대한 기술적 호소력은 그 이상입니다. 5G는 작은 영역 내에서 거의 무한한 수의 연결을 허용하고, 데이터 전송 지연이 사실상 사라집니다. 이러한 속도, 밀도, 유동성의 결합은 5G를 다른 최근 네트워크 진화보다 훨씬 더 급진적으로 만들고 있습니다."

모든 사람들이 그것으로 무엇을 할 것인지, 왜 그것을 필요로 하는지 묻는다. 따라서 사람들이 어떻게 5G의 기능을 사용할 수 있는지 살펴보는 일은 매우 흥미로울 것이다.

그러나 이는 또한 통신 업계가 5G의 잠재력을 완전히 실현하고 비즈니스 성공을 위해 전례 없는 수준의 복잡성에 직면해 있음을 의미한다. 과거의 업그레이드가 더 빠른 스마트폰과 태블릿에 관한 것이었던 반면, 5G는 더 이상 PC에 선으로 연결될 필요가 없는 '공장,

자율주행 차량, 로봇 분야, 가상 현실 서비스'를 연결하는 수백만 개의 장치와 엔드포인트의 전개에 의해 주도될 것이다. 그리고 현재 아무도 상상조차 하지 못했던 수많은 용도가 또 발생할 것이다.

이러한 5G의 시대와 기술, 영향을 고려하여 우리는 4가지를 예측해볼 수 있다.

첫째, 5G가 배치되면서 무선 인터넷 속도가 처음으로 케이블 광대역, 잠재적으로 광섬유의 속도를 초과하게 될 것이다. 이를 통해 사용자는 케이블 TV를 시청하는 것과 같거나 더 나은 경험으로 4K, 3D, 가상 현실을 비롯한 고화질 비디오 콘텐츠를 빠르게 넘겨볼 수 있다. 사실상 버퍼링 기능이 없는 모바일 장치로 초고화질 비디오를 빠르게 넘겨보는 경험을 하게 될 때, 사람들의 입에서 '아하!'라는 감탄사가 나올 것이다. 대부분의 사람들이 처음으로 휴대 전화에서 이메일을 확인할 수 있었을 때와 마찬가지, 아니 그 이상이다. 5G는 동영상에 대한 우리의 생각을 근본적으로 바꿀 것이다.

둘째, '사물인터넷' 또는 'IoT'가 처음으로 광범위한 산업 및 도시 전역용 애플리케이션을 보유하게 될 것이다. 냉장고와 자동 온도 조절장치와 같은 소비 제품들이 '컨수머consumer IoT'를 통해 점점 더 많이 인터넷에 연결될 뿐만 아니라 산업형 농업, 공급망 조정, 차량 관리, 도시 교통 흐름과 같은 대규모의 복잡한 프로세스도 그러할 것이다. 중요한 것은 5G가 인터넷에 연결된 차량이 효과적으로 차량 조정을 수행하는데 기본이 되는 필수 속도로 엄청난 양의 데이터를 송수신하는 데 필요한 개발 대역폭을 제공한다는 것이다. 이는 자율주행, 도시 항공 이동의 발전에 있어서도 핵심 요소라 할 수 있다. 무선 통신과 운송의 통합은 통신 회사에 잠재적으로 큰 새로운 수익원이 될 것을 의미한다.

셋째, 5G 기술은 네트워크 지연을 1밀리 초(1,000분의 1초)로 줄일 것이다. 이 속도는 인간이 시각적, 육체적, 순간적으로 느끼는 반응 속도보다 더 빠르다. 현재 4G LTE 대기 시간은 20~50밀리 초다. 특히 햅틱 피드백haptic feedback(촉감 피드백)과 결합될 때, 즉각적으로 응답한다는 인식은 원격 수술, 원격 주행 및 비행과 같은 새로운 무선 애플리케이션을 가능하게 한다. 또한 필요에 따라 제공되는 진정한 몰입형 가상현실과 게임 경험을 통해 전 세계 사용자는 가상 세계에서 실시간으로 상호 작용할 수 있다. 이 초소형 및 저대기 시간 통신은 '촉각 인터넷'으로 점점 더 널리 알려지게 될 것이다.

넷째, 이전 무선 기술과 달리, 5G는 통신 및 장치 제조업체에 끼치는 것보다 다른 산업에 훨씬 더 큰 영향을 미칠 것이다. 5G의 출시는 여러 국가에서 서로 다른 속도로 여러 해에 걸쳐 이루어지기 때문에 일부 사용 사례는 2020년 초반 또는 중반에 대규모로 기술적으로 가능해질 것이다. 다른 사용 사례는 정부 규정에 따라 제한되거나 다른 모양으로 형성될 수 있다. 그럼에도 불구하고 5G가 제시하는 광범위한 새로운 경제 기회—혹은 위협—는 통신뿐만 아니라 건강 관리, 소비재. 산업 제품, 에너지, 유틸리티와 같은 다른 영역에도 상당한 영향을 미칠 것이다. 따라서 각 산업계와 기업 단위의 승자와 패자는 이전 시기의 무선 전환으로 인한 결과와 현저하게 다를 수 있다. 예를 들어, 독일은 가정용 투석기와 같은 응용 분야에서 5G 네트워크를 통해 '가정 내 환자 모니터링'을 가능하게 하려고 시도하고 있다. 산업 영역에서, 일본의 전설적인 로봇 제작업체 화낙Fanuc과 같은 회사는 똑똑한 재고 관리부터 기계의 유지 및 보수 수리 일정 등이 모두 자동화되는 스마트 공장에 대해 이야기하고 있다.

저지구 궤도 위성에서 고도 비행 드론까지 새로운 인터넷 접속 서비스

인터넷의 사용 빈도가 높아지면서 활용성이 고도화되어 수십억 명 사람들의 수요를 감당하기 어려운 단계에 진입하고 있다. 이 수요를 만족시키기 위해 기존 방식, 즉 섬유 혹은 케이블 기반의 육상 인터넷 서비스는 비용 측면에서 수요를 감당할 수 없다. 현재 새로운 해결 방식으로 저지구 궤도 위성에서 성층권 풍선ballons, 높은 내구성을 지닌 고도 비행 드론 등에 이르기까지 혁신에 기반한 네트워크가 제안되고 있다. 어떤 타당성 있는 기술이 있으며, 현재 시장 선두 주자들은 누구인가? 새로운 시장 진입자는?

오늘날의 통신 위성들은 지난 50년 동안 사용해온, 모두 동일한 지구 정지궤도 방식을 기반으로 하고 있다. 엄청난 고가의 이 인공위성들은 각각 적도 상공의 한 고정된 위치에 있으며, 이로 인해 범위가 제한되고, 대역폭을 두고 경쟁을 벌이고 있다.

이에 관한 대안으로 저지구 궤도Low Earth Orbit, LEO라고 하는 아이디어는 지표면의 어느 누구, 어느 지역에서나 이동 전화 서비스를 원활하게 제공하기 위한 시도로서 1990년대에 등장했다. 상당한 투자도 잇따랐다. 그러나 이리듐Iridium과 글로벌스타Globalstar와 같은 초기 형태를 포함한 각종 프로젝트들은 기술 제약과 빈약한 비즈니스 모델로 인해 성과를 내는 데 실패했다.

그로부터 25년이 흘러, 그 비전을 상업적으로 성공시키기 위한 새로운 프로젝트들이 현재 진행 중이다. 이 새로운 프로젝트는 과거의 그것들과는 다르다. 훨씬 더 유리한 조건에서 시작한다. 우선 한 가지 이유는 이제는 훨씬 작고 가벼운 인공위성을 만들 수 있다는 점이다. 이로 인해 발사 비용이 현저하게 낮아진다. 더 중요한 것은 다양한 단말기terminal, 핸드셋handset과 관련되는 비용으로 즉, 크기, 제조 가능성, 구성요소의 비용이 크게 떨어진 반면, 기능성과 사용 편의성은 크게 증대되었다는 점이다. 저지구 궤도 위성 단말기에 필요한 고체 형태 안테나에도 상당한 진보를 일궈냈다. 이 안테나는 하늘에서 움직이는 위성을 추적하고 첫 번째 위성이 지평선에서 사라지면 다음 위성으로 끊김 없이 이어질 수 있도록 하는 데 필요하다. 위성 태양 전지의 효율성도 초기보다 두 배 이상 늘었으며, 전력 증폭기의 효율성도 훨씬 좋아졌다.

이러한 조건들은 비즈니스 면을 강화하는 데 분명 도움이 되고 있다. 물론 수요에 대한 불확실성도 여전히 존재한다. 저지구 궤도 위성의 주파수 할당에 대해 각 정부의 기존 규제도 마찬가지다.

다행스러운 점은 이리듐과 글로벌스타의 초기 투자자들이 돈을 잃었지만, 두 프로젝트의 '위성 컨스털레이션Constellation(별자리 프로젝트라고 불리며, 전 지구를 더 커버할 수 있도록 수십 개의 동일한 인공위성을 지구 궤도에 띄워놓는 것)'은 모두 건설되어 15년 이상 운영되어 왔다는 것이다. 더욱이 두 회사는 차세대 컨스털레이션 프로젝트를 위한 자금을 성공리에 모집했는데, 글로벌스타의 프로젝트는 2016년에 위성 발사를 시작으로 재개되었고, 이리듐의 차세대 컨스털레이션 위성은 2018년에 완벽하게 운용될 예정이다.

이 시장에 새로운 진입자 중 애널리스트들은 기존 국제위성통신기구 인텔샛INTELSAT뿐만 아니라, 버진 갤럭틱Virgin Galactic, 퀄컴Qualcomm, 휴즈 네트워크 시스템Hughes Network Systems, 에어버스 디펜스 & 스페이스Airbus Defense and Space가 가장 성공 가능성이 높다고 믿고 있다. 흥미롭게도 코카콜라도 이 위성 프로젝트에 관련되어 있다.

영국의 버진그룹과 항공기 제조기업 에어버스가 공동 투자로 만든 글로벌 통신기업 원웹OneWeb은 상업용 서비스를 위해 가장 작고 가벼운 통신 위성을 설계 제작하려고 한다. 이 위성의 무게는 138kg으로, 원웹은 250개의 예비 위성에 약 650개의 Ku 대역 전파Ku-band(12~18Ghz) 위성으로 컨스털레이션 프로젝트를 계획하고 있다.

각 위성간 링크는 아직 계획되어 있지 않다. 따라서 이 시스템은 수많은 지상 게이트웨이를 필요로 할 것이다. 게이트웨이는 인텔샛과 상업용 링크가 작동하는 지점이다. 위성을 설계, 제작, 발사하는 것뿐만 아니라 모든 지상 통제 시설에 대한 비용은 75억 달러(한화 약 8조 4,075억 원)에 이를 것으로 추정된다. 현재까지, 원웹은 5억 달러(한화 약 5,604원)를 유치했는데, 상업적 활용을 위한 수많은 후원자들로부터 대부분 거둬진 것이다. 모회사인 에어버스가 위성을 제작할 것인데, 이 위성들은 1,200km 상공, 20개의 궤도면orbital plane에 올려질 것이다. 각 위성 비용은 50만 달러(한화 약 5억 6,000만 원)로 추정된다.

원웹은 또한 태양광 발전으로 운용되는 몇 가지를 포함해 다양한 프로토타입의 사용자 단말기들을 시연해오고 있다. 이 단말기들은 LTE, 3G, 2G, 와이파이Wi-Fi와의 조합 기능을 제공할 것이고, 단말기 대당 비용은 250달러(한화 약 28만 원)에 불과할 것으로 추정된다. 최초의 10개의 위성들이 네트워크 및 단말기 테스트에 사용되고 2017년 말에 완료될 예정이고, 전체 컨스털레이션 프로젝트는 2019년 말까지는 준비될 예정이다. 위성 대부분은 미국에서 제작될 것이다.

한편 스페이스XSpaceX가 625km 상공에 4,000개의 위성으로 구성되는 컨스털레이션 프로젝트에 필요한 자금을 위해 구글로부터 10억 달러를, 금융기업 피델리티Fidelity로부터 추가 자금을 유치했다는 소문이 있다. 스페이스X는 Ku 및 Ka 대역에서 각각 작동하는 마이크로샛-1aMicroSat-1a와 마이크로샛-1bMicroSat-1b로 이름 붙여진 최대 8대의 실험용 인공 위성의 사용 시험을 시작하기 위해 연방통신위원회Federal Communications Commission, FCC에 승인을 요청했다.

사업을 진두지휘하고 있는 CEO 엘론 머스크Elon Musk는 이 네트워크가 더 빠른 인터넷을 제공할 것이고, 지상 유선 회사와 경쟁 구도를 형성할 것이라고 밝혔다. 시범 위성은 2018년부터 스페이스X의 팔콘 나인Falcon 9 로켓으로 발사될 것으로 예상된다. 그러나 머스크가 지금까지 밝힌 계획들이 주로 연기되었던 것처럼, 이 프로젝트 또한 지연될 가능성도 있다. 스페이스X의 위성 프로젝트에는 100억

~150억 달러(한화 약 11조~16조 원)의 비용이 소요되기 때문에, 앞으로 10년 이내에 이 프로젝트가 완전히 실현될 것이라고 믿는 사람은 소수에 불과하다.

각 기업들이 대중에게 인공위성을 통한 인터넷 서비스를 제공하기 위해 치열한 경쟁을 하는 동안, 전자제품 분야의 거인 삼성전자는 향후 10년 안에 시작될 '우주 인터넷Space Internet'에 관한 비전을 세웠다. 삼성전자는 저궤도 저비용 소형위성microsatelite 4,600개를 제시하고 있는데, 각 위성은 초당 1테라바이트를 전송할 수 있고, 지상 대기 시스템과 동등하거나 그 이상의 우수한 신호 대기 시간을 제공할 수 있다. 위성의 무게는 약 200파운드(약 90.7kg)로, 2,000km 미만의 고도에서 운용된다.

삼성은 그들이 계속 혁신의 주체로 머무를 수 있는 영역, 즉 5G에 대한 진화된 비전의 일부로서 이것을 바라보고 있다. 삼성에 따르면 비전은 다음과 같이 정리된다. "밀리미터 파 스펙트럼millimetre wave spectrum에서 무선 접속을 제공하는 5G 비전과 더불어, 단일 표준 기반 무선 기술이 접속, 백홀backhaul, 위성 통신을 위해 개발될 것입니다. 이로 인해 단편화fragmentation를 제거하고, 결과적으로 무선 서비스 제공 비용을 절감할 수 있습니다."

삼성의 컨셉은 또한 이미 수많은 5G 개발의 중요 요소인 위상 배열 레이더에 근거한 것이다. 이는 커버리지coverage(통신가능)를 개선하고 간섭interference을 줄이는 것을 필요로 할 것이다. 위상 배열은 다수의 전파 발사 소자를 가진 고정 안테나에서 나오는 발사 전파를 전자적으로 조작하여 상하좌우의 주사走査를 고속으로 행하는 것으

삼성의 비전: 4,600개의 인공위성을 활용하여
초당 1테라바이트의 브로드밴드 연결

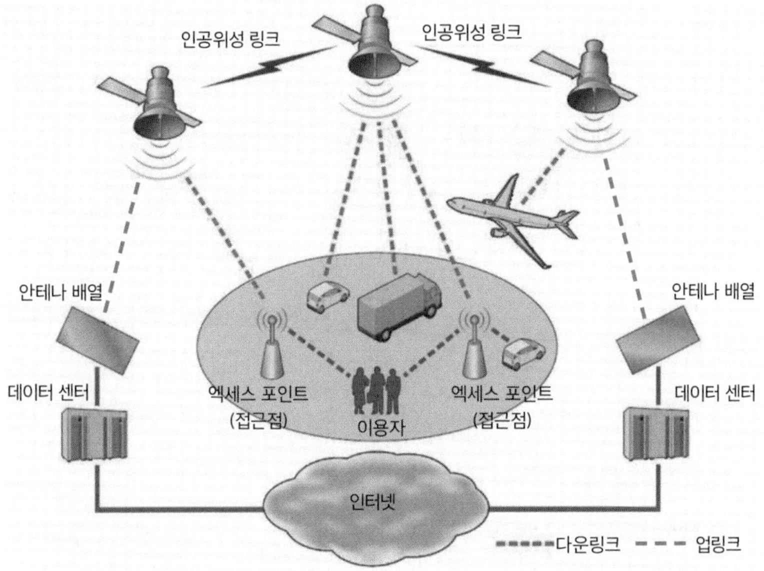

로, 기존 전통 방식의 느리고 유연성이 떨어지는 기계적 접근보다 빔이 '전자 제품의 유연성과 속도'를 조정할 수 있도록 한다.

저지구 궤도 인공위성은 전통적인 통신 위성 및 지상파 네트워크에 비해 많은 이점을 제공한다. 하지만 게임 참여자가 이들만 있는 게 아니다. 성층권 풍선과 고도의 내구성을 갖춘 드론을 활용하는 프로젝트도 완전히 개발 완료되면 더욱 상업적인 영역으로 변모할 수 있다.

풍선부터 시작해보자. 약 4년 전 시작된 이래, 알파벳Alphabet의 프로젝트 룬Project Loon 실험은 거의 불가능한 '문샷moonshot'에서 '실제로 작동할 수 있는 아이디어'로 전환됐다. 룬 프로젝트 관리자가 최근 언급한 바와 같이, 이 프로젝트 팀은 자체 탐색 및 운항, 인터넷 전송 풍선 네트워크를 구축하려는 시도에 있어 '단순한 기대치를 이미 넘어선 상태'에 도달했다. "이 과정에서 우리는 기구를 통한 인터넷이 전 세계의 교외와 외딴 지역에 살고 있는 사람들에게 현실이 되는 날을 훨씬 더 앞당겼습니다."

2016년 9월, 프로젝트 엔지니어들은 풍선이 기류를 타는 방법, 한 번에 수개월 간 한 지역에 머무르는 방법을 시스템이 어떻게 학습하는지를 발표했다. 이 발표가 매우 흥미로운 이유는 이 연구 결과를 통해 룬 팀은 현재 지역마다 200~400개의 필요한 풍선보다는 1,030개의 풍선만으로도 전 세계 특정 장소들에서 실험과 테스트 서비스를 진행할 수 있기 때문이다.

프로젝트 룬 팀은 또한 항법과 고도 제어 시스템을 개선하여 더욱 정밀한 제어가 가능하도록 하고 있으며, 이 프로젝트에 참여하고 있는 인공지능은 더욱더 똑똑해지고 있다. 이로 인해 더 적은 수의 풍선으로 더 높은 효율성을 달성하면 운영비가 극적으로 낮아진다. 결과적으로 낮은 운영비와 기술 개선으로 인해 수개월이 아닌 수주 내에 새로운 지역에 서비스를 배치할 수 있게 된다. 전 세계의 모든 외곽 지역까지 인터넷을 공급할 수 있는 커다란 수혜가 제공되는 것이다.

풍선은 상대적으로 저렴하고 쉽게 하늘로 올려 보낼 수 있으며, 업데이트 또한 수월하다. 그러나 항법을 개선하는 일은 여전히 쉬운 일이 아니다. 인공위성은 제작과 발사에 비용이 크게 들고, 궤도에 올린 이후에는 업데이트 작업이 쉽지 않다. 풍선과 인공위성의 단점을 한 번에 극복할 수 있는 대안으로 무엇이 있을까? 바로 드론이다. 그러나 드론의 단점은 장기간 하늘에 머무르지 못한다는 것이다. 그러나 드론이 그렇게 할 수 있다면 어떠할까?

에어버스는 최근 태양 빛만으로도 구동하는 드론 '제퍼 TZephyr'의 처녀비행을 성공리에 마쳤다고 발표했다. 제퍼 T는 위성보다 훨씬 낮은 고도에서 비행함으로써, 광대역폭 링크를 제공할 수 있고, 레이저를 통해 다른 드론들 혹은 지상 수신기에 정보를 전달할 수 있다. 지구 궤도를 돌고 지평선 너머로는 사라지는 인공위성으로서는 불가능한 '가시거리 내 통신Line-Of-Sight Communication도 가능하다.

에어버스는 궤도상에 있는 위성과 저고도의 제한적인 드론 사이의 '역량 격차'를 메우기 위한 목적으로 2008년에 유사 인공위성 드론pseudo satellite drone 실험을 시작했다. 2010년, 제퍼 7이 연료 보급 없이 가장 긴 비행으로 세계 기록을 경신했는데, 14일 동안 하늘에 떠 있었다. 에어버스는 이제 최소 한 달 이상 하늘에 떠 있는 드론을 확보하기 위해 노력하고 있다.

이러한 기술 역량과 개발 방향을 고려할 때, 우리는 다음 2가지 결론을 예측할 수 있다.

첫째, 2030년까지 저지구 궤도 인공위성 조합이 지구촌 전역의 모든 사람들에게 인터넷 서비스를 제공하게 될 것이다. 현재를 기준으로, 전문가들은 57억 명의 사람들이 저렴한 브로드밴드에 안정적으로 접속하는 데 불편함을 겪고 있다고 추정한다. 이 문제를 해결하면 엄청난 투자 없이도 교육, 상거래, 통신에 대한 큰 도약이 이뤄진다. 저지구 궤도 인공위성 기술의 가장 큰 장점은 상대적으로 낮은 점진적 비용만으로 인터넷이 현재 풍요로운 지역뿐만 아니라 빈곤한 지역까지 모두 커버할 수 있다는 점이다.

둘째, 풍선과 드론은 인도와 같이 인구 밀도가 낮은 특정 지역을 목표로 할 때 가장 큰 성공을 거두게 될 것이다. 여기에는 빈곤 지역뿐만 아니라, 넓은 영토로 인해 인터넷 서비스 업그레이드 비용이 많이 드는 부유 지역도 포함된다. 풍선과 드론은 제한된 지역과 연계된 상황에서는 제일 완벽한 해결책이 될 것이다.

인터넷 시대,
독점금지법의 의미와 미래

스탠더드 오일Standard Oil, AT&T, IBM은 모두 연방 정부의 독점금지법에 따라 규모 축소를 경험한 기업들이다. 오늘날, 구글과 아마존, 페이스북, 애플도 독점 시비에 휘말려 있다. 그렇다면 이들도 과거의 기업들과 유사한 운명을 맞게 될까? 인터넷 시대의 독점금지법에 관한 이해가 필요하다. 규제와 이슈는 무엇일까?

지난 120년 동안, 독점금지법은 스탠더드 오일Standard Oil, IBM, AT&T 등과 같은 독점 기업들이 시장을 장악하는 것을 막아왔다. 그리고 이제 이 법은 인터넷 시대에 맞춰진 유사한 공격을 다시 전개할 태세다. 무슨 일이 일어나고 있는가?

페이스북Facebook, 아마존AMAZON, 애플Apple, 구글Google 및 넷플릭스Netflix 등의 IT 거인들이 그 주인공으로 이들은 공격적인 독점금지법의 집행과 곧 직면할 것 같다. 사실, 오바마 대통령의 국정 수행 기간 동안, 실리콘 밸리의 가장 큰 기업들은 조심스럽게 백악관 사람들의 환심을 사기 위해 노력했었다. 그러나 현재, 이들 인터넷 독점 기업들의 워싱턴 친구들의 수는 극적으로 줄어들었고, 의회에서 가장 친했던 친구들도 소수 세력으로 전락했다. 친근했던 규제기관이 이제 그들에게 의심의 혜택the benefit of the doubt(증거불충분으로 인한 무죄 추정)을 제공할 이유가 거의 없는 세력으로 빠르게 대체되고 있다. 사법부 또한 이들에게 점점 멀어지려는 태도를 보여주고 있다.

미국 이외 지역의 규제 환경도 그다지 우호적이지 않다. 2017년 6월 27일, EU는 독점 혹은 불공정 무역관행 혐의로 구글에 27억 달러(한화 약 3조 207억 원)의 벌금을 부과했다. 구글은 항소했고, 현재 방어를 준비 중이다. EU의 주장은 구글이 검색 엔진과 스마트폰 운영체제의 지배력을 부당하게 남용하여 쇼핑 서비스, 광고 위치 서비스, 스마트폰 앱 스토어 마켓에서 경쟁을 방해했다는 것이다.

오늘날의 독점 대상은 규제 당국이 과거에 활용했던 전통적인 통계 방식의 압박 대상과는 다르다. 이것은 규제 당국이 도전해야 하는 새로운 주제임이 확실한데, 바로 21세기의 새로운 '정보 독점'을 다루기 때문이다. 보스턴컨설팅그룹Boston Consulting Group 전문가들에 따르면, "다가오는 반독점 전투는 전통적 의미에서 시장을 통제하는 것이 아닌, 소비자 정보에 관한 통제를 다루는 전투일 것이다."

오늘날 IT 거대 기업들은 더 개선된 형태의 디지털 소비자 모형 구축 경쟁을 벌이고 있다. 이것은 사용자 데이터를 수집하는 것뿐만 아니라 경쟁 업체가 동일한 일을 하기 더 어렵게 만드는 방법을 찾는 것이다. 따라서 미래의 독점은 이들이 소비자들에게 얼마나 팔 것인지로 측정할 수 없다. 즉, 이들이 경쟁자보다 소비자에 대해 얼마나 많이 알고 있고, 행동을 얼마나 더 잘 예측할 수 있는지에 따라 독점 판단이 결정될 것이다.

따라서 새로운 전투는 모든 개인들의 디지털 모형 구축에 대한 통제에 있다. 구글, 페이스북, 아마존, 애플 및 기타 '디지털 거인들'은 이미 이 영역에서 독점을 얻기 위한 싸움에 임하고 있고, 모든 사람들의 더 완벽한 디지털 모형을 보유하기 위해 치열한 경쟁을 치르고 있다. 이러한 전투가 심화됨에 따라 거인들 스스로도 상대적 우위를 정확하게 측정하는 데 필요한 기준을 갖추지 못할 수도 있다. 더군다나 독점금지법 집행자들은 잠재적인 독점 효과를 막을 수 있는 준비조차 아직 갖추지 못하고 있다. 이것이 바로 오늘날 디지털 세계의 독점에 있어 본질적인 문제다.

구글이 자사의 검색 엔진을 개발했을 때, 그들은 개인들의 디지털 모형 구축을 향한 여정이 시작될 것으로 생각하진 못했을 것이다. 그러나 소비자가 수행하는 모든 검색은 그 소비자의 특정한 면을 구글에게 제공해준다. 마찬가지로 우리가 넷플릭스를 통해 시청하는 모든 영화, 우리가 아마존의 인공지능 알렉사Alexa 혹은 애플의 시리Siri에게 묻는 모든 질문, 페이스북에서 친구들과 함께한 모든 상호작용은 우리 개인들의 다양한 면모를 이들에게 보내고, 이들 디지털 거인들이 구축하는 완벽한 디지털 모형 구축에 기여를 하게 된다. 이들이 개개인들의 다양한 면면들을 포착하기 위해 사용하는 사람들이 생각할 수 있는 모든 것들을 시도하고 있다는 것은 놀라운 일이 아니다. 부분적으로 이것은 일반적인 기술 서비스의 외곽, 즉 자동차나 헬스케어와 같은 영역에서 이들이 다양한 노력을 시도하는 이유가 될 수 있다. 자동차는 우리 행동에 관한 값진 정보를 제공해 줄 수 있다. 아마존과 같은 디지털 거인은 알렉사를 통해 우리가 집 안의 모든 가전제품을 포함해 기타 물건들과 어떻게 상호 작용하는지에 관심을 두고 있다.

역사적으로 기업들은 개인 삶의 특정 측면에 대한 깊은 지식을 가지고 있었다. 예를 들어, 금융 기관은 고객의 재정적 삶을 잘 파악하고 있었다. 소매업체들은 그들 고객의 구매 습관에 관한 지식을 축적했었다. 심지어 도서관도 이용자의 독서 습관에 대한 정보를 갖고 있었다. 그러나 그들에게 부족했던 것은 그러한 정보들을 모두 모아야 가능한 '개인에 관한 종합 지식'이었다. 경쟁이 분야별로 이뤄졌기 때문에, 기업들은 그러한 정보를 취합할 동기를 갖지 못했다. 더욱이 이질적인 (혹은 자신에게는 필요 없는) 정보를 모으는 일은 번거로운 작업이었다. 따라서 기업들은 그러한 노력과 시도를 위해 재원을 쓸 이유를 찾지 못했다. 즉, 디지털 모형의 아날로그 버전은 다양한 시장 참여자들에 의해 보유되었던 개인의 부분 사진일 뿐이었다.

그러나 이제 디지털 시대의 도래로 인해 그 사진이 완전히 변하고 있다. 구글, 아마존, 페이스북과 같은 디지털 거인들은 이제 완벽한 디지털 모형을 갖추는 것이 (그들에게) 바람직할 뿐만 아니라 실현 가능하다는 것을 인식하고 있다. 그들에게 이것이 바람직한 이유는 여기에는 엄청난 교차 판매 및 광고 기회가 있기 때문이다. 그리고 경쟁자보다 앞서 선점하는 기업에게 더 유리하다는 것도 알고 있다. 디지털화가 우리 삶을 감싸고 있는 방법, 디지털 세상에서 상호 작용할 때 디지털 흔적을 일상적으로 남기는 방법으로 인해 이것은 현실화가 되고 있다. API와 같은 기술을 통해 이들 기업들이 그들이 보유한 정보의 각기 다른 조각들 혹은 면모들을 공유하거나 접근하는 것을 더 수월하게 만들고 있다.

고객 선호도와 연계된 고품질 데이터에 관한 접근성을 기업이 추구하고 있다면, 다양한 소스로부터 얻은 데이터를 수집, 연결, 통합하는 역량이 새로운 경쟁 장벽이 될 것이다. 이 장벽은 다른 경쟁자가 개인별 디지털 모형에 접근하고 통제하려는 것을 막아줄 것이다. 이러한 새로운 형태의 독점은 전통 산업에 집중된 수단과 방법으로는 보이지 않으면서 소비자에 대한 가공할만한 영향력을 행사한다. 이러한 독점의 매력은 독점 기업들이 그들이 보유한 정보를 기반으로 전례 없는 개인 맞춤화를 제공할 수 있는 능력일 것이다. 그러나 이러한 개인 맞춤화에 따라 고객은 정보 제공자들이 원하는 것만 볼 수 있도록 제한 받게 될 것이다.

전통 시장에서는 독점 기업을 색출하기가 수월했다. 그러나 개인이 생각하고 행동하고 일상적인 결정을 내리는 방식에 접근하는 독점은 발견하기 쉽지 않다. 개별 맞춤화된 서비스의 편리성 때문에 디지털 모형에 대한 독점적 접근을 제공하고 있는 개인들은 자신들의 선택이 자신이 아닌 공급자에 의해 유도된 것임을 결코 깨닫지 못할 수도 있다.

요컨대 디지털 모형을 구축하기 위한 데이터 수집은 수많은 형태로 나타날 수 있다. 이러한 데이터 탐색과 수집은 제대로 작동하는 시장 시스템 유지에 촉각을 세우는 규제 당국에게 큰 숙제를 안겨주었다. 디지털 거인들이 다양한 영역에 걸쳐 촉수를 뻗치고 데이터의 소유권을 확대함에 따라, 이들은 경제학자들이 이상적으로 생각하는 원자적 경쟁atomistic competition이 불가능할 수 있는 세상을 만들고 있는지도 모른다. 원자적 경쟁이란 동일한 경제주체들이 상호교류 없이 시장의 시그널(가격 신호)만 보고 의사결정을 내리는 완전경쟁 모형으로, 어떠한 주체도 지배적이지 못한 구조를 의미한다.

이 새로운 환경의 보다 복잡한 역학 관계에 상관없이, 구글이 그들의 독점력을 반경쟁적anti-competitive으로 사용한 점은 사실이고 소송을 초래할 수 있음은 분명하다. 결과적으로, EU는 적어도 세 가지 논리에 근거하여 구글의 독점력 남용에 대한 심각한 반독점 조사를 계속 진행하고 있다.

첫 번째는 구글이 인터넷 검색 시장에서 독점적 지위를 사용하여 검색 결과에서 자체 제품을 체계적으로 우선시했다는 것이다. 사람들은 구글의 검색 서비스가 자신의 검색 질의에 가장 관련이 있는 객관적 알고리즘을 사용하고 있다고 가정한다. 그러나 실제로 일어난 일은 구글이 경쟁사의 제품이나 서비스에서 일어나야 할 트래픽을 구글의 것으로 인위적으로 전환하기 위해 화면에서 가장 눈에 띄는 위치에 자사 제품이나 서비스를 게재한다는 것이다.

두 번째는 구글이 모바일 운영 시스템(전 세계적 독점인 안드로이드 시스템)에서의 독점적 지위를 사용하여, 일반 인터넷 검색과 소비자 데이터 수집에 대한 독점을 3가지 방식으로 유지하고 강화했다는 것이다.

1. 모바일 기기 제조업체들이 구글 서치Google Search 및 구글 크롬Chrome 브라우저를 기기내 사전 설치하도록, 구글의 독점적 앱 라이선스 취득을 조건으로 기기의 기본 검색 서비스를 구글 서치로 설정하도록 강요함.

2. 아마존의 킨들 파이어Kindle Fire와 같은 안드로이드의 '오픈 소스' 코드에 기반한 경쟁 운영 시스템을 사용하는 모바일 기기를 제조업체들이 판매하지 못하게 함.

3. 제조업체와 모바일 네트워크 사업자들이 그들 기기에 구글 서치를 사전 설치하는 조건으로 (유료 우선권paid prioritization의 형태로) 금전적 인센티브를 제공.

구글은 자체 검색 제품에 대한 메뉴를 통제하는 것과 똑같은 방식으로, 전 세계 모바일 기기에 대한 메뉴 제어를 위해 이러한 전략들을 사용하고 있다.

세 번째는 구글이 사용하는 전략으로 인터넷 광고에 있어 구글의 독점적 지위 그 자체다. 구글은 이 독점적 지위를 활용하여 자체 검색 및 광고 서비스를 선호하게 강요한다. 검색 광고를 통한 구글 수익의 상당 부분은 구글과 독점 계약을 맺은 수많은 제3자로부터 발생한다. 약 10년 동안 이러한 계약은 제3자들에게 다음과 같은 것들을 요구해왔다.

- 구글 경쟁업체들의 검색 광고 소스 사용을 거부할 것
- 구글을 통한 최소 수의 기본 광고를 받아들이고, 구글 검색 광고를 위해 프리미엄 공간을 준비해둘 것
- 경쟁 검색 광고 게재를 변경하기 전에 구글의 승인을 얻을 것

미 연방통상위원회Federal Trade Commission의 내부 보고서에서 구글이 독점력을 강화해오고, '소비자 복지에 지속적으로 부정적 영향을 미칠', 그리고 '소비자와 혁신에 실질적인 해악'을 초래한 차별

행위에 의도적으로 관여했음을 발견했다. 그러나 이러한 발견에도 불구하고, 미국은 소소한 조치만 취한 후 구글에 대한 조사를 종결했다.

이렇게 종결된 연방통상위원회의 조사를 분석한 후, 〈월스트리트 저널The Wall Street Journal〉은 구글에 관한 반독점 소송이 그들과 가장 친근한 기업 동맹들 중 하나인 오바마 행정부의 오점이었을 것이라고 언급했다. 구글은 오바마의 재선 시도에 있어 캠페인 기부금 제공 기업 중 두 번째로 큰 기업이었다. 이 어색한 상황은 오바마 행정부가 왜 구글에게 '통행권'을 제공했는지를 잘 설명해준다.

이외에도 오바마 재직 기간, 구글이 오바마 대통령과 민주당에게 검색 특혜를 제공했다는 증거도 있다. 즉, 연방통상위원회의 조사 결과가 상업적 측면에 집중했지만, 구글이 여러 가지 이유로 다른 검색 결과를 조작한다는 증거도 존재한다. 즉, 보수적 의견보다는 진보적 의견을 더 지원하는 검색 결과를 내놨다는 것이다. 더욱이 그 기간, 공화당과 민주당의 정치인들은 모두 구글의 독점 남용이 초래한 공정한 경쟁과 소비자에 대한 유해성을 무시하는 데 있어 책임이 있다.

그렇다면 구글이 실제로 투표자 행동에 영향을 끼칠 수 있을까? 불행하게도 각종 연구는 구글이 검색 결과를 활용할 수 있음을 보여주고 있다. 이론적으로도 이것은 가능한 일이다.

미 국립과학원 회보PNAS, Proceedings of the National Academy of Sciences 연구 논문집에 발표된 5개의 이중 맹검二重盲檢, double-blind 무작위 통제 실험 결과에 따르면 '편향된 검색 순위가 누구를 지지할 것인지 결정하지 못한 유권자들의 투표 선호도에 20% 혹은 그 이상으로 영향을 미칠 수 있음'이 밝혀졌다. 이 연구 결과는 모두 구글과 같은 지배적 검색 엔진이 '어떤 처벌도 받지 않고 투표 결과에 영향을 주는 힘을 갖고 있다'는 점을 보여준 것이다.

더군다나 미디어에 영향을 미치는 구글의 힘은 검색 엔진을 훨씬 능가한다. 구글의 더블클릭Double Click 서비스는 광고 서버 시장을 지배하고 있다. 더블클릭은 광고 서버를 활용하는 모든 웹사이트의 75%에 광고를 공급한다. 구글은 미국 미디어 그룹 가넷Gannett과 뉴욕 타임스New York Times와 같은 기업들과 제휴를 통해 미 전역의 대다수 디지털 신문과 지역 텔레비전 방송 웹사이트에 광고를 제공한다. 신문들은 광고 수입에 크게 의존하는 구조이기 때문에, 디지털 광고에 대한 구글의 통제는 구글이 저널리즘의 주요 수입 흐름을 통제하고 있다는 의미가 된다. 〈USA 투데이USA Today〉와 전 세계 지역에서 수많은 신문을 발간하는 가네트는 2016년 연례 보고서에서 지역 광고 서비스가 '지역 온라인 광고 산업에 영향을 미치는 구글의 비즈니스 관행과 관련된 새로운 개발이나 소문'에 의해 악영향을 받을 수 있다고 언급했다.

이것은 새롭게 떠오른 우려 사항이 아니다. 1999년을 되돌아보면, 더블클릭 창립자는 언론, 각종 매체 등 수많은 발간물들을 하나의 광고 네트워크로 묶는 것의 위험성을 인식했다. 즉, 그 네트워크가 그들을 움직이게 하는 미디어와 광고 에이전시보다 더 강력한 힘을 가질 수 있다는 것이다. 그러한 우려는 구글이 2008년 더블클릭을, 2010년에 애드몹AdMob을 인수하면서 현실화가 되었다.

이러한 심각함에도 불구하고 다행스러운 점은 구글의 엄청난 독점력이 아직까지는 제한적이라는 데 있고, 독점금지법이 이러한 문제를 해결할 수 있다는 점이다. 예를 들어, 독점금지법은 구글의 해체 혹은 축소, 더블클릭과 에드몹 인수 취소를 단행할 수도 있다.

이러한 독점금지와 관련된 21세기의 새로운 과제는 앞으로 다음과 같이 예측할 수 있다.

첫째, 적어도 2018년 가을까지 미 연방통상위원회와 법무부는 주요 독점금지 조사 대상을 발표할 것이다. 페이스북, 아마존, 애플, 구글이 가장 가능성 있는 대상이다. 그리고 2022년까지 비디오 및 음원 스트리밍을 비롯하여 온라인 광고와 전자 상거래 등에 대한 독점금지 조치가 시행될 것이고, 사회적 공감대 또한 새롭게 형성될 것이다.

둘째, 구글이나 페이스북과 같은 플랫폼이 공공 유틸리티처럼 규제될 가능성이 높을 것이다. 규제 이유는 인구의 대다수가 사용하는 검색 엔진이나 소셜 네트워크는 공정하고 올바르게 균형 잡혀야 하기 때문이다. 특정 정당의 이익을 대변하거나, 그러한 엔진과 네트워크를 운영하는 기업들의 이해가 우선시 되는 관행에 제동이 걸릴 것이다. 물론 이것은 법적으로 결정될 사안이다.

셋째, 독점금지가 진행되면서, 기존 강자들이 혼란에 빠지고 새로운 승자들이 등장할 것이다. 지난 역사를 보면 석유에서 컴퓨팅, 통신 분야에 이르는 영역에서, 독점금지는 급진적 혁신과 새로운 폭발적 성장을 항상 예고해왔다. 21세기의 새로운 독점금지에 대한 과정에서도 새로운 혁신 기업들이 살아남아 새로운 영역과 공간을 창출할 것이다. 조사 결과가 발표되면 아마존, 구글, 페이스북 등의 주가는 타격을 입을 수도 있다. 하지만 산업 전체 분야의 가치는 더 커지는데, 이것은 새로운 혁신 기업이 뛰어들기 때문이다.

과학을 수행하는 방식, 인공지능이 뒤집어엎다

인공지능이 과학을 수행하는 방식을 바꾸고 있다. 이것은 인간 과학자에게 더 큰 성과와 결과를 이끌어주는 스타트한 방식의 진화라 할 수 있다. 과학 전 분야에 걸쳐 일어나고 있는 인공지능의 활용이 앞으로 어떤 기회를 창출하게 될까? 과학자와 소비자, 투자자에게는 어떤 의미일까?

디지털 기술의 진정한 마법은 삶과 비즈니스의 거의 모든 면을 질적, 양적으로 향상시키는 인류의 성장 능력에 달려 있다. 특히 과학적 조사 분야에서 이러한 능력은 더욱 두드러지는데, 더 우수하고, 더 빠르고, 보다 더 저렴하게 과학을 수행할 수 있는 방법이 이미 시작되어 선순환 구조를 이루고 있다. 보다 생산적인 연구는 새로운 중요한 발견을 더 빠르고 저렴하게 이끌어냄으로써 사회적 부를 늘리고 이 부가 다시 연구에 더 많은 자원을 투자할 수 있는 환경을 만들고 있다. 더 좋은 점은, 디지털 연구가 우리로 하여금 과거에는 할 수 없었던 것을 이제는 실행할 수 있도록 해준다는 데 있다. 동시에 현재는 가장 부유한 계층에게만 제공되었던 솔루션이 수년 후에는 극빈 계층에게도 제공될 수 있다.

사회에 부와 각종 혜택을 안겨 주는 새로운 발견들이 전 지구촌에서 이렇게 빠르게 진행되고 그리고 누구나 접근 가능한 것이 된 적은 이전 시대에는 단 한 번도 없었다. 다만 이러한 속도 때문에, 과학자들조차도 종종 자신의 과학 연구 전문 분야 내에서의 혁명만 인식하고 있다. 그리고 아직 초기 단계에 있는 과학내 디지털 혁명의 폭넓은 범위가 의미하는 바를 인지하고 있는 경영자나 정책 입안자는 여전히 소수에 불과하다.

사실 이 혁명을 이해하려면 과학적 발견 주기의 5단계를 이해하고 디지털화가 각 단계에서 그 프로세스를 어떻게 향상시키는지를 고려해야 한다. 다음은 과학적 발견 주기의 5단계다.

1단계는 '과학 저작물 탐색'이다. 이 단계에서의 임무는 수백만 편의 관련 과학 논문을 찾아내는 것과 동시에 새로운 주제를 추적하는 것이다.

2단계는 '실험 설계'다. 이것은 가설을 세우고 시험할 수 있는 방법을 결정하는 것이 관건이다. 비즈니스 전략과 마찬가지로 실험 설계가 실행, 투자, 메트릭스를 결정하여 나머지 연구를 이끌어간다. 핵심은 새로운 지평의 탐구와 잘 이해되는 현상 간의 적절한 절충점을 찾는 데 있다.

3단계는 '실험 실행'이다. 수백만 개의 데이터 포인트와 그들의 관계를 추적하는 것이다. 예를 들어, 생명 과학의 경우, 다양한 분자와 세포에 대해 실험하는 수천 개의 작은 튜브를 오염을 피하면서 정확하게 결정된 시간과 기간 동안 섬세하게 관찰하는 것이다. 이 단계에서의 실수는 연구자의 이력을 망칠 수도 있을 만큼 치명적이다.

4단계는 '데이터 해석'이다. 이것은 실험에서 발생하는 엄청난 원시 데이터를 이해하는 것을 포함한다. 예를 들어, 생명 과학에서 이것은 수조 바이트의 유전 및 생화학 정보를 포함할 수 있다. 목표는 실험 결과를 과학적 결과로 변환하는 것이다. 여기서 연구자는 가설이 정량적으로 확인되는지를 파악해야 한다. 이 과정에서 또 다른, 똑같이 흥미로운 가설이 공식화되고 확인되기도 한다.

5단계는 '새로운 과학 논문 작성'이다. 여기서 한 주기가 끝을 맺고 새로운 주기가 시작된다. 연구자들은 1단계에서 확인된 것과 상관없이 모든 관련 선례를 인용했는지 확인한다. 이후, 논문 심사를 거친 결과가 과학 문헌 목록에 추가되고, 다른 연구자들이 이 결과를 인용할 수 있게 된다. 이상적인 경우, 어떤 연구 결과는 자주 인용되는 연구 논문으로 번역될 수도 있고, 가치 있는 특허를 받기도 하며, 심지어 완전히 새로운 기업을 위한 기반으로도 활용된다.

이 각 단계는 문명의 여명부터 1980년대까지 모두 손을 통해 진행되었다. 각 단계마다 연구자들은 손으로 직접 과정과 결과를 기록했다는 의미이다. 이후 과학 저작물이 컴퓨터에 저장되고 나서야 비로소 대규모 데이터에 대한 통계 분석이 메인 프레임과 미니 컴퓨터를 통해 널리 이용 가능해졌다. 또한 실험에서 디지털 도구를 활용하여 데이터를 구축하는 일이 점점 더 많아졌고, 이후 35년이 지나 기존 디지털 솔루션은 더 진화했고 저렴해졌으며 빨라졌다.

그렇다면 오늘날에는 어떤 일이 벌어지고 있는가? 이제 양자도약

quantum leap의 시대를 맞고 있다. 인공 지능, 빅 데이터 방법, 로봇 공학을 연구에 적용하면서 가능해진 일이다. 앞으로의 핵심 목표는 과학적 프로세스에서 인간을 보완하거나 대체하기 위해 이 기술을 활용하는 것이다. 그리고 두 번째 목표이자 더 큰 목표는 '이전에는 불가능했던' 연구를 진행하는 것이다.

이를 위해 연구자들은 이미 데이터 토렌트data torrents를 기반으로 인공 신경 네트워크artificial neural network의 형태로 인공지능을 앞세우고 있다. 인공지능에 대한 초기 시도와 달리, 이러한 형태의 네트워크는 인간 전문가의 지식으로 프로그래밍될 필요가 없다. 대신 이 네트워크는 인간이 다루었던 것보다 훨씬 크고 혼란스러운 데이터에서 '패턴'을 보고 '징후'를 읽을 때까지 거대한 훈련 데이터를 통해 그들 스스로 학습한다.

다양한 과학 분야의 몇 가지 사례를 살펴보자. 수십억 명의 사용자들과 그들이 남긴 누적 게시물을 보유한 소셜 미디어는 사회 과학에 빅데이터라는 선물을 안겨줬다. 또한 인공 지능을 사용하여 거대한 인간 커뮤니티의 의미를 탐구할 수 있는 전례 없는 기회의 문도 열어줬다.

예를 들어 펜실베이니아 대학의 긍정심리학센터Positive Psychology Center 연구자들은 대중의 정서적·심리적 건강도를 측정하기 위해 페타바이트petabyte(1000조 바이트) 단위의 데이터를 탐색하는 데 이미 기계 학습과 자연 언어 프로세싱을 사용하고 있다. 원래 이 연구는 설문조사를 통해 수행되었던 것이다. 소셜 미디어 데이터는 '눈에 잘 띄지 않으면서 매우 저렴하며 표본 크기는 기존보다 훨씬 더 크다'

는 장점을 지니고 있다. 눈에 잘 띄지 않기에 더욱 정확한 정보를 추출할 수 있고 표준 크기가 크다면 신뢰도는 더욱 높아진다.

또한 최근 연구에서 한 연구팀은 1억4천8백만 개의 트윗을 분석하여 심장병 사망률을 예측했다. 위험 인자들이 분노와 부정적 관계와 관련된 단어를 포함하는 것으로 치환되었다. 인공지능에 기반한 소셜 미디어 조사 연구를 통한 예측은 흡연, 당뇨병과 같은 주요 위험 요소 10가지를 기반으로 한 예상보다 실제 사망률에 더 근접했다. 이들 연구자들은 또한 성격, 소득 및 정치 이데올로기를 예측하고 병원 치료, 신비적 경험, 고정 관념을 연구하는 데도 소셜 미디어를 사용했다. 언어 분석과 심리학으로도 이러한 연구가 전이되고 있는 것은 앞으로 일어날 혁명의 일부일 뿐이다.

한편, 입자 물리학자들은 이질적인 새로운 비트 물질을 폭발시키기 위해 엄청난 에너지와 함께 아원자sub-atomic 입자들을 충돌시킴으로써 우주의 내부 작동 원리를 이해하려고 노력해왔다. 유럽입자물리연구소Conseil Européen pour la Recherche Nucléaire, CERN에서 힉스 입자Higgs boson가 10억 번의 양성자 충돌당 약 1번 비율로 발생했다. 이것이 한 쌍의 광자와 4개의 뮤온과 같이 다른 입자로 붕괴하는 데 걸리는 시간은 10억 분의 1 피코초picosecond(1조분의 1초) 이내다. 그러나 힉스를 재구성하기 위한 숙제가 아직까지 남아 있는데, 더 공통적인 입자를 모두 찾아내고, 해당 입자가 그 입자를 추출한 물질에서 나온 것인지를 모두 확인해야 하는 일이다.

이 복잡하고 시간이 많이 소요되는 작업에 인공 신경 네트워크는 큰 도움이 된다. 이 네트워크는 신호를 감지하는 데 매우 탁월하기 때문이다. 따라서 이러한 알고리즘이 힉스에서 유래한 한 쌍의 광자를 무작위로 구별하는 데 큰 도움을 줄 것이다. 연구자들은 2024년에 거대강입자가속기Large Hadron Collider, LHC를 업그레이드하여 충돌 비율을 10배 증가 시킬 계획이다. 이 시점에서 기계 학습은 앞으로 발생할 거대한 데이터 토렌트를 따라잡을 수 있는 유일한 방법일지도 모른다.

즉각적인 상업적 의미가 있는 연구 영역은 화학 합성을 위해 가장 효과적인 분자 레시피를 신속하게 계산하는 시스템이다. 한 연구팀은 화학 반응에 대해 엄격하고 빠른 규칙을 프로그래밍하는 대신 '딥deep 신경 네트워크 프로그램'을 설계했다. 이 프로그램은 수백만 가지 사례를 바탕으로 어떤 반응이 진행되는지를 학습한다. 더 많은 데이터가 입력될수록 더 향상된 성능을 보이기 때문에, 시간이 지남에 따라 네트워크는 합성에서 원하는 단계에 대한 최상의 반응을 예측하는 방법을 학습한다. 그리고 결국 분자를 처음부터 만들 수 있는 자체 레시피 제조에 이르게 된다. 연구자들은 기존의 규칙 기반 분자 디자인 프로그램과 비교하여 40개의 다른 분자 표적을 대상으로 이 프로그램을 실험했다. 결과는 신경 네트워크 프로그램의 압승이었다.

이러한 트렌드를 고려하여, 우리는 향후 일어날 일을 다음과 같이 예측한다.

첫째, 2020년에 이르면 과학 저작물 탐색에 있어 노동 절약형 인공지능 기반 도구의 활용이 거의 전 분야에 걸쳐 표준 절차가 될 것이다. 오늘날, 7500만 개 이상의 과학 논문이 누적되어 있고, 매년 약 250만 개의 새로운 논문이 발표된다. 특정 과학자의 연구와 관련된 작은 부분의 탐색은 부담이 적지만, 새로운 연구 가설과 새로운 연구 결과를 찾고 있는 경우 그 부담은 상상 이상이다. 다행히, 사이언스 서베이어Science Surveyor, 시맨틱 스콜라Semantic Scholar, 아이리스 에이아이Iris AI와 같은 새로운 인공지능 기반의 도구가 이미 존재하고 있다. 사이언스 서베이어의 목표는 학술지의 텍스트를 가져와 유사한 용어를 사용하는 다른 연구를 위해 학술 데이터베이스를 검색할 수 있도록 하는 것이다. 이후 선택한 텍스트 전체에서 언어가 사용되는 방식을 분석하여 과학적 사고가 시간이 지남에 따라 어떻게 변하는지를 보여주는 관련 텍스트를 제공한다. 시맨틱 스콜라는 핵심 단어뿐만 아니라 그래픽, '영향력있는 인용'을 기반으로 결과를 치환해주는 인공지능 기반 과학 검색 엔진이다. 아이리스 에이아이IRIS AI는 관련 논문의 '핵심 개념'을 기반으로 과학 데이터베이스를 검색하는 과학 검색 도구다. 알타비스타AltaVista와 구글의 첫 작품이 최첨단 검색엔진이었던 것처럼, 현재의 이러한 탐색 도구는 앞으로 진화될 미래의 시작에 불과하다.

둘째, 인공지능에 기반한 실험 설계는 그 성과가 부진하지만, 일부에서는 향후 10년 동안 경제적으로는 중요한 진전이 이뤄질 것이다. 수많은 연구들이 이제 높은 인건비를 줄이는 방향으로 움직이고 있다. 지금까지의 연구에는 과학 문헌이나 저작물을 탐색하고, 이해하고, 의미있는 가설을 테스트하는 데 인간이 필요했다. 물론 몇몇 분야를 제외하고 인공지능을 이러한 연구 업무에 투입한 테스트 결과는 좋지 않았다. 그리고 이러한 실패는 앞으로 10년 이상 지속될 것이다. 다만 인공지능 기반의 실험 설계에 성공한 분야에서는, 해당 기업들이 큰 수익을 거두게 될 것이다. 바이오 연료, 플라스틱, 약물 원료를 생산해 산업용 미생물을 취급하는 생명공학 기업 자이머젠Zymergen을 보자. 이들은 인공지능을 활용하여 유용 물질 생산에 가장 최적화된 미생물을 찾아내는 실험을 진행하고 있다. 연구자들이 여전히 실험 결과를 살피고 검토하는 업무를 보지만, 인공지능이 정보를 분석하고 가설을 세워 실험을 구상하도록 하고 있다. 이로 인해 자이머젠은 사람이 한 달에 10건의 실험에 그쳤던 일을 인공지능을 통해 주당 1천 건 실험으로 늘릴 수 있었다.

셋째, 향후 완전 자동화된 원격 연구 실험실이 인간의 실수를 없애고 실험 시간, 비용, 품질에 획기적인 성과를 가져다줄 것이다. 생명과학 분야에서 클라우드 기반의 원격 실험실은 최신 실험에 대한 속도, 비용, 품질, 접근성을 획기적으로 향상시켜주는 큰 혜택을 제공해줄 것이다. 에머랄드 클라우드 랩Emerald Cloud Labs과 트랜스크립틱Transcriptic 같은 회사는 최첨단 로봇 실험실을 대여해준다. 수백만 달러 이상을 투자하여 멸균된 완전 자동화 실험실을 직접 운영하는 대신, 스타트업 혹은 기술 회사는 '필요에 따라' 이러한 시설에 대한 이용권을 구입할 수 있다. 이 실험실의 로봇은 의뢰한 연구원의 실험 계획을 완벽하게 수행하고, 실험 결과물과 데이터를 전달해준다. 클라우드 서비스로 인해 거의 모든 비즈니스가 수퍼 컴퓨팅을 이용할 수 있게 된 것처럼, 이러한 실험실은 거의 모든 바이오 기술 연구원이 최신 기술을 이용할 수 있게 해준다. 즉, 엔젤투자 혹은 벤처 투자금으로 사업을 갓 시작한 기업이 대기업 연구 센터와 경쟁할 수도 있는 것이다.

넷째, 비교할 수 없는 속도와 성능으로, 인공지능 기반 데이터 해석이 향후 10년 동안 수십억 달러의 경제적 가치를, 그 이후부터는 수년 내에 수조 달러의 가치를 창출할 것이다. 누토니안Nutonian이 개발한 유레카Eureqa를 보자. 유레카는 기술을 잘 모르는 사용자도 이해할 수 있도록 데이터와 정보에서 분석 모델을 자동으로 구축해 해석해주는 인공지능 소프트웨어다. 이 소프트웨어를 사용하면, 수 주 또는 수개월이 아닌 몇 분 이내에 해석하기 쉬운 예측 모델을 만들 수 있다. 이는 새로운 데이터를 더 잘 분석할 수 있는 기회의 문을 열었을 뿐만 아니라, 한번도 철저하게 분석된 적이 없는 거대한 기존 데이터 세트에서 새로운 것을 발견하게 하는 것도 가능케 한다.

다섯째, 2030년까지 인공지능은 과학자들이 연구를 발표하고 특허를 보다 신속하게 받을 수 있도록 널리 활용될 것이다. 현재까지 가장 유용한 인공지능 도구 중 하나는 사이트오매틱Citeomatic이라는 무료 온라인 리소스다. 이미 수백만 편의 논문 학습이 이뤄졌고 인용문도 마련되었다. 사이트오매틱은 발견된 학습 관계를 사용하여 논문 저자의 예비 논문을 예비 인용 집합과 함께 취급해 관련성이 있는 다른 인용을 식별할 수 있다. 그 결과 훨씬 더 좋은 논문을 작성해 심사에 제출할 수 있다. 유사한 도구들이 특허 업무에도 도입되어, 이 도구들이 다양한 학습을 통해 특허 출원을 더 쉽고 빠르게 진행되도록 활용될 것이다.

양자 컴퓨팅 프로세서의 여명이 밝아오다

최근까지 양자 컴퓨터는 핵융합 발전소와 비슷한 부분이 많았다. 실용화되기까지 25년 정도 앞을 봐야 하고, 넘어야 할 큰 산들이 있다는 측면에서 그렇다. 그러나 최근 각종 연구개발들이 변화의 바람을 일으키고 있다. 어떤 개발이 이루어졌나? 왜 이것들이 현재 중요한가? 앞으로 어떤 일이 일어날 것인가?

의학, 화학, 나노 테크 및 사이버 보안에서 가장 까다로운 문제들 중 상당 부분은 기존 디지털 컴퓨팅 기술으로는 해결할 수 없다. 아마도 이 문제들을 해결하는 것은 양자 컴퓨터 시대에나 가능할 것이다.

그러나 불행하게도, 범용general-purpose 양자 컴퓨터를 만드는 일은 아주 어려운 것으로 이미 입증되었다. 그 결과로 만들어진 현재의 하드웨어 프로토타입은 에니악(electronic numerical integrator and calculator, electronic numerical integrator and computer, Eniac의 약어로 1946년 미국 펜실베니아 대학 P. 에커트와 J.W. 모클리가 중심이 되어 제작한 최초의 컴퓨터. 기억 장치에 진공관 회로를 응용하고, 무게 30톤, 18,800개의 진공관이 사용되었다)에 사용된 진공관 기술처럼 신뢰성 있고 유지 보수가 가능한 것도 입증되었다. 현재 상업용 양자 컴퓨터는 디웨이브 테크놀러지D-Wave Technologies가 개발했다. 디웨이브는 양자 어닐링quantum annealing이라는 고도로 전문화된 접근 방식을 사용하여 구글이나 록히드 마틴과 같은 첨단 기술 회사들의 좁은 범위의 조합 최적화 문제를 해결해준다. 이들 기업들은 대당 1천만 달러 이상의 비용을 기꺼이 지불할 수 있다.

그동안 세계 각국의 연구팀들은 양자 상호작용을 통합할 수 있는 실제 컴퓨터를 설계하기 위한 다양한 방법들을 모색해 왔다. 그러나 이를 단일 칩에서 실현하기 위한 완벽한 엔지니어링 설계가 굉장히 어려웠다. 하지만 이제 그 어려움이 해결될 것 같다. 1973년 최초의 마이크로프로세서가 출시된 것만큼 심도 깊고 혁신적인 기술 도약 상태에 있기 때문이다.

뉴사우스웨일스대학교the University of New South Wales, UNSW의 엔지니어들은 우리가 익히 아는 실리콘 마이크로프로세서를 재편함으로써re-imaging 이 문제를 해결했다고 믿는다. 즉, 거의 대부분 표준 산업 프로세스와 구성 요소를 사용하여 제조할 수 있는 양자 컴퓨터 칩을 위한 완벽한 설계를 구축해냈다는 것이다.

최근, 저널 〈네이처 커뮤니케이션Nature Communications〉지에 발표된 새로운 칩 디자인은 모든 현대 칩의 기반이 되는 기존 CMOScomplementary metal-oxide semiconductor(상보성 금속 산화막 반도체) 기술을 사용하여 양자 계산을 수행할 수 있는 새로운 아키텍처를 포함하고 있다. 오늘날의 컴퓨터 칩은 양자 컴퓨터가 중요한 문제를 해결하는 데 사용하는 양자 효과를 전혀 활용할 수 없다. 새로운 디자인의 힘은 수백만 개의 양자 비트bit와 큐비트qubit를 지닌 머신을 제작하기 위한 가능성 있는 엔지니어링 경로도를 만들었다는 데 의미가 있다.

안전한 암호화 혹은 복합적인 질병과 같은 국제 사회가 직면한 핵심 도전 과제를 해결하기 위해, 우리가 동시에 움직이는 수백만 개의 큐비트를 필요로 할 것이라는 동의가 일반적으로 받아들여지고 있다. 이것을 하려면, 우리는 큐비트를 함께 모으고 통합할 필요가 있다. 이것은 우리가 기존 마이크로프로세서 칩을 가지고 현재 하고 있는 일과 비슷하다. 그리고 이것이 바로 이 새로운 디자인이 달성하고자 하는 목표다.

이 디자인은 광대한 2차원 배열 상의 큐비트간 작동을 '켜기turn on' 위해 기존 실리콘 트랜지스터 스위치를 사용하는데, 엔지니어들이 '그리드 기반의 단어와 비트 선택 프로토콜'로 부르는 것을 활용한다. 이것은 우리가 현재 사용하고 있는 컴퓨터 메모리 칩에서 비트를 선택하는 데 사용되는 것과 유사하다. 큐비트 상의 전극을 선택함으로써 이들은 큐비트의 스핀spin(회전)을 통제할 수 있다. 이 스핀이 0과 1의 양자 이진 코드를 저장한다. 큐비트간 전극을 선택함으로써, 2 큐비트 로직 상호작용 혹은 계산이 큐비트 간에서 수행될 수 있는 것이다.

양자 컴퓨터는 양자 물리학의 두 가지 '유령 같은 원리' 즉, 얽힘Entanglement과 중첩Superposition을 활용하여 현대 컴퓨터에서 사용되는 바이너리 코드의 어휘를 기하급수적으로 확장한다. 큐비트는 0과 1

또는 0과 1의 임의의 조합을 동시에 저장할 수 있다. 양자 컴퓨터는 동시에 여러 값을 저장할 수 있기 때문에, 동시에 여러 작업을 수행하면서 여러 값을 처리할 수 있다.

이로 인해 범위가 넓은 중요한 문제들을 해결하는 데 일반 양자 컴퓨터 1대가 기존의 어떤 컴퓨터보다 수백만 배나 더 빨라질 수 있는 것이다. 그러나 이렇게 복잡한 문제들을 해결하기 위한 유용성 있는 양자 컴퓨터는 수많은 큐비트—아마도 수백만에 해당하는—를 필요로 할 것이다.

수백만 개가 필요한 이유는 우리가 알고 있는 모든 유형의 큐비트는 부서지기 쉽고 작은 오류조차도 잘못된 응답으로 곧바로 증폭될 수 있기 때문이다. 따라서 하나의 데이터를 저장하기 위해 다중 큐비트를 사용하는 오류 수정 코드를 사용해야 한다. 뉴 사우스 웨일즈 대학의 엔지니어들이 설계한 칩의 청사진에는 스핀 큐비트를 위해 특별히 설계된 새로운 유형의 오류 수정 코드가 통합되어 있으며, 수백만 큐비트의 연산에 대한 정교한 프로토콜을 포함하고 있다. 이러한 디자인은 실제 양자 컴퓨팅에 필요한 수백만 개의 큐비트를 제어하고 읽는 데 필요로 하는 모든 기존 실리콘 회로를 단일 칩에 통합하려는 첫 번째 시도임을 보여줬다.

연구자들은 실질적 양자 컴퓨팅 제작으로 나아갈 경우, 이 디자인에 여전히 수정이 필요할 것으로 판단하고 있다. 그러나 양자 컴퓨팅에 필요한 모든 핵심 구성 요소들이 하나의 칩에 통합 구현된다. 그리고 그것은 양자 컴퓨터가 오늘날의 컴퓨터를 능가하는 계산을 위한 머신이 되게 하는 데 필요한 것이다.

이러한 일반 양자 컴퓨터를 설계하고 제작하려는 노력은 '21세기의 우주 경쟁'으로 불리고 있다. 오늘날 최고의 수퍼 컴퓨터를 사용하면 수백만 년이 걸리는 일을 양자 컴퓨터는 며칠 혹은 단 몇 시간만에 해낼 만큼 이 프로젝트는 인류의 역사를 바꾸는 일이기 때문이다.

오늘날 전 세계적으로 5가지의 양자 컴퓨팅 접근 방식이 연구되고 있다.

- 실리콘 스핀 큐비트silicon spin qubits
- 이온 트랩ion traps
- 초전도 루프superconducting loops
- 다이아몬드 공공diamond vacancies
- 위상 큐비트topological qubits

뉴사우스웨일스대학의 디자인은 실리콘 스핀 큐비트를 기반으로 한다. 이러한 모든 접근 방식의 주요 문제점은 대량의 지원 장비와 값비싼 인프라를 필요로 하는 거대 시스템의 컴퓨터 없이는, 양자 비트 수를 필요한 만큼 수백만 개까지 늘릴 수 있는 확실한 방법이 없다는 데 있다.

뉴사우스웨일스대학의 디자인은 수백만 개의 큐비트를 통합하는 데 필요한 모든 것을 최초로 통합한 것이다. 단일 칩 위에서 양자 컴퓨팅이라는 진정한 혁신을 현실화하려면 수백만 개의 큐비트가 필요하기 때문이다.

이것이 바로 이들의 새로운 디자인이 흥미로운 이유다. 실리콘 스핀 큐비트 접근 방식을 적용함으로써—이 방식은 1년에 4,800억 달러의 세계 반도체 산업의 심장부인 실리콘의 반도체 소자the solid-state device를 모방한 것이다—스핀 큐비트 오류 수정 코드를 기존 칩 설계에 적용하여 진정한 일반 양자 컴퓨팅을 가능하게 하는 방법을 보여준다.

거의 모든 다른 주요 그룹과는 달리, 뉴 사우스 웨일즈 대학의 양자 컴퓨팅에 대한 시도는 거의 모든 전 세계의 기존 컴퓨터 칩이 만들어지는 실리콘에서 반도체 소자를 창조하는 데 전적으로 집중하고 있다. 이것은 얼마나 많은 큐비트가 함께 통합될 수 있는지를 보여주기 위한 화려한 디자인 설계가 아니라, 쉽게 가공하고 확대할 수 있는 큐비트를 제작하려고 하는 것이다.

이들의 디자인은 실리콘 스핀 큐비트 부문에서 큰 도약을 의미한다. 이들 개발자들이 〈네이처Nature〉지에 양자 컴퓨터의 빌딩 블록인 2큐비트 로직 게이트의 개발을 발표한 것은 불과 2년 전의 이야기다. 양자 로직 계산이 실제 실리콘 소자에서 어떻게 수행될 수 있는지를 최초로 보여준 것이다.

그것은 현대의 모든 컴퓨팅을 뒷받침하는 구성 요소를 사용하여 급진적인 양자 컴퓨팅 개념을 실용적 장치로 전환하는 방법을 보여주는 최초의 '초기 단계baby steps'였다. 그리고 언제니어들은 이를 극적으로 확대하기 위한 청사진까지 가지고 있다. 이들은 실험실에서 이 디자인 요소를 테스트하여 매우 긍정적인 결과를 얻어냈고, 그에 대한 개선 혹은 진화를 계속 추진 중이다.

이러한 양자 컴퓨터의 현실화에 대해 우리는 앞으로 3가지를 예측할 수 있다.

첫째, 믿을 만한 범용 하드웨어가 출시될 때까지 양자 컴퓨팅은 여전히 잠든 거인sleeping giant으로 남아 있을 것이다. 양자 컴퓨팅의 현재 위치는 우리가 오늘날 사용하고 있는 기존 디지털 컴퓨팅의 1940년대 수준에 있다. 즉, 아직까지는 이론적 응용 단계의 실험용 프로토타입, 개념적 설계 상태에 있는 것이다. 다만 반도체 트랜지스터 로직 게이트의 개발이 모든 것을 바꾸었듯 양자 컴퓨팅도 도약을 앞두고 있다. 믿을 만한 양자 프로세서가 등장하면, 소프트웨어와 새로운 응용은 일대 전기를 맞이할 것이다.

둘째, 향후 5년 동안 기업들과 각 국가는 양자 컴퓨팅에 대해 수없이 많은 작은 베팅을 계속 시도할 것이고, 그중 일부에서 큰 성과가 나타날 것이다. 예를 들어, 2017년 8월 뉴사우스웨일스대학 연구원들은 실리콘 양자 컴퓨팅 주식회사Silicon Quantum Computing Pty Ltd.를 발족했다. 이는 호주 최초의 양자 컴퓨팅 회사로, 이들 팀원들만의 독창적 기술의 개발과 상업화를 추진하기 위해서다. 이 회사는 2022년까지 10큐비트 프로토타입 실리콘 양자 집적 회로 개발을 위한 8,300만 달러의 계약을 체결했다. 이는 세계 최초로 실리콘 기반의 양자 컴퓨터를 제작하는 데 있어 다음 단계로 나아갈 채비를 갖춘 것이다.

셋째, CMOS가 기존 컴퓨팅을 지배하는 것과 똑같은 방식으로 6개의 컴퓨팅 큐비트 기술들 중의 어떤 것이 양자 컴퓨팅을 지배할 것인지를 확실히 알기까지 적어도 10년은 소요될 것이다. 그 결과는 어떤 기술적 접근방식이 궁극적으로 가장 효율적인 그리고 수퍼 컴퓨터의 능력 이상으로 문제를 해결할 수 있을 만큼 확대할 수 있는 일반 양자 컴퓨터를 합리적인 비용으로 만들어낼 수 있는지에 달려 있을 것이다. 역사는 발판foothold을 마련해주는 계기가 반드시 최고의 기술에만 달려있지 않다는 것을 보여준다. 가장 저렴한 것, 심지어 가장 빠르게 (양자를) 확대하는 것 또한 아닐 수도 있다. 수차례의 시행착오와 반복이 일어날 수도 있다. 다만 이것 하나만은 기억하자. 부피가 컸던 진공 튜브 회로와 마그네틱 드럼 메모리에서 오늘날의 보편적인 실리콘 반도체 로직 게이트를 지닌 멀티 코어 CPU에 이르기까지 컴퓨터는 진화해왔으며, 이제는 4세대 컴퓨터가 반드시 필요하다는 사실을!

유전자 가위와
생체 혼란의 서막

기술 발전이 가속화되면서, 급격한 경제 전환 국면의 시대가 열렸다. 닷컴 붕괴 이후 시작된 이 양상은 앞으로 20년 간 세상을 혁명적으로 탈바꿈할 것 같다.

이 혁명적 변화를 이끄는 가장 중요한 기술들 중 주목해야 할 3가지가 있다. 바로 유전체학Genomics, 바이오 리엔지니어링Bio-reengineering 그리고 합성 생명Synthetic Life이다. 이 기술들은 60년 이상의 과거부터 빠르게 가속화된 연구와 학습 과정의 결과다.

우리는 1950년대 유전자 코드의 기본과 기초를 이해하기 시작했고, 1970년대에 이르러 인위적으로 DNA 조각을 읽고 유전자를 연결할 수 있었다. 1990년대는 10억 달러가 넘는 비용을 들여 인류 역사 최초로 인간 게놈의 배열 순서를 밝히는 데 성공했다. 신의 영역을 엿보기 시작한 것이다. 그리고 2000년대에 이르러 우리는 그 과정을 일반적인 것으로 치환했고, 비용을 극적으로 줄이기 시작했다.

그러나 이 기술을 치료에 활용하는 데 있어, 가장 큰 문제들 중 하나는 유전자 편집에 있어서의 높은 실패율이었다.

이후 불과 5년 전, 캘리포니아대학교 버클리 캠퍼스의 생화학자 제니퍼 다우드나Jennifer Doudna와 프랑스 미생물학자 엠마뉴엘 샤펜티어Emmanuelle Charpentier는 '크리스퍼 카스나인CRISPR Cas9'라는 새로운 기술로 생물학계를 깜짝 놀라게 만들었다. 이 기술은 유전자 편집 오류 문제를 본질적으로 해결하고 수없이 많은 새로운 가능성을 열어줬다. 크리스퍼 카스나인이 〈사이언스Science〉지에 처음 발표되자, 인류가 오랫동안 기대했던 순간을 맞이했다고 느꼈다. 인간이 사상 최초로 스스로 생명공학자가 될 수 있었던 것이다.

크리스퍼 카스나인은 마이크로소프트 워드 프로그램의 '검색 및 변경' 기능처럼 과학자들이 유전자의 특정 영역을 목표로 삼아 그 기능을 찾고 치환해주는 것을 가능하게 하는 도구다. 즉 원하지 않는 영역을 제거하고 그 자리에 원하는 염기서열sequence을 넣는 것이다.

상업적 권리에 대한 계속되는 법적 분쟁에도 불구하고, 크리스퍼 카스나인은 인간과 다른 생물체에서 유전자를 변형하고자 하는 사람들에게 점점 더 필수 선택 도구가 되고 있다. 무엇보다도, 이것은 다음과 같은 실험에 사용되었다.

- 말라리아에 저항성 있는 모기 만들기
- 질병에 저항성 있도록 식물에 유전자변형 시키기
- 유전자 조작된 애완동물 혹은 생물의 가능성 탐구하기
- 혈우병과 백혈병을 포함하여 잠재적으로 인간의 질병 치료하기

그러나 크리스퍼 카스나인은 아직 초기 단계에 있다. 여전히 해결

해야 할 일반적인 안전 문제는 의도된 위치에서 벗어난 DNA 구역에서 종종 발생한다. 즉, '목표를 벗어난' 편집의 가능성에 있다. 과학자들은 크리스퍼 카스나인을 미세 조정하면 이 문제를 해결할 수 있다고 믿지만, 실제로 이런 문제가 사람에게 일어난다면 그것은 아주 치명적일 수 있다.

크리스퍼 카스나인을 발견한 다우드나는 이 도구의 긍정적 잠재력에 전율하면서도 이것이 악용될 수 있다는 점도 동시에 우려하고 있다. 이러한 두려움으로 인해 다우드나는 연구자들이 다양한 가능성에 심취하더라도 세계는 이 도구의 잠재적 단점을 확실하게 인지하도록 하는 데 노력을 기울이고 있다.

예를 들어, 다우드나는 크리스퍼 카스나인이 인간의 정자, 난자, 배아에서의 소위 '생식 세포'를 편집하여 '설계된 인간'을 창조하는 데 사용될 수 있다고 두려워한다. 이러한 변경은 태아에게 그대로 적용되어 훗날 태어날 후손들에게도 전달될 것이다. 이로 인해 예측할 수 없는 결과가 초래될 수도 있다.

2015년 다우드나는 워싱턴 D.C.에서 20개국 500명의 과학자, 윤리학자 및 기타 관계자들이 참석한 정상회의를 주도했다. 이 회의는 크리스퍼 카스나인에게 끔찍한 질병을 편집하는 데 사용될 수 있는 한정된 경우에만—그리고 다양한 윤리와 안전 문제가 해결된 이후에—생식 세포의 편집을 허용하자는 조직위원회의 성명서 발표로 마무리되었다.

더 최근에는 국립과학아카데미National Academy of Sciences가 소집한 국제위원회가 인간 생식세포 유전자 편집에 대해 우려에 중점을 두고 일련의 안정장치와 감독절차를 제시하는 보고서를 발표했다. 이 보고서는 배아 편집 연구의 문을 여는 것으로 널리 인정되었다.

선도적 연구자들 사이의 이러한 일반 합의를 넘어, 정책 기반이든 과학적 사유든 '편집된 배아를 자궁에 이식해 탄생하게 하는' 데 있어 수많은 기존 제한 사항들이 장벽을 이루고 있다. 예를 들어, 미국의 일부 주에서는 자금 조달 방식에 상관없이 배아 연구 자체가 원천적으로 금지 사항이다. 또한 편집된 인간 배아의 이식은 음식, 제약, 화장품과 마찬가지로 미 연방 인간 연구 규정 하에, 그리고 잠재적으로 임상 연구 테스트에 관계된 연방법에 의해 규제될 것이다.

규제 장벽 외에도 현재 이 기술을 사용하는 과학자들이 아이들의 유전자를 설계하는 데 필요한 과학 지식을 얻는 데 오랜 시간이 걸릴 것이다. 인간 재설계에 있어 우리가 관심을 갖고 있는 특성들—지능과 개성, 운동 능력, 예술적 능력, 음악적 능력과 같은—대부분은 현대의 기술로 다루기에는 너무나 복잡한 것들이다.

게다가 '배아에 유전자 하나를 편집하는 능력'과 '유전 질환과 질병 대부분을 치료하기 위한 편집 능력'간에는 너무나 큰 격차가 여전히 존재한다.

이러한 장벽이 극복될 수 없을 것이라고 말하는 것은 아니다. 어느 미래에 이러한 장벽은 극복될 것이다. 운 좋게도 그 시기가 오기까지, 즉 크리스퍼 카스나인의 활용이 의료계의 주류가 되기 전에 이 문제들에 대해 생각해볼 수 있는 충분한 시간이 있다.

이러한 기술의 시작과 방향, 문제와 장벽 등을 고려했을 때 우리는 향후 일어날 다음 3가지를 예측해본다.

첫째, 2030년까지 우리는 크리스퍼 카스나인과 관련 기술들을 언제 어떻게 사용해야 하는지에 대한 결정을 결국 내려야 할 것이다. 이는 다음과 같은 큰 질문에 대한 해답을 찾는 것이다.

- 배아를 편집할 수 있는 유형에 제한이 있어야 하는가?
- 만약 그렇다면, 우리가 수반해야 할 것은 무엇인가?
- 심각한 질병 치료를 위한 배아 편집, 그 접근을 어떻게 규제해야 하는가?
- 이 기술을 사용할 수 있어야 하는 사람은 누구인가?
- 제한을 설정하고, 이 기술에 대한 접근을 관리하는 사람은 누구인가?

인류는 새로운 엘리트 슈퍼 인간의 탄생이 지니는 의미를 이해하고 논의해야 한다. 이는 인공 지능에 의해 야기될 수 있는 그 어떤 잠재적 위협보다 훨씬 무서운 것이다.

둘째, 제한과 금지를 시행하는 의사결정은 미래의 부모와 체외수정in vitro fertilization, IVF 제공자들의 반대와 마주치게 될 것이다. 오늘날 보조생식기술assisted reproductive technology, ART(난자와 정자를 체외에서 수정시키는 체외수정 기술 등 불임증 치료를 총칭)의 사용은 미국에서 크게 규제되고 있지 않다. 여기에 더 큰 제한을 가한다면, 이해 당사자들 간의 법적 다툼이 수없이 발생할 것이다.

셋째, 가장 큰 혼란과 문제를 일으킬 수 있는 요인은 높은 수준의 규제와 관리가 부족한 국가에게 과학자들이 이 기술을 남용하는 데 있을 것이다. 기술 보유국이 늘어나면 수많은 국가에서 이 기술을 활용한다. 표면적으로 국제적인 규제를 가할 수도 있지만 실질적인 규제인지에 대해서는 누구도 확인할 수 없다. 미국이나 독일 등의 선진 국가조차 자국내 규제가 완벽하다고 말할 수도 없다. 각종 연구 기관들의 연구가 바람직하지 않다고 하여 규제를 가하는 데는 한계가 존재한다. 중국이나 러시아와 같은 독점 권력이 지배하는 국가의 경우, 국제적 규제에 충실한 연구만 진행된다고 믿을 수 있겠는가. 핵 확산 금지 등과 같은 강력한 세계적 노력이 이 기술의 남용에도 적용되어야 할 시기가 도래할 것이다.

4D 프린터의 잠재력

적층 가공 기술이 '연구와 프로토타입' 제작에서 '주력 생산'으로 이동하면서, 연구자들의 관심이 자극에 반응하는 사전에 프로그래밍된 방식으로 변형할 수 있는 구조를 생산하는 곳으로 이동하고 있다. 그러한 제품을 제작하는 데 필요한 기술을 우리는 4D 프린팅이라고 부른다. 왜냐하면 시간이 지남에 따라 변형되는 3D 개체를 만들기 때문이다.

구조적 변형을 물리적 개체로 프로그래밍하는 것은 새로운 것이 아니다. 연구자들은 오랫동안 '기억 물질'과 '스마트 소재'를 가지고 연구해왔기 때문이다. 가장 널리 사용되는 기술 중 하나가 형상 기억 합금shape memory alloy일 것이다. 이 합금은 온도 변화에 의해 모양이 변형된다. 또 하나의 성공적인 방식은 전기 활성 폴리머다. 액체나 가스에 압력을 가하거나, 화학적 자극에 의해, 심지어 빛에 대한 반응으로 제품이 변형한다.

MIT 자가조립연구소Self-Assembly Lab 소장 스카일러 티비츠Skylar

Tibbits는 물질을 팽창시켜 간단한 변형을 일으키는 것을 통해 수년 전에 오늘날의 4D 프린팅 연구의 물결을 개척했다. MIT 카메라 컬쳐Camera Culture 그룹의 연구원들, 자가조립연구소의 연구원들이 스트라타시스Stratasys, 오토데스크Autodesk와 같은 기업과 협력하여 이 방법은 더욱 발전되었다.

이들의 접근 방식은 다른 속성을 가진 재료들—고정체로 계속 남아있는 물질과 본체의 200%까지 팽창할 수 있는 물질—을 결합하는 3D 구조를 인쇄하는 것이었다. 팽창하는 물질이 전략적으로 주요 구조물 위에 놓여져서 물로 활성화되었을 때 '구부러지는 빨대'와 같이 접히거나 펴지는 관절을 만들어 폭넓은 범위의 형태를 형성하는 것이다. 예를 들어, MIT라는 이니셜을 유사하게 만든 3D로 프린트된 물질이 특정한 조건이 되면 자가조립연구소의 이니셜인 SAL로 변경되도록 설계될 수 있다.

오늘날, 4D 프린팅은 실질적인 상업적 응용성을 갖춘 3D 프린팅

4D 프린터 소재 시장(2019~2015, 미국, 단위 : 백만 달러)

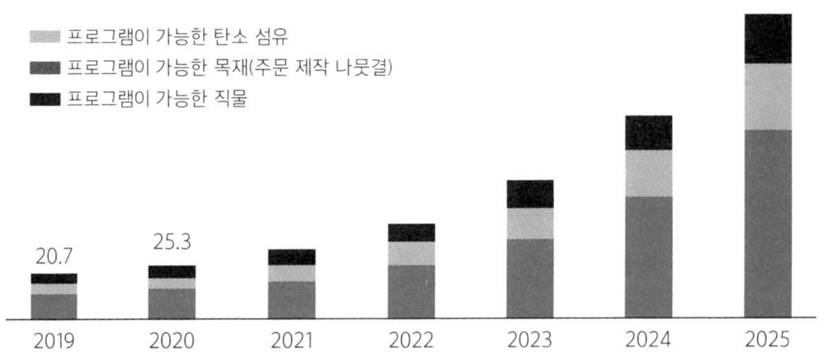

출처 : 그랜드뷰리서치(2016)

의 확대 방안으로서 등장하고 있다. 글로벌 시장조사기관 그랜드뷰 리서치Grandview Research의 애널리스트에 따르면, 전 세계 4D 인쇄 시장은 2019년까지 6,450만 달러에 달할 것으로 추산된다. 이후 2025년까지 종합적인 연간 성장률이 33.2%를 넘을 것으로 예상된다. 또한 분야에 있어 방위, 항공우주, 자동차, 의료 산업에 이르기까지 그 수요가 증가하고 있다. 북미 지역은 연구와 개발에 큰 투자를 함으로써, 2025년까지 4D 프린팅 시장의 지배적 위치를 점유하게 될 것이다.

그랜드뷰 리서치의 또 다른 애널리스트 프리얀카 반사Priyanka Bansal는 4D 프린팅이 3D 프린팅 기술을 대체하는 것은 아니고, 서로 한 세트라고 말한다. 쉽게 말하자면, 4D 프린팅은 3D 프린팅에 4차원적 요소로서 시간을 추가하는 기술이다. 4D 프린팅으로 제작된 물체는 외부의 자극이 가해지면 물리적 모양이 변하도록 프로그램된 것이다. 최종 제품을 제조하는 프로세스는 본질적으로는 특정 물질을 사용하는 적층 가공의 과정—매우 특수한 방식이 적용되는—이다. 유일한 차이점은 제품의 모양 변화 능력이다. 일반적인 3D 프린팅 제품은 변화하지 않는다.

3D 프린팅의 확장형 버전으로서 4D 프린팅은 향상된 품질, 효율성, 성능을 제공해준다. 3D 프린팅이 디지털 청사진을 층층이 쌓는 방식을 통해 실제 물체로 제작하는 반면, 4D 프린팅 기술은 이러한 3D 프린팅으로 제작된 물체의 모양을 변형할 수 있다.

4D 프린팅이 상용화되기까지는 다소 시간이 걸리겠지만, 초기 형태의 4D 프린팅은 물에 담그거나 압력, 중력, 열 또는 공기에 노출될

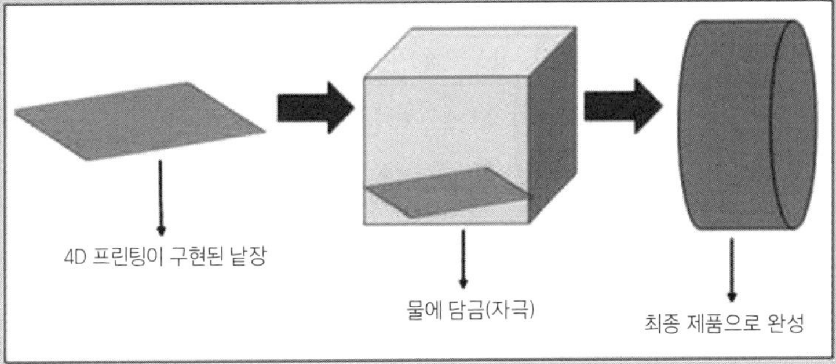

4D 프린팅은 시간의 흐름과 외부 자극을 통해 일정 조건이 충족되면 최종적인 3D 프린팅 물체로 구현되도록 만드는 기술이다.

때 그들 스스로 변형할 수 있는 방식으로 설계된 유연한 물체를 포함할 것으로 예측된다. 이러한 유연한 물체는 3D 큐브와 같은 단순한 형태에서 복잡한 예술 형태 혹은 단순한 직물 구조의 의류에 이르기까지 다양할 것이다.

4D 프린팅 기술은 또한 유기 박막 트랜지스터를 사용하는 플라스틱 박막에 전자 소자 제조를 용이하게 한다. 유기 전자 제품을 위해 현재 개선된 전도성 폴리머가 개발되고 있다. 4D 프린팅 기술로 개발된 트랜지스터는 뛰어난 전류 운반 능력을 가질 뿐만 아니라 화학적 안정성과 저온 프로세싱을 제공한다.

그랜드뷰 리서치는 전자 산업 분야에 4D 프린팅이 엄청난 잠재력을 갖고 있다고 믿는다. 그러나 몇 가지 장벽이 존재한다. 일부 기업만이 이를 지원할 기술을 개발하고 있기 때문에 초기 비용이 많이 든다는 것도 그중 하나다.

4D 프린팅이 전통적인 제조 기술을 보완하여 제품이 설계되는 방

식에 큰 변화를 가져올 것은 분명하다. 그러나 향후 5년 혹은 10년 내에 어떤 일이 벌어질지, 4D 프린팅이 제조 밸류 체인에 어떻게 영향을 끼칠지를 말하는 것은 아직 시기상조이다.

4D 프린팅의 컨셉과 기술 발전 속도를 감안할 때, 우리는 다음과 같은 4가지를 예측할 수 있을 것이다.

첫째, 4D 프링팅이 적용되는 산업은 무엇이든 상관없이, 이것의 가장 잠재적 혜택 중 하나는 부품이 고장나거나 손상될 경우 교체보다는 자가 치유될 것이란 점이다. 스마트 소재는 제품의 실제 치수 또는 특성에 예기치 않은 변화가 있을 경우를 대비하여 스스로 변형하도록 프로그래밍될 수 있다. 이러한 소재는 과도한 열이나 진동과 같은 비정상적인 환경 조건에 노출된 경우 예방 조치를 취할 수 있다. LG전자가 4D 프린팅 기술을 스마트폰에 적용하려는 사례를 보자. 이 기술이 적용된 스마트폰은 화면의 가벼운 스크래치를 24시간 내에 자가 치유한다. 그러나 한계는 있다. 이러한 인위적인 치유에 걸리는 시간은 생물학적 치유보다는 훨씬 짧지만, 그래도 최소 24시간 이상을 필요로 한다. 이러한 소재는 또한 스스로 치유한 횟수에 따라 특정 시점 이후에는 자가 치유를 중단할 수 있다. 수명은 소재나 적용 분야에 따라 달라질 것이다. 특정 응용 프로그램과 솔루션이 개발되면 정확한 시간을 예측할 수 있을 것이다.

둘째, 공급체인이 있어 4D 프린팅의 이점은 쉬운 운송, 덜 차지하는 적재 공간이 될 것이다. 자극에 반응하기 전에 단순한 시트(종이) 형태로 제품을 제작할 수 있다면, 많은 양의 시트를 운송하는 데 공간이 거의 필요하지 않아 이후에는 소형 차량으로 제품을 운송할 수 있게 될 것이다. 4D 프린팅은 운송과 취급 비용을 줄여 공급 체인에 큰 이익을 제공할 것이다. 결과적으로 수많은 제품을 최종 사용자에게 운송할 때 드는 주의 사항과 안전 조치 업무가 크게 줄어들 것이다.

셋째, 이 기술은 최소 2025년, 어쩌면 그 이후까지 '주류'로 간주되진 않을 것이다. 4D 프린팅은 현재 초기 단계에 있기 때문에 본격적인 상용화가 가능해지려면 더 많은 일들이 일어나야 한다. 스트라시스와 협력하여 현재 MIT 자가조립연구소는 자극을 적용하여 크기를 변경할 수 있는 물질을 개발하고 있다. 이 물질은 충분히 변형할 수 있을만큼 유연한 탄소 섬유와 폴리머로 구성되어 있다.

넷째, 4D 프린팅은 본질적으로 3D 프린팅의 연장이기 때문에, 3D 프린팅 기술의 진화가 4D프린팅의 영향력에 방향을 제공할 수 있다. 우리는 이미 밸류 체인이 더 자동화되고 연결되고 분산되고 있음을 볼 수 있다. 이로 인해 미래 공급 체인의 역동성에 부합할 수 있는 혁신적인 제조 기술 수요가 점차 커지고 있다. 4D 프린팅은 복잡한 기하학적 형상을 생산할 수 있는 능력뿐만 아니라 효율적인 제조에 도움이 되는 스마트 소재가 수없이 등장할 것을 약속한다. 이로 인해 4D 프린팅이 미국, 독일과 같이 고임금 구조의 선진 경제 국가의 리쇼어링re-shoring 현상에 향후 10~15년간 큰 역할을 수행할 것으로 보인다. 이때 중요한 것은 4D 디지털 디자인뿐만 아니라 프린터 작동 및 유지 보수 전문 인력 교육이 될 것이다.

무어의 법칙 살았나, 죽었나? 아니면 부활했나?

기술경제 혁명을 뒷받침하는 필수적인 토대에는 '무어의 법칙'이 있다. 알다시피, 무어의 법칙은 집적 회로내 트랜지스터 밀도가 더 높아짐으로서 전자 제품의 비용 대비 성능이 지속적으로 향상되는 것을 의미한다. 그런데 2018년에 일부 전문가들은 무어의 법칙이 죽었다고 주장한다. 또 다른 사람들은 그렇지 않다고 그것은 여전히 살아있다고 말하고 있다. 그리고 또 다른 사람들은 그것이 새로운 형태로 부활했다고 주장한다. 누가 옳은 것일까?

무어의 법칙은 인텔의 고든 무어Gordon Moore가 '평방 밀리미터 당 트랜지스터의 수가 약 2년마다 두 배로 증가했었다'고 밝힌 1965년에 처음으로 세상에 널리 알려졌다. 지난 50년 동안 무어의 법칙대로 컴퓨팅과 네트워킹의 비용은 더 낮아졌고, 성능은 더 높고 안정적으로 변모해왔다. 이 놀라운 경제 현상은 적어도 60년 동안 진행되어 왔다.

우리는 5년 전 2013년에 무어의 법칙에 대해 언급했다. 그리고 5년이 흐른 2018년을 기준으로 이야기하자. 5년 전의 무어의 법칙과 이후 2018년의 상황은 어떠한 차이점이 있을까? 5년 동안, 우리는 실제적으로 일어난 일을 되돌아보고 가능성 있는 앞으로의 궤도를 이해해야 할 것이다.

디지털 컴퓨팅이 옥수수에 물을 주고 경작하는 것부터 뇌 깊숙한 곳에서 암 초기 진단을 내리는 것에 이르기까지 사람이 하는 거의 모든 일을 주도하는 시대에, 경제의 미래라는 사안보다 더 중요한 것은 없을 것이다. 오늘날 끊임없이 증가하는 컴퓨팅 성능과 그에 대한 비용 절감은 모든 것들이 모든 곳에 연결되는 기계 지성을 구현되게 만들었다. 그래서 이 현상의 갑작스러운 결말은 인간 진보의 궤적을 돌이킬 수 없을 수준으로 변화시킬 것이라는 데 있다.

다행하게도 인텔의 리더들의 생각이 옳다면, 그 변화는 어느 순간 곧바로 일어나지 않을 것이다. 그들은 이렇게 말한다. "우리는 다음 5년 동안 '무어의 법칙'으로 인해 어떻게 문제를 해결할 것인가에 대해 상당한 통찰력을 가지게 되었습니다." 그들은 또한 5년 동안 수많은 경로 찾기를 하고 있다. 오늘날 결론은 이렇다. "인텔에 있어 무어의 법칙은 여전히 잘 살아있습니다."

그렇다면 무어의 법칙이 완전히 죽지는 않았지만 과거와 달리 생생하진 않다고 주장하면서 많은 다른 전문가들은 왜 이러한 인텔의 주장에 도전하는 것일까? 답은 정의에 있다.

'1평방 밀리미터 당 트랜지스터의 수가 대략 2년마다 2배로 증가된다'는 1965년 무어의 관찰을 문자 그대로 해석해보자. 1㎜의 실리콘 위에 더 많은 트랜지스터를 패킹할 수 있는 역량의 대부분은 각 칩의 크기를 더 작게 만드는 것을 포함한다. 예를 들어, 65나노미터nm에서 45nm로 이동한다는 것은 엔지니어들로 하여금 1mm 실리콘 위에 대략 2배 더 많은 트랜지스터를 패킹할 수 있게 해준다. 고든 무어는 1mm의 실리콘 비용이 일정하게 유지된다고 가정했는데, 이것은 2년마다 한 세대에서 다음 세대로 이동하면서 트랜지스터당 비용이 거의 절반 정도가 된다는 것을 의미한다.

그러나 최근 수년 동안 이러한 가정에 있어 2가지 일이 벌어졌다.

- 기술 세대간 시간 간격이 더 길어졌다.
- 완성된 1mm 실리콘을 생산하는 비용이 늘어났다. 가장 최신 기술을 개발하고 배치하는데 드는 비용이 너무 크기 때문이다.

어떤 사람들은 무어의 법칙이 죽었다고 말한다. 이제는 더 이상 2년마다 그 크기를 절반으로 줄이는 것이 불가능하기 때문이다. 그 외 다른 모든 것들이 동등하다면, '비용과 기능' 개선의 정도가 더 이상 2년마다 두 배가 되지 않는다는 것을 의미한다.

그러나 이야기는 여기에서 끝나지 않는다. 현재 그리고 부상하고 있는 10nm와 7nm 기술에 있어 그 밀도가 더 빠르게 증가하고 있다. 이는 칩의 크기가 작아지고 있다는 것을 의미한다. 따라서 22nm와 14nm, 14nm와 10nm 사이의 세대 이동의 시간 간격이 길어지더라도, 인텔은 매년 똑같이 개선을 이루고 있는 것이다. 실제로 인텔은 14nm로 이동하면서, 그리고 10nm로 이동하면서 더 큰 밀도의 혜택을 가져가고 있다. 본질적으로 이들은 세대 이동을 통해 더 큰 진보를 이루고 있으며, 역사적인 비용 대비 성능 향상 트렌드를 계속 유지하고 있다.

인텔은 하이퍼스케일링hyperscaling이라는 전략으로 이를 실행해 올 수 있었다. 이것을 가능하게 하는 몇 가지 기본 기술이 있지만, 실제로 중요한 것은 자기 정합형 더블 패터닝Self-Aligned Double Patterning, SADP 기술과 자기 정합형 쿼드 패터닝Self-Aligned Quad Patterning, SAQP 기술이다.

SADP는 다른 말로 '측벽 기술'이라고도 한다. 재료의 양쪽 측벽 패턴을 생성해 2개가 모여 있는 라인을 형성하기 때문이다. SAQP는 이러한 SADP를 두 번 반복하는 것이다. 이 새로운 기술은 밀리미터당 비용은 높이지만 밀리미터당 더 많은 트랜지스터 패킹을 가능하게 한다. 결과적으로 웨이퍼를 제조하는 데 필요한 제곱 밀리미터당 비용은 상승하지만 인텔은 트랜지스터를 수축시킨다. 이로 인해 인텔은 매번 트랜지스터 당 비용을 감소시킨다. 결과적으로 트랜지스터 당 비용이 천천히 더 향상된 속도로 내려가고 있다. 그래서 인텔은 "무어의 법칙은 살아 있고 잘 있다."라고 이야기하는 것이다.

소비자와 애플리케이션 개발자에게 있어, 여전히 지속되는 '무어의 법칙'의 혜택은 반도체 산업의 성능을 향상시키고, 기능을 추가하고, 비용을 절감하는 것을 동시에 이룰 수 있다는 의미가 된다.

이러한 사실과 전망을 볼 때, 우리는 다음과 같은 5가지를 예측할 수 있다.

첫째, 향후 10년 동안 CMOS 집적 회로에 대한 비즈니스가 일반화될 것이다. 개별 크기를 더 작게 만드는 것 외에도 다중 레이어 칩을 제작하는 것도 가능하다. 그러나 두 경우 모두의 문제는 방열heat dissipation이다. 향후 5년은 주로 우수한 실행 혹은 성능의 문제일 것이고, 그 이후부터는 새로운 장벽을 넘어서기 위한 산업 혹은 기업의 창의력 문제가 될 것이다.

둘째, 중단기적으로 황의 법칙Huang's Law으로 불리는 또 다른 패러다임이 그래픽 처리 장치graphic processing unit, GPU의 힘을 사용할 수 있는 수많은 상업적 적용에 있어 더 중요해질 수도 있다. 엔비디아Nvidia의 CEO 젠슨 황Jen Hsun Huang은 최근, '오늘날 엔비디아의 GPU가 5년 전보다 25배 더 빨라졌다'고 밝혔다. 이것은 아주 큰일이다. 그들이 무어의 법칙에 따라 진보하고 있었다면 그 속도는 약 10배 증가했을 것이다. 더욱 인상적인 점은 신경 네트워크 알렉스넷AlexNet을 1,500만 개의 사진을 통해 훈련시키는데 필요한 시간이 불과 6일이었다는 점이다. 그것도 5년 전의 이야기다. 그렇다면 지금은? 18분이면 충분하다. 무려 500배나 더 빨라진 것이다!

어떻게 이런 일이 가능했을까? 이러한 어플리케이션의 기계들은 다양한 분야의 선두들이 진보할 때 그들로부터 동시에 혜택을 수령받기 때문이다. 건축, 인터커넥트, 메모리 기술, 알고리즘 등과 같은 분야가 그것이다. 이러한 혁신은 전 분야를 아우른다.

셋째, 소위 '뉴로모픽Neuromorphic(뇌 신경 모방)' 칩이 인공지능의 상업화에 중요한 역할을 할 것이다. 2020년대의 가장 큰 상업적 기회는 인공지능에 의해 주도될 가능성이 있으며, 뉴로모픽 칩이 큰 역할을 할 것이다. 인텔의 과학자 찰스 어거스틴Charles Augustine의 연구 보고서는 뉴로모픽 칩은 인지 컴퓨팅, 적응형 인공 지능, 감지 데이터, 연상 기억장치associate memory와 같은 인공지능 작업을 처리할 수 있을 것이라고 예측한다. 이 칩은 또한 최고의 CMOS 칩이 사용하는 것보다 15~300배나 더 적은 에너지를 사용한다. 이것은 아주 의미심장한데, 시리Siri와 알렉사Alexa와 같은 오늘날의 인공지능 서비스들이 음성 질문이나 명령에 응답하는 것과 같은 작업을 수행하기 위해 클라우드 기반 컴퓨팅에 의존하기 때문이다. 스마트폰은 인공지능에 필요한 알고리즘을 사용하는 컴퓨팅 성능을 보유하지 않은 칩으로 가동한다. 따라서 스마트폰에 그러한 성능이 있는 칩이 사용될 경우, 배터리는 금새 닳아버릴 것이다. 따라서 초저전력 뉴로모픽 칩은 향후 스마트폰에도 적용될 수 있을 것이다. 당연히 스마트폰의 성능은 지금과 비교가 되지 않을 것이다.

넷째, 광학 테라헤르츠teraherts 칩이 초고속 광통신 컴퓨팅 기술과 CMOS를 통합할 수 있도록 해줄 것이다. 최근 〈레이저 앤 포토닉스 리뷰Laser and Photonics Review〉에 게재된 바와 같이, 히브리대학교Hebrew University의 나노 옵토 그룹Nano-Opto Group은 광통신의 속도와 기존 전자 제품의 안정성, 제조 확장성을 통합하는 광학 기술을 개발했다. 광통신은 초고속이지만, 마이크로 칩 조건에 안정성이 떨어지고, 대량으로 복제하기도 힘들다. 이제 금속-산화-질화물-산화 실리콘Metal-Oxide-Nitride-Oxide-Silicon, 또는 MONOS 구조를 사용하여 히브리대학팀은 마이크로 칩에 플래시 메모리 기술을 활용하는 새로운 집적 회로를 개발했다. 개발이 완료되기만 하면, 이 기술은 표준 8~16기가

헤르츠 컴퓨터를 100배 더 빠르게 작동시키고, 상용 테라헤르츠 칩의 시대에 더 근접시키게 될 것이다.

다섯째, 무어의 법칙이 2025~2035년 사이에 심각한 병목 현상을 겪게 될 때까지 그래핀Graphene 기반의 로직이 상업용 전자제품에 있어 큰 역할을 하기 시작할 것이다. 2013년부터 연구자들은 그래핀 나노시트nanosheets(10억분의 1시트)를 전자 기술로 전환시키는데 큰 진전을 이루었다. 2030년까지 수백의 기가헤르츠로 작동하는 비용 효율적인 그래핀 마이크로프로세서를 제작하는 것이 가능할 것이다. 그때, CMOS는 그래핀에게 자리를 넘겨주기 시작할 것이고, 무어의 법칙은 마침내 끝나게 될 것이다. 그리고 우리는 새롭고 역시나 흥미로운 성능 곡선으로 진일보하게 될 것이다.

PART 5

글로벌 세계 동향

새로운 세계화의 시대, 비즈니스의 미래

세계화에 따른 새로운 비즈니스 방식, 경영 원칙 등에 대한 수많은 논의가 진행되어 왔다. 하지만 세계화는 고정 불변의 것이 아니라 살아 움직이는 유기체와 같은 것이다. 지금 이 시간에도 세계화는 계속 진행 중이다. 즉, 변화하는 세계의 수요를 충족시키기 위해 세계화 또한 진화의 과정에 항상 있는 것이다. 그렇다면 현재와 미래의 세계화는 어떤 방향으로 나아가고 있는가? 여기에서 찾을 수 있는 기회와 위기는 무엇일까?

10년 전부터 최근까지, 대부분의 비즈니스 리더들은 세계가 '평평'해지고 있고, 국경에 제한을 받지 않는 글로벌 기업들이 곧 세계 경제를 지배할 것이라 믿었다. 그러나 오늘날 그 과장된 주장들은 모두 잘못된 것으로 입증되었다.

실제로, 우리는 새로운 보호 무역주의자들의 압력에 직면하여 세계화로부터 대거 철수라는 비명을 듣고 있다. 물론 그 비명과 주장은 1990년대 세계화주의자들의 그것과 마찬가지로 잘못된 것으로 입증될 것으로 믿는다.

세계화에 대한 희망과 기대의 일부가 암울한 것으로 바뀐 것은 자명하다. 특히 미국의 입장에서는 그렇다. 그러나 세계화는 아직까지 심각한 반전을 경험시켜주지 못했다. 설혹 그러한 반전이 일어났다 하더라도, 세계화의 종말에 대해 이야기하는 것은 분명 실수일 것이다.

세계화로부터의 본격적인 후퇴, 혹은 로컬화에 대한 과신은 '여전히 효과적이며 미래에도 계속 잘 작동하게 될 풍부한 세계화 전략을 사용하여 국경과 거리를 가로질러 새로운 가치를 창출할 수 있는 기업의 가치'를 저해할 뿐이다. 오늘날의 혼란과 고통은 다국적 기업들에게 전략, 조직 구조, 사회적 참여에 대한 접근법을 좀더 영리하게 재구축할 것을 요구하고 있다.

세계화가 실제로 어떻게 진화하고 있는지 보려면, 교역, 자본, 정보 및 인력의 국제적 흐름을 추적하는 DHL 세계연결지수DHL Global Connectedness Index를 고려하자. 비즈니스의 가장 큰 이해관계에 대한 두 가지 지수 요소는 '상품 무역'과 '해외 직접 투자'다. 이들은 금융 위기 기간 동안 심한 타격을 입었지만, 그 이후로는 비슷한 타격을 입지 않았다. 무역 지수가 2015년에 큰 하락을 겪었지만, 이것은 상품 가격의 급락과 미국 달러의 가치 상승으로 인한 거의 전적으로 가격 효과에 불과했다. 업데이트된 데이터에 따르면 2016년 외국인 직접 투자가 감소했는데 그 이유 중 하나는 미국이 조세전도tax inversions(기업이 사업을 영위하는 국가에서 제공하는 온갖 혜택을 계속 누리는 한편 서류상 본사를 외국으로 옮겨 세금을 회피하는 것)에 대해 단속했기 때

계속 진행 중인 세계화

무역, 자본, 정보, 인력의 세계적 흐름을 추적하는 DHL 세계연결지수DHL Global Connectedness Index는 2015년에 세계화가 둔화되었지만, 역행하고 있지는 않음을 보여주고 있다.

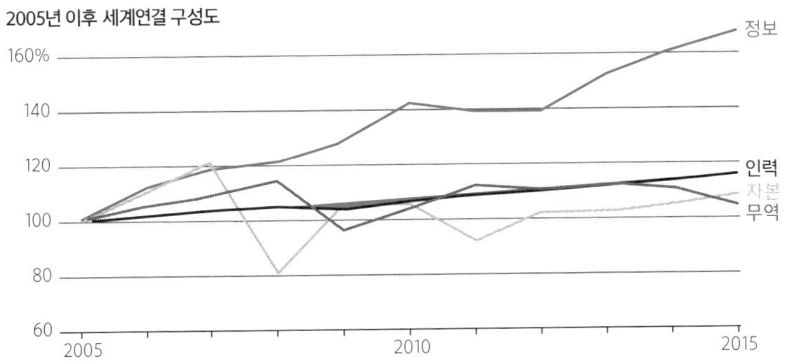

출처 : DHL 세계연결지수 2018, 하버드 비즈니스 리뷰

문이었다. 2016년의 완전 데이터는 아직 이용 가능하지 않지만 사람들과 정보의 흐름을 고려하면 아마도 세계화가 평평하게 유지되거나 심지어 증가할 것이라는 것에 무게가 실리고 있다.

사실 급감한 것은 미국과 다른 선진 경제국들 내의 국민 정서다. 미국의 월스트리트 저널, 뉴욕 타임즈, 워싱턴 포스트, 영국의 타임즈, 가디언, 파이낸셜 타임즈를 포함한 여러 주요 신문 내 '세계화'라는 용어에 대한 언론 분석은 2016년에 점수가 급락하는, 즉 정서상의 뚜렷한 변화를 보여줬다.

'실제적인 국제적 흐름에 대한 긍정 일변도의 데이터'와 '세계화에 대한 급격한 부정적 정서의 변동'은 아이러니컬하게도 경험 많은 경영진이 자국내 활동보다 국제 비즈니스 흐름의 강도를 과대 평가하는 경향에 뿌리를 두고 있다. 즉, 사람들은 세계가 실제보다 훨씬 더 많이 세계화되어 있다고 믿는 경향이 있다. 세계화 전문가인 판카즈 게마와트Pankaj Ghemawat 뉴욕대학교NYU 교수는 이러한 불일치를 '글로벌로니globaloney'라고 말한다. 글로벌로니는 세계화Globalization와 헛소리baloney를 합해 만든 '과장된 세계화'를 비꼰 합성어다.

게마와트 교수는 소위 말하는 두 가지 '법칙'으로 세계화의 현실을 요약했다. 첫 번째는 '반半 세계화의 법칙'이다. 이 법칙에 따르면, 국제 비즈니스 활동은 국내 활동보다 훨씬 덜 강력하다. 두 번째는 '거리distance의 법칙'이다. 이 법칙은 국제적 상호작용이 문화적, 행정적, 지리적, 그리고 종종 경제적 국면을 따라 거리에 의해 약화되고 있다고 말한다.

이 법칙들은 여전히 유효하며 앞으로도 계속 유지될 것이다. 그리고 보호주의자들의 파고가 시간이 지나면서 처음 나타났을 때보다 훨씬 덜 파괴적일 것임을 암시한다.

반半 세계화의 법칙은 또한 다음과 같은 중요한 통찰력을 제공해준다. (반反세계화 감정을 포함하지만 이에 국한되지 않는) 현재의 불쾌감 대부분을 해결하려면 국경 폐쇄가 아닌 국내 정책 변화를 필요로 한다. 예를 들어, 오늘날 세계화에 대한 주요 불만 중 하나는 세계화가 소득 불평등을 증대시키는 데 일조를 해오고 있고, 인구의 상당수가 방치되고 있다는 데 있다. 미국에서만, 소득 불평등은 지난 1920년대 수준으로 치솟았고, 다른 국가들—특히 선진국들—도 미국만큼 극렬하진 않더라도 비슷한 경험을 하고 있다. 반면 기업의 수익성은 역사상 최고 수준의 상태로 오르고 있다.

세계화가 이 상황에 대해 주요한 책임이 있다는 인식의 확산은 경험적으로 볼 때 타당해 보이지 않는다. 대부분의 연구에 따르면 불평등에 훨씬 더 큰 기여를 한 요소는 세계화가 아니라 기술 진보에 있다. 이것은 실제 사례를 통해서도 확인할 수 있다.

네덜란드는 미국의 6배에 달하는 교역 대비 GDP율을 가지고 있지만, 보다 평등한 소득 분배를 유지하고 있다. 따라서 미국 경제의 불평등 심화에 대해 세계화를 비난하는 것은 이상해 보인다. 세계화에 손가락질을 하더라도, 보호주의가 정부 안전망이나 직업 훈련 프로그램보다 훨씬 더 비싼 해결책이라는 것은 분명하다. 또한 국경을 폐쇄하는 것은 일의 미래에 대한 논의를 지배하고 있는 '업무 자동화'를 국가가 준비하는 데 어떤 도움도 되지 않는다.

지난 40년보다 세계화에 덜 친화적으로 보이는 새로운 시대에, 일부 다국적 기업들은 세계화에서 후퇴하여 자국내 시장에 재집중하는 것을 선택할지도 모른다. 반면 다양한 시장들을 대상으로 비즈니스를 계속 시도해볼 것을 선택하는 기업이라면, 세계화 전략을 바꿀 것인지 확인해야 할 필요가 있다. 어떤 선택을 내릴 것인가?

첫째, 적응화Adaptation 전략은 각 지역의 취향과 필요에 맞게 제품과 서비스를 맞춤화하여 매출과 시장 점유율을 높인다. 둘째, 통합Aggregation 전략은 지역 또는 글로벌 시장으로 사업을 확장함으로써 규모의 경제를 달성하게 한다. 차익을 내는 거래Arbitrage 전략은 인건비, 세금 제도 및 국가 및 지역 시장 간의 기타 요인의 차이를 이용하기 때문이다.

게마와트 교수에 따르면, 기업들은 현지에서 반응하기 일으키기

차익거래 기회가 여전한 신흥시장의 성장

OECD와 같은 기존 선진경제국의 기업들은 노동 및 기타 자원 등에 대한 비용 차이의 장점을 계속 추구할 것이다. 신흥시장 또한 이러한 선진경제국 시장에서의 판매 활동으로 계속적으로 수익을 창출할 것이다.

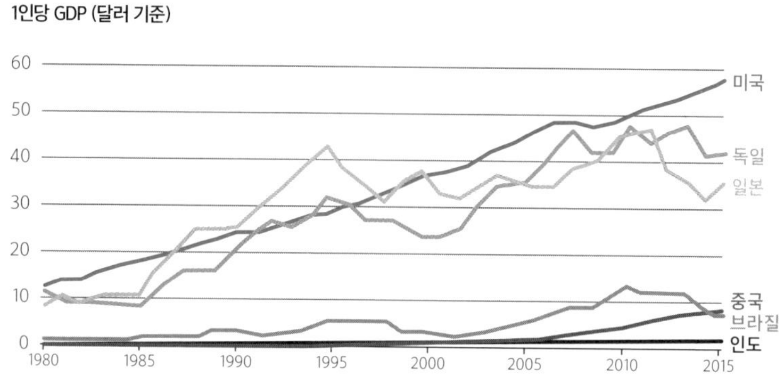

출처 : DHL 세계연결지수 2018, 하버드 비즈니스 리뷰

위하여 국가간 차이에 적응하기를 원할 때 적응화 전략을 활용한다. 국경을 넘어서는 확장을 통해 규모와 범위의 경제를 달성하려면 통합 전략을 선택한다. 그리고 차익 거래 전략은 한 국가의 인건비가 낮거나 다른 국가의 더 나은 기업 인센티브와 같은 차이를 적극적으로 활용하는데 필요한 전략이다.

결론은 무엇일까? 경제학의 법칙은 변하지 않는다는 것이다. 자유롭고 공정한 무역이 모든 사람들을 더 잘 살게 만든다. 다만 거리의 종말, 북아메리카 에너지 혁명, 매우 풍부한 자본, 세계적인 중산층의 확대와 같은 세계적 추세는 그때마다 각 산업, 국가 및 회사가 그러한 상황과 추세를 최대한 활용하는 방식을 빠르게 변화시킬 뿐이다. 그 결과 새로운 무역 협정, 새로운 자본투자 및 새로운 비즈니스 전략이 수립되는 것이다. 이러한 적응에 실패하는 산업과 국가와 기업은 그 결과에 고통을 받게 된다.

그렇다면, 이러한 새로운 세계화의 시대에 우리는 무엇을 예측할 수 있는가.

첫째, 2020년대까지 세계 무역은 위축되지 않을 것이며, 대부분 국가들이 사업을 수행하는 무역 상대국들 또한 크게 변화하지 않을 것이다. 우리는 1930년대 일어났던 무역 전쟁으로부터 두 가지 교훈을 학습할 수 있다. 첫 번째 교훈은 1930년대에 무역이 급격히 감소했지만 완전히 말라 버리지는 않았다는 것이다. 두 번째 교훈은 다양한 종류의 거리distance는 국제 비즈니스 활동을 계속 저해했다는 점이다. 예를 들어, 1928년부터 1935년까지 '무역의 흐름'과 '지리적 거리'의 관계는 간신히 살짝 움직였다. 공통 언어와 식민지라는 유익한 효과는 여전히 강력했었다. 결과적으로, 충돌 이전에 국가 (또는 국가의 그룹들)이 비즈니스 대부분을 함께 한 무역 파트너들이 이후에도 큰 변화 없이 유지되었다는 점이었다. 1930년대에 세계 무역이 중단되지 않았다면, 2020년에도 그러할 것이라고 보는 것이 합리적일 것이다. 실제로 무디스 애널리틱스는 미국이 중국과 멕시코에 예고된 관세를 부과하고 이들 두 국가가 보복 행위를 하면 2019년 미국의 수출은 850억 달러 감소할 것으로 추정하고 있다. 그러나 이 규모는 2015년 미국 전체 수출의 단 4%에 불과할 뿐이다. 물론 더 폭넓은 무역 전쟁이 더 중요한 영향을 미칠 것이지만, 그 결과를 최대화하여도 1930년대만큼 심각하지는 않을 것이다.

둘째, 주요 무역 분쟁은 거의 모든 국가 경제에 영향을 미치지만, 더 소규모의 선진화된 경제가 가장 큰 타격을 입을 수 있다. 예를 들어 싱가포르가 그 대상이 될 수 있다. 작지만 고도로 발달된 싱가포르는 GDP의 176%에 해당하는 상품과 서비스를 수출한다. 수출이 GDP의 13%에 불과한 미국보다 훨씬 더 타격을 받기 쉽다.

글로벌리즘 헤게모니에 도전하는 내셔널리즘의 부상

전 세계 곳곳에서 내셔널리즘이 글로벌리즘의 헤게모니에 도전장을 던지고 있다. 약 70여 년간 글로벌리즘 주의자들의 노력을 수포로 되돌리고 있는 주요 요건은 무엇인가? 내셔널리즘은 어디로 향하고 있는가?

70년 이상 점진적으로 진행되어온 글로벌리즘 이후, 오늘날의 세계는 의외로 균형을 잃어버리고 있다. 이상한 일이다. 최근 3년 전만 해도 글로벌리즘은 막을 수 없는 힘이었기 때문이다. 다자간 협약과 무역 협정은 전 세계에서 마치 유비쿼터스처럼 진행되었다. 다문화주의는 이슬람 세계만 제외하고, 전 세계 거의 모든 곳에서 지배적이었다. 유엔이나 EU와 같은 초국적 기구들은 더욱 강력해졌다.

그런데 갑자기 글로벌리즘의 지배가 풀리기 시작했다! 사람들은 금융 위기가 유로화에 대한 신뢰를 약화시켰던 사실에 불안감을 느꼈다. 그러나 이 사태가 본격적으로 시작된 것은 2016년 6월 23일이다. 브렉시트Brexit, 즉 영국의 유럽 연합 탈퇴 결정은 글로벌리즘의 가치에 대한 충격적 거부였다. 이후, 도널드 트럼프Donald Trump의 '미국을 다시 위대하게 만들자Make America Great Again' 선거 캠페인이 힐러리 클린턴Hillary Clinton의 미국 내 글로벌리즘 아젠다를 압도하는 상황이 이어졌다. 엘리트 계층과 미디어 전문가들은 이러한 현상에 충격을 받았다. 이제 미국에서 의회와 대법원 다수의 지배력과 더불어 내셔널리즘이 갑자기 세계에서 가장 강력한 국가를 장악해버렸다.

이러한 현상은 필리핀의 두테르테Duterte, 이집트의 알시시Al-Sisi, 폴란드의 두다Duda, 체코의 제만Zeman, 헝가리의 오반Orban을 포함하는 전 세계의 내셔널리즘 주의자들을 대담하게 만들었다. 이들에게는 자신들이 원하는 것을 이해하는 강력한 동맹자들이 필요했다.

다음으로 프랑스의 르펜Le Pen, 네덜란드의 길더Gilders와 같은 내셔널리즘 후보들이 갑자기 선거에서 강력한 힘을 발휘했다. 러시아와 중국은 어떨까? 이들 또한 국제 공산주의의 확산자에서 정통 러시아와 중국 내셔널리즘의 대변자로 조용하게 꾸준하게 변모했다. 그 외 2018년 1/4 분기 말에 이르러 독일, 이탈리아, 브라질, 인도, 일본 및 중국 내에서 내셔널리즘 정서가 급속도로 확산되면서 이 변화가 끝나지 않을 것처럼 보인다.

더군다나 이전 시기에 흡수된 상태에서 벗어나기 위해 투쟁하고 있는 각 인종 및 종교 지역들은 이러한 기존 국가들보다 훨씬 더 파괴적인 상태에 있다. 예를 들어, 쿠르드족은 공통 조상과 종교, 언어를 가진 신생 민족이지만, 현재 이란, 이라크, 터키, 시리아에 나눠져 있다. 수 세기 동안 스페인의 일부였던 카탈로니아인들도 마찬가지다. 현재 이들은 독립을 위해 투쟁하고 있다.

지난 시대, 자본주의와 공산주의의 갈등과 마찬가지로, 내셔널리즘과 글로벌리즘의 갈등은 사회, 인류, 우선순위에 관한 근본적인 각자의 가치와 가정에 뿌리를 두고 있다.

내셔널리즘은 '공동의 가치와 역사에서 발현되어, 자신의 민족 혹은 국가에 자부심을 제공하는 공동체 정서'로 정의된다. 이러한 정의에 따르면, 내셔널리스트들은 국가(국민, 민족) 자주와 자치를 지지한다. 이들은 제한 없는 이주(이민)에 반대하고, 자신들의 존경스러운 국가(국민, 민족) 문화와 현재의 인구 상태 유지를 지지한다. 이러한 내셔널리스트들은 국제 규제 기구의 최종 목표가 자신들의 자주를 억누르고 사실상의 단일 세계 정부를 창설하는 것일 경우, 해당 국제 규제 기구의 형성에도 반대한다.

일반적으로 내셔널리스트들은 그들 커뮤니티를 위한 정책을 설정할 자유를 자신들이 거주하고 있는 지역화된 정부를 통해 지지한다. 미국에서 내셔널리스트들은 일반적으로 연방 정부에 대한 '소속 주의 권리'를 지지한다. 장 자크 루소Jean-Jacques Rousseau는 작은 국민 국가에서 자유와 민주주의가 가장 번성하며, 거대 국민 국가에서는 군주제와 독재가 가장 번성한다고 주장하면서 이러한 전망을 내놓은 바 있다.

존 볼튼John Bolton, 도널드 트럼프, 벤자민 네타냐후Benjamin Netanyahu, 테드 크루즈Ted Crus와 같은 내셔널리스트들은 개방된 국경과 대량 이주와 같은 정책에 반대한다. 이러한 두 가지 요소는 국가가 진입자를 결정하고 이 새로운 진입자를 효과적으로 동화시키는 것을 방해한다. 헝가리, 미국 또는 이스라엘 어디든 상관없이 내셔널리스트들은 장벽을 건설하고 국경 보안을 강화하는 정책을 지지하는 경향이 있다.

내셔널리즘은 제한과 지역화, 자치를 지지하기 때문에, 스스로 보수주의를 적용하는 사람들은 일반적으로 내셔널리즘을 지지하거나 최소한 내셔널리즘 경향을 보인다. 보수주의는 독립적인 국민 국가를 개인의 자유—미국 헌법에 명시된 것과 같은—를 유지하고 증진시키는 최선의 수단으로 보기 때문에 내셔널리즘의 지지를 일반적으로 원하고 바란다.

반면 가장 순수한 형태에서 글로벌리즘은 가치를 보호하고 생산성을 장려하는 데 있어 주권 국가의 역할을 거부하고 지구 전체뿐만 아니라 각 지역을 위한 초국적 통치 구조를 선호한다. 미국의 입장에서 볼 때, 가장 강력한 형태의 글로벌리즘은 본질적으로 '반미anti-American'를 띤다. 왜냐하면 그러한 글로벌리즘은 미국인들에게 '미국 시민'이기보다는 스스로 '세계의 시민'으로 보이도록 장려하기 때문이다.

조지 소로스George Soros, 버락 오바마Barack Obama, 루스 베이더 긴즈버그Ruth Bader Ginsberg, 힐러리 클린턴Hillary Clinton과 같은 글로벌리스트들은 내셔널리즘에 반대하고 각 국가의 주권과 자치를 최소화하려 노력한다. 대신 그들은 개방된 국경, 제한 없는 교역, 다자간 간섭주의interventionism, 대외 원조를 선호하며 국제적 표준에 부합하는 방식으로 미국 헌법을 해석한다. 이들은 강력한 국경 보안과 장벽 건설에 반대한다.

미국의 정치적 스펙트럼 내에서, 스스로를 자유주의적이라고 부르는 사람들이 일반적으로 글로벌리즘을 선호한다. 글로벌리즘은 정부 내 정치 권력의 중앙 집중화를 선호하기 때문이다. 유엔, 유럽연합, 세계무역기구WTO, 파리기후변화협약과 같은 초국가적 기구는 사실상 세계화된 정부의 선두 주자로 여겨진다.

국가 주권을 포기하고 궁극적으로 전 세계 정부를 창설하는 것이 대부분의 글로벌리스트들의 장기적 목표다. 다만 지난 70년 동안 세계 정부 시스템을 적극적으로 옹호하는 사람들은 단일한 법과 권한 하에 세계 모든 국가들을 통합하는 장기적 전략을 천천히 그리고 단계적으로 추진하는 것을 목표로 해왔다. 존슨, 카터, 오바마 대통령의 자문 역할을 했던 즈비그뉴 브레진스키Zbigniew Brzezinski는 "우리는 단 한 번만에 세계 정부로 도약할 수 없다. 진정한 세계화를 위한 전제 조건은 진보적인 지역화다."라고 말했다. 유럽연합과 나프타NAFTA와 같은 구조는 이러한 '진보적 지역화'를 촉진하기 위한 것이다. 이들의 목적은 전 세계의 모든 국가가 잘 통합되어 세계 정부의 수립이 사실상 현실화될 때까지 조금씩 주권을 침식시키는 것이다.

최근 수십 년 동안 글로벌리스트들은 내셔널리즘을 침식시키기 위해 지리적인 정치적 불안정으로 인해 발생하는 대량 이주를 활용해왔다. 가장 좋은 사례는 현재의 유럽 이민 위기라 할 수 있다. 대량 이주로 인해 서로 가치를 지닌 다른 지역의 수많은 사람들이 동화될 때, 국가의 개념이 약해지고, 국가 식별이 저해되기 때문에 세계 정부로의 전환이 비교적 원활하게 이뤄질 수 있다.

그러나 역설적이게도 유럽 이민 위기는 OECD 국가 내에서 내셔널리즘을 자극했다. 이러한 형태로 선진국에서 일어난 현상은 세계 곳곳에서 내셔널리스트들에게 대담한 행동을 촉구하게 만들었다. 그 결과, 분열된 기존 국민들이 자신들의 현상 유지를 위협하는 외부 위협에 대응하여 통합되는 형태가 나타났다. 즉, 자유 시장이 규제가 엄격한 '산업 정책'보다 우월하다고 생각하는 사람들과 그것에 반대하는 의견을 가진 사람들 사이의 거대한 주요 단층 현상이 발생하고 있다.

그렇다면 국가들의 경쟁이 글로벌리스트들이 말하는 것처럼 대부분 부정적인 것일까? 국가들이 경쟁하면, 법률 시스템, 사회 서비스, 세금, 규제, 철학 및 가치 측면에서 혁신이 일어난다. 다만 국가 주변의 패권 경쟁은 필연적으로 싱가포르와 같은 승자와 베네수엘라 같은 패자를 발생시키기도 한다. 그러나 중요한 것은 경쟁은 다른 이들이 받아들이고 적용하는 가치 있는 혁신을 창출한다는 데 있다. 장기적으로 이러한 혁신은 최고의 솔루션을 지닌 국가로 인재와 자본과 같은 글로벌 자원이 재할당되도록 유도한다. 이것이 1776년에 아담 스미스Adam Smith가 예고한 것으로, 보다 많은 사람들에게 더 나은 삶을 가져다준다.

그렇다면 제2차 세계 대전 이후 글로벌리즘이 지지를 얻는데 성공한 이유가 무엇일까? 여기에는 최소한 두 가지 이유가 있다.

핵무기 시대의 전쟁에 대한 두려움이 그 하나다. 이러한 두려움을 사람들로 하여금 안보를 위해 일정 정도 (국가들의) 자유를 포기하도록 했다. 나머지 하나는 사람들이 세계화 정책에서 파생된 혜택을 글로벌주의의 이데올로기 덕으로 판단했기 때문이다.

먼저 다자간 무기 협정들이 전쟁을 줄이는 데 효과적이었는지 여부는 아직 불분명하다. 다만 이러한 협정과 국제기구들은 21세기를 사는 사람들의 삶에 스트레스를 줄여줬고, 심리적 안정성을 제공해 준 측면은 있다. 하지만 두 번째 이유에 대해 생각해보는 것이 더 중요하다. '글로벌리즘과 내셔널리즘이라는 이데올로기'와 '세계화와 고립화 정책'을 연결하는데 있어 사람들은 혼동하는 경향이 있다.

200년 전 중국이나 일본, 1930년대 미국이든, 장기적 고립주의 정책은 역사에서 항상 실패해왔다. 반면 세계화 정책은 초기에 많은 사람들이 겪는 혼란에도 불구하고 총체적으로 매우 성공적이었다. 세계화란 문화, 기술, 정치사상 및 산업이 자신의 '원산지'에서 다른 국가로 확산되는 것을 나타내는 용어다. 지난 150년 동안 세계화의 대다수는 미국과 유럽에서 시작되어 다른 지역으로 확산되었다. 일본은 또한 1960년대부터 주요한 세계화의 허브였다. 맥도널드는 1940년에 작은 미국 레스토랑으로 시작하여 이후 세계 대다수 국가에서 운영되는 세계 최대 패스트푸드 공급 업체가 되었다. 마찬가지로 미국의 휴대 전화 기술이 전 세계로 확산되어 가난한 국가에서도 음성 및 데이터 서비스 수요를 창출하고 니즈를 만족시킬 수 있게 되었다.

글로벌리스트들의 정책에 의해 뒷받침된 다자간 무역 협정은 이러한 확산을 가속화하는데 도움이 되었다. 하지만 보다 전통적인 양자 협상 하에서도 세계화는 발생했을 것이다. 즉, 세계화와 글로벌리즘은 직접적인 상관관계가 없다. 그러나 세계화와 글로벌리즘의 연관 때문에 이들이 주장하는 다문화주의, 개방된 국경과 같은 정책 이데올로기가 수용되고 추진되어온 것이다. 그러나 이러한 정책 이데올로기와 정책은 사실 세계화의 성공과 전혀 관련이 없다.

오늘날 새로이 등장하고 강력한 힘을 발휘하고 있는 내셔널리즘은 그렇다면 글로벌리즘에 대한 단순한 반발일까? 단기적 소요로 끝날 것인가? 사실 아무것도 확실하지 않다. 다만 이러한 단층 현상과 충돌은 앞으로 수년 동안—혹은 수십 년 동안—가장 파괴적인 지리적 정치적 요소가 될 것 같다.

이러한 현상과 사실을 고려할 때 다음과 같이 4가지를 예측한다.

첫째, 적어도 2023년까지 도널드 트럼프로 대변되는 미국의 내셔널리즘은 과도한 글로벌리즘에 대한 반발의 형태로 계속 힘을 얻을 것이다. 200년 전 토마스 제퍼슨Thomas Jefferson은 '우리 시민의 행복과 번영이 유일한 합법적인 정부 목표'라고 주장했다. 이 원칙이 미국의 독립선언과 헌법의 기초를 형성했다. 제퍼슨의 단순한 이 주장이 글로벌리즘에 대한 내셔널리즘의 이론적 근거를 구현한다. 글로벌리스트들은 스스로를 '세계 시민'으로 상정하기 때문에, 좁은 의미의 '우리 시민의 행복과 번영'이 그들 목표에서 중요한 것은 아니다.

둘째, 미국의 내셔널리스트들이 약속한 경제와 사회적 성과를 달성하지 못한다면, 글로벌리스트들이 다시 힘을 얻기 위해 강력하게 도전할 것이다. 내셔널리스트들이 생각하는 우선순위와 일반 시민들이 생각하는 우선순위는 대부분 일치되는 특징이 있다. 미국 경제 인구의 60%가 '경제 전환 국면'에서 소외되었기 때문에, 내셔널리스트들의 정체성 정치는 성공을 거둘 수 있었다. 무역 상호 협정, 상호 이익이 되는 동맹, 성과 기반의 이민 정책 등으로 대변되는 '미국 우선' 정책으로의 전환이 성공할 것인지의 여부는 높은 경제 성장과 대중에게 확산되는 혜택의 수준이 결정할 것이다. 다만 이것의 핵심은 세계화와 고립화의 적절한 혼합에 있을 것이다.

셋째, 내셔널리즘이 언어, 문화, 민족 및 종교에 더 많이 기초하는 국가에서는 다양성이 필연적으로 억압될 것이다. 미국, 호주, 캐나다와 같은 국가에서 내셔널리즘은 공유된 가치와 법에 대한 존중에 기반한다. 반면 역사가 긴 국가에서 내셔널리즘은 문화유산과 장구한 역사에 더 많이 기반한다. 인도의 내셔널리즘은 종교와 불가분의 관계에 있지만, 폴란드 내셔널리즘은 역사적인 로마 카톨릭과 슬라브 정체성 유지와 관계가 깊다.

넷째, 다국적, 초국적 기구 혹은 협정들이 재정비되거나 폐지될 수 있다. 나프타NAFTA와 같은 다자간 무역 협정이 재협상 테이블 위에 있듯, 유럽 연합은 더 많은 국가들이 탈퇴함에 따라 현재의 형태로 존재할 수 없을지도 모른다. 다만 북대서양 조약기구NATO와 같은 초국적 군사 및 정치 동맹은 각국의 중장기 전략 목표와 연계되기 때문에 계속 그 힘을 유지할 수도 있다. 이해와 상관관계에 따라 국제기구와 협정들의 전면 재조정의 시기가 곧 도래할 가능성이 크다.

중국에서 시작된 조지 오웰의 '빅브라더', 전 세계로 감염될 것인가?

우리의 일상적인 활동을 끊임없이 모니터링하고 평가되는 세상을 상상해보자. 상점이나 온라인에서 무엇을 구매하는지, 특정한 시간에 어디에 있었는지, 친구는 누구이고 그들과 어떻게 교류하는지, 어떤 콘텐츠를 보고 얼마나 많이 보는지, 비디오나 온라인 게임은 무엇을 하는지, 내는 세금은 얼마이고 무슨 세금인지……

이 정도의 상상은 사실 상상이 아니다. 이미 구글, 페이스북, 인스타그램, 핏빗Fitbit 등의 기업 덕분에 이미 우리는 그들에게 우리가 스스로에 대해 모르는 부분까지 파악이 된 상태다. 다만 이러한 것으로 개인의 삶이 크게 불편하거나 불이익을 받거나 정부의 규제를 받지는 않는다.

하지만 정부가 정한 규칙에 따라 이러한 모든 행동들에 대해 긍정적 혹은 부정적 평가가 내려지고 이것이 하나의 숫자나 점수로 분류되는 사회 시스템이라면 어떤가? 이 시스템은 시민에게 점수를 매겨 모든 사람들에게 '당신은 믿을 만한 사람' 혹은 '그렇지 않은 사람'이라고 말할 수 있을 것이다. 추가적으로 이 시스템은 개인의 순위를 전체 인구 대비 정할 것이고, 특정 개인이 모기지 대출이나 특정 직업에 적합한지, 그의 자녀를 어느 학교에 보내야 하는지, 심지어 데이트를 즐길 기회를 줄 것인지 등의 결정을 내리는 데 활용할 수 있다면 어떠한가?

누구의 통제도 받지 않는 이러한 '빅브라더'는 단지 환상에 불과한 것일까? 그렇지 않다. 레이첼 보츠만Rachel Botsman이 쓴《누구를 믿을 수 있나?; 기술이 우리를 모으고 흩어지게 하는 방법Who Can You Trust? How Technology Brought Us Together and Why It Might Drive Us Apart》에 따르면, 중국에서 이미 이러한 일이 진행 중이다.

중국 정부는 13억 명의 신뢰도를 평가하기 위해 사회신용시스템Social Credit System, SCS을 야심차게 개발하고 있다. 중국 정부의 발표에 따르면 이 시스템은 중국 전역의 신뢰를 측정하고 강화하며, 성실신의의 문화를 구축하기 위한 바람직한 방법으로 추진되는 것이다. 정책 부서는 "이 시스템은 신뢰를 유지하는 것이 영광이라는 여론 환경을 조성할 것이다. 또한 이 시스템은 정부 업무에 대한 신뢰, 상업적 신뢰, 사회적 신뢰, 사법적 신뢰를 구축하고 강화할 것이다."라고 공표했다.

현재 중국은 이러한 점수 부여에 대한 시범 사업에 사람들이 자발적으로 참여하도록 하고 있다. 그러나 2020년에는 의무화될 것이다. 중국 내 모든 개인과 법인(모든 회사와 기타 단체 포함)의 행동이 그들이 원하든 그렇지 않든 평가되고 순위가 매겨질 것으로 보인다.

2020년 국가적 선포 이전에, 중국 정부는 보고 배우는watch-and-learn 접근 방식을 취하고 있다. 공산주의자의 '감독oversight'과 자본가의 '할 수 있다can-do'를 결합시킨 기묘한 혼인 형태로, 중국 정부는 8개의 민간 기업들에게 승인을 내주어 사회신용점수를 위한 시스템과 알고리즘을 개발하도록 할 예정이다. 예상대로, 이미 데이터 대기업들이 가장 잘 알려진 프로젝트 2개를 이미 진행하고 있다.

그 하나는 차이나 래피드 파이낸스China Rapid Finance로 소셜 네트워크 텐센트Tencent의 파트너다. 텐센트는 10억 개 계정을 돌파한 중국의 메시징 앱 위챗WeChat의 개발사다. 또 하나는 세서미 크레딧Sesame Credit으로 알리바바 계열사인 안트 파이낸셜 서비스 그룹Ant Financial Services Group에서 운영하고 있다. 안트 파이낸셜은 보험 상품을 판매하고 중소 규모의 사업자들에게 대출을 제공한다. 그러나 안트의 진정한 스타는 알리페이Alipay로 사람들이 온라인으로 상품을 구매하고, 레스토랑, 택시, 수강료, 영화 티켓에 대한 결제 심지어 서로 간에 송금까지 할 수 있는 결제 수단이다.

세서미 크레딧은 디디추싱Didi Chuxing과 같은 또 다른 데이터 플랫폼들과도 팀을 이뤘다. 디디추싱은 라이드 해일링ride-hailing 기업으로 그들이 2016년 우버의 중국 법인을 인수하기 전까지, 중국내에서 우버의 주요 경쟁사였다. 이들은 중국에서 가장 큰 온라인 결혼중매 서비스 바이허Baihe도 인수했다. 그러한 모든 것들이 결국 엄청난 양의 빅데이터가 되는 방식을 알아내기란 어렵지 않다. 세서미 크레딧은 사람들이 어떻게 행동하는지를 평가하여 그에 따라 등급을 매길 수 있는 이 엄청난 빅데이터를 이용할 수 있다.

그렇다면, 사람들은 어떻게 등급으로 나뉘는 것일까? 세서미 크레딧에 있어 개인들은 350~950점 사이에서 점수로 매겨진다. 알리바바는 그 숫자를 계산할 때 사용하는 '복잡한 알고리즘'을 누설하지는 않지만 5가지 여건이 계산에 투입된다고 밝힌 바 있다.

첫 번째는 신용 기록이다. 예를 들어, 그 사람이 전기 또는 전화 요금을 밀리지 않고 제때 내는지 본다. 두 번째는 이행 능력이다. 그들의 가이드라인에 따르면 이것은 사용자의 계약 의무 이행 능력으로 정의된다. 세 번째는 개인적 특성으로 누군가의 핸드폰 번호, 주소와 같은 개인 정보를 확인한다. 네 번째는 행동과 선호도인데 이 부분은 매우 흥미롭다. 이 시스템에서 사람의 쇼핑 습관만큼 무해한 것이 특성의 척도가 된다. 알리바바는 구입하는 제품의 유형에 의해 사람들을 평가하도록 했다. 예를 들어, 하루에 10시간 동안 비디오 게임을 하는 이는 나태한 인간으로 간주된다. 이것은 거짓이 아니며, 세서미의 기술 책임자가 한 발언이다. 기저귀를 자주 구입하는 사람은 아마도 부모로 간주될 것이고, 모든 것을 감안할 때 그들은 좀 더 책임감을 가질 것이다. 따라서 이 시스템은 행동을 단순히 조사하는 것에 그치지 않는다. 행동으로 다른 평가를 내리는 것이다. 또한 정부가 원하지 않는 구매나 행위에서 사람들이 멀어지도록 넛지 방식의 조치를 취한다. 친구도 중요하다. 다섯 번째는 대인 관계다. 온라인 친구들에 대한 선택, 그리고 그들과의 상호작용은 평가받는 개인에 대해 무엇을 말해주는가? 세서미 크레딧이 온라인상 '긍정적 에너지positive energy로 언급하는 것들, 즉 국가에 대한 좋은 메시지, 혹은 중국 경제가 얼마나 잘 되고 있는지에 대한 것들을 공유하면 점수가 올라가게 된다.

이러한 중국 정부 자체의 점수 시스템이 2020년에 공식적으로 런칭되면, 이것이 어떻게 운용될 것인지는 쉽게 상상할 수 있다. 현재 진행 중에 있는 시범 계획에 참여하고 있는 8개의 민간 기업들 중 누군가가 최종적으로 이러한 정부 자체 시스템을 가동하는 책임을 질 것인가? 아직까지 어떤 기미도 보이지 않는다. 다만 중국 정부가 그들의 사회신용시스템에 필요한 막대한 양의 빅데이터를 현재의 시범 서비스에서 빼내지 않을 것이라고 믿기는 어렵다. 만약 이런 일이 일어나고 정부의 사회신용시스템 하에서 이것이 새로운 법령으로서 계속 지속된다면, 사설 플랫폼이 본질적으로는 정부를 위해 봉사하는 스파이 기관처럼 행동하는 결과로 나타날 것이다.

정부의 의견이나 방침에 반대하는 포스팅 혹은 천안문 사태를 언급하는 링크는 중국 내에서는 결코 현명한 행동이 아니다. 그러나 이제는 더 심각해져서, 그러한 행동이 곧바로 점수로 직결된다. 그러나 진짜 놀랄만한 것은 이게 아니다. 한 개인의 점수가 그가 온라인 친구들과 접촉하는 것과 상관없이 그 친구들이 말하고 행동하는 바에 대해서도 영향을 받게 된다는 것이다. 즉, 그가 온라인 관계를 맺고 있는 친구들 중 누군가가 온라인 게시물에 부정적 의견을 달면, 그의 점수도 함께 떨어지게 된다.

그렇다면 결과적으로 보자면 공적으로 승인된 정부 감시 시스템의 시범 운영인 것이 분명한데 왜 수백 만 명의 사람들이 이에 서명하고 참여하게 된 것일까? 여기에는 더 어둡고 언급되지 않은 이유가 있다. 예를 들어, 손을 들어 지지하지 않은 사람들에 대한 보복의 두려움이 그중 하나다. 더불어 당근도 제공한다. 세서미 크레딧에서 '신뢰할 수 있음'으로 판명된 사람들에게는 보상과 특혜를 제공한다.

점수가 600점에 도달하면 알리바바 사이트에서 쇼핑에 사용할 수 있는 최대 5천 위안(약 750달러)의 저스트 스펜드 론Just Spend loan을 신청할 수 있다. 650점에 도달하면, 통장에 잔고가 없어도 차를 렌트할 수 있다. 또한 각종 호텔에서 더 빠른 예약을 할 수 있고, 베이징 캐피탈 국제 공항Beijing Capital International Airport에서 VIP 체크인을 이용할 수 있다.

666점을 넘어서는 사람들은 안트 파이낸스 서비스로부터 최대 5만 위안(약 7,500달러)의 현금 서비스를 받을 수 있고, 700점 이상은 재직증명서와 같은 구비 서류 없이 싱가포르 여행을 신청할 수 있다. 750점에 이르면, 그 유명한 범유럽 쉔겐비자Schengen visa 신청에 보다 빠르게 접근할 수 있다.

더 높은 점수는 중국에서 이미 사회적 지위에 대한 상징이 되었다. 트위터와 같은 중국 내 소셜 서비스인 웨이보Weibo에는 세서미 크레딧이 이 점수 서비스를 개시한 후 수개월 만에 높은 점수를 얻어 자랑하는 사람들만 약 10만 명에 이른다. 세서미 크레딧 등급이 높을수록 결혼중매 사이트 바이허에서 데이트 프로필이 더 유명해지기 때문에 이러한 점수는 데이트 또는 결혼 상대를 얻는 데에 영향을 미칠 수 있다. 극단적인 성비 불균형을 겪고 있는 중국에서, 이것은 굉장한 특혜라고 할 수 있다.

세서미 크레딧은 점수가 낮은 사람과 친구를 맺으면 점수가 하락한다는 경고를 포함하여 등급을 높이는 방법을 이미 제공하고 있다. 이로 인해 점수 획득 방법에 대한 정보를 공유할 스코어 조언자나 전략적으로 등급을 높이는 방법에 관해 혹은 신뢰가 없는 블랙리스트에서 벗어날 수 있도록 전문적 조언을 제공할 수 있는 컨설턴트가 등장할 수도 있다.

사실, 중국 정부의 사회신용시스템은 기본적으로 공산당의 오래된 감시시스템인 당안档案, dang'an의 디지털 빅데이터 버전이다. 중국에서 모든 성인은 자신의 개인 당안을 갖고 있으며, 이 당안이 평생 동안 족쇄처럼 따라 다닌다. 이 당안에는 개인의 핵심 경력, 정치적 입장과 성향, 도덕성 등 개인에 대한 주요 정보가 적혀 있다. 이 당안 시스템 하에서 사람들은 친구와 심지어 가족에 관해서도 보고한다. 당안으로 인해 중국내 사회는 의심이 만연하고 사회적 신뢰는 떨어졌다.

하지만 똑같은 일이 디지털 문서에서도 일어날 것이다. 사람들은 친구와 가족들에게 '포스팅을 하지 말 것' 등 점수를 잃는 행동에 대한 제약을 서로에게 가할 수 있다. 궁극적으로 말과 행동에 족쇄가 걸리는 것이다.

현재 세서미 크레딧은 긍정적 행위자에 대한 대우로 사람들을 유도하는 것이 더 효과적이라는 점을 파악했기 때문에, '신뢰할 수 없는' 사람들에게 직접적으로 패널티를 부과하진 않는다. 그러나 이 시스템은 신뢰할 수 없는 사람들은 차를 렌트할 수도, 돈을 빌릴 수도, 심지어 일자리를 찾을 수도 없도록 설계되었다.

주목할 만한 것은 2020년에 정부 제도가 의무화되면, 처벌 조항에

극적인 변화가 예고된다는 점이다. 실제로, 2016년 9월 25일, 중국의 국무원國務院, the State Council General Office(전국인민대표대의 집행기관이자 최고 국가행정기관)은 신용상실에 따른 집행 대상자에 대한 경고 및 처벌에 관한 정책을 새로 개정했다. 가장 중요한 원칙은 간단하다. 한 부분에서 신용이 손상되는 경우, 모든 부분에 제약을 가한다는 것이다.

예를 들어 등급이 낮은 사람들에게는 인터넷 속도가 느려지고, 레스토랑, 나이트클럽 또는 골프 코스에 대한 제한된 접근, 자유롭게 해외여행을 할 수 있는 권리의 소멸, 휴가 지역내 혹은 비즈니스 출장 중 지출 제한 등이 있다. 이외에도 점수는 임대 신청, 보험 또는 대출 능력 제한, 심지어 사회보장 혜택에도 영향을 줄 수 있다. 점수가 낮은 사람들을 특정 기업에서는 채용하지 않으며, 공무직, 저널리즘, 법률 분야를 포함하여 일부 직업에 대한 접근이 금지될 수 있다. 이러한 특수 분야에 진출하려면 신용이 높아야 한다. 신용이 낮은 사람들은 고액 사립학교에 자신이 입학하거나 자녀들이 입학하는 것에도 제약이 따를 수 있다.

레이첼 보츠만은 비단 중국뿐만 아니라 디지털 세상에서 일어날 수 있는 사회 시스템의 문제점을 지적한다. 또한 보츠만은 특정한 처벌 규정이나 목록을 기술하진 않았지만, 이러한 일은 충분히 일어날 수 있다. 중국의 정부 문서에 언급된 것을 보자. "사회신용시스템은 신뢰할 수 있는 사람들이 하늘 아래 곳곳을 자유롭게 돌아다닐 수 있게 하고, 그렇지 않은 사람들은 단 할 걸음도 내딛는 것을 어렵게 만드는 것이다."

보츠만은 자신이 통찰한 바를 이렇게 말한다. “이러한 시스템들이 실제로 악몽같은 이유는 현재 설계된 대로의 신뢰 알고리즘이 불공정하게 환원된다는 데 있다. 이들은 문맥을 고려하지 않는다. 예를 들어 병원에 입원 중이었기 때문에, 청구서나 벌금을 내는 것을 지나쳤을 수 있다. 또 다른 사람은 그냥 단순한 프리로더일 수도 있다. 이것은 중국만의 일이 아니다. 오늘날 디지털 세계에는 우리 모두가 직면하고 있는 도전 과제가 놓여 있다. 인생을 결정하는 알고리즘이 이곳에 모두 있다면, 우리는 그 알고리즘들이 인간 본연 내에 존재하는 각종 뉘앙스, 불일치, 모순을 그들이 어떻게 받아들이고 실제 삶에 어떻게 반영하는지를 알아야 할 필요가 있다.”

중국 정부는 이 사회신용시스템이 학생들이나 저소득 가구와 같은 전통적인 신용 시스템에서 벗어난 사람들을 끌어들이는 방법이라고 주장한다. 지식인도 이러한 주장에 참여하기도 한다. 최근 중국 베이징에 위치한 서우두사범대학Capital Normal University의 철학 및 사회과학부 왕 슈킨Wang Shuqin 교수는 중국 정부가 이러한 시스템을 개발하는 데 도움을 주는데 참여하게 됐다고 밝혔다. 왕 교수는 이 시스템을 ‘중국의 사회적 신뢰 시스템’으로 언급했다.

왕 교수는 이러한 시스템이 없다면, 서면 계약서의 절반이 보관되지 않는 중국에서 사업을 하기란 위험하다고 강조했다. 왕 교수는 “디지털 경제의 속도를 고려할 때, 사람들은 서로의 신용 가치를 신속하게 검증할 수 있어야 한다.”라고 말한다.

중국에서 일어나고 있는 빅브라더 사회의 출현은 앞으로 어떻게 될 것인가? 우리는 기술과 발전 속도, 인구통계를 통해 다음과 같이 3가지를 예측할 수 있다.

첫째, 중국 정부의 사회신용시스템이 실행되면 중국의 집단주의 트렌드는 더욱 강화될 것이다. 중국은 전체적인 국가의 부는 증가하지만 일반적인 개인의 가치는 점차 하락하는 유일한 국가이다. 사회신용시스템은 이러한 부의 편중과 격차로 인한 갈등을 최소화하기 위한 기능이다. 우선 의무적인 사회신용시스템이 갖추어지면, 중국 공산당은 개인의 행동에 큰 영향력을 끼칠 수 있다. 그것이 종교의 자유를 억압하는 것이든, 실질적인 계급 사회를 만드는 것이든 그 결과는 긍정적이진 않을 것이다.

둘째, 기술, 인구통계, 인간 행위에 대한 전 세계적 트렌드는 전 세계 곳곳에 중국처럼 각각의 사회신용시스템을 구축하는 길을 닦는 방향으로 움직일 것이다. 전자거래 처리, 소셜 미디어, 위치기반 서비스, 감시 카메라의 파급이 빅데이터, 인공지능과 결합하면서 전 세계적으로 비용 효율적 시스템이 가능해지고 있다. 이민자들의 증가로 인한 문화적, 종교적 갈등을 비롯한 각종 사회 안전 니즈는 24시간 감시 시스템의 출현을 정당화하고 있다. 더불어 파리, 뉴욕, 뭄바이 등 세계 곳곳에서 일어나는 테러 양상 또한 대부분의 국가들에게 사회적 일탈을 감시하도록 부추기고 있다. 안전과 자유의 균형 요구는 앞으로 모든 국가에서 중요한 사회적 논의의 대상이 될 것이다.

셋째, 중국과 같은 국가에서의 사회신용시스템의 부상이 그 밖의 다른 지역에서는 반감의 형태로 등장할 것이다. 중국은 현대의 기술로 가능한 모든 것을 실현할 수 있는 국가다. 그리고 이를 실제로 실현하려고 한다. 그러나 시민의 자유를 옹호하는 이들에게 중국의 모습은 완벽한 반면교사의 모습이 될 것이다. 이에 따라 긍정적 목표를 위해 설계되는 시스템이라도 언제든 반대의 목소리에 직면할 수 있다.

중국에서 시작된 새로운 정치적 시대

세계 경제에 편입된 이후 중국이 지금까지 보지 못했던 수준까지 권력을 중앙 집중화했다. 이러한 중앙 집중화를 견인하고 있는 것은 무엇일까? 중국 정부가 달성하고자 하는 것은 무엇일까? 앞으로 일어날 가능성과 그 결과는?

중국 공산당은 5년마다 전국대표대회를 개최한다. 이 대회 참여자들은 헌법 수정안을 승인하고 중앙위원회 위원을 선출하며, 중앙위원회는 정치국, 중앙 군사위원회, 정치국 상임위원회, 사무국 의장 등 국가의 가장 중요한 정치 기관 구성원을 차례로 선출한다.

전 세계에 대한 중국의 위상을 고려할 때, 제19차 전국대표대회 또한 세계에서 가장 크고 두 번째로 강력한 한 국가의 거대 전략의 기초가 되는 지정학적 경향을 재검토할 수 있는 이상적 기회가 되었다. 세계의 주요 관심사는 이 대회가 어떻게 세계 경제, 다국적 기업 및 자국의 경제 및 안보에 영향을 미칠 것인가에 있다.

시진핑 주석이 이끄는 중국의 향후 전략을 이해하려면, 중국을 움직이는 필수 조건과 구속 조건을 먼저 인식하는 것이 중요할 것이다. 먼저 중국의 지리적 구성부터 살펴보자. 중국은 그들이 거의 완전하게 통제하고 있는 4개의 완충 지대를 보유하고 있다.

- 남서부의 티베트는 약간의 불안정성을 보이고 있으나 외부 영향에 취약
- 북서쪽의 신장은 주로 무슬림이고, 중대한 반란이 있긴 하지만 중국의 통제를 위협할 정도는 아님
- 북방부의 내몽골은 안정적이다
- 북동부의 만주 또한 안정적이며, 4개의 완충 지대 중 중국의 핵심과 가장 잘 통합되어 있음

마지막 두 지역은 현재 중국의 주요 민족인 한족에 의해 지배되고 있지만 여전히 독특한 면모를 갖고 있다. 중국 지도를 보면 사람들이 일반적으로 중국이라고 생각하는 곳의 상당 부분들이 민족적으로 중국인이 아님을 알 수 있다.

한족이 지배하는 곳에서도 이러한 부분들은 존재한다. 중국의 인구는 동부에 집중되어 있는데, 중국 서부는 강우량이 제한되어 있고 인구도 많지 않기 때문이다. 이러한 이유로 중국은 극도로 조밀한 인구를 가진, 상대적으로 좁은 국가이다. 한족이 지배하는 지역 내에서도 이러한 특징은 유효하며, 역사적으로도 이것은 내부 분열과 내전으로 이어져왔다.

이러한 특징 중 가장 중요한 것은 중국 연안과 내륙 사이의 차이

다. 자체적으로 남겨질 경우, 연안 중국은 타 지역 혹은 전 세계와 해양 무역에 관여하지만, 내륙은 상업적 기회를 거의 잃게 될 것이다. 연안 중국의 우선순위는 해외 고객을 발굴하고 유치하는 데 있는 반면, 내륙은 중국 정부가 가난한 내륙을 지원할 수 있도록 연안으로부터 부富를 옮기길 바라고 있다. 물론 다른 많은 지역들 간의 의견 차이가 존재하지만, 이것이 두 지역의 갈등의 주요 요인이다.

조지 프리드먼George Friedman이 그의 저술서《지정학적 미래Geopolitical Futures》에 기술했듯이, 이것은 절대 새로운 문제는 아니며, 이 문제가 곪아 터질 때 과거에 그러했듯이 중국은 내부 분열에 빠지는 결과가 나타날 수 있다. 이때 연안의 이해관계는 그들 해외 고객들이 개입해주는 방식을 산호하곤 한다. 이것은 19세기 영국군의 개입에서 시작되어 1947년까지 이어진 중국의 역사다. 이 기간 동안 중국은 끝없는 내부 분열과 분쟁에 시달렸고, 해외로부터의 지속적인 개입을 경험해야 했다. 마오쩌둥은 (적어도 어느 정도) 중국의 문을 닫고, 연안 엘리트 계층을 분쇄하고 독재를 시행함으로써 이 문제를 해결하려 했다. 그 이전의 중국 황제처럼, 통일되었지만 그럼에도 불구하고 매우 가난한 나라에 강력한 통치를 강제하려 했던 것이다.

마오쩌둥의 사망 이후, 중국은 (오늘날 전통적인) 중국식 전략에 착수했다. 내부 분열을 일으키지 않으면서, 저렴한 제조 상품을 세계에 판매해 경제를 건설하는 것이었다. 이 전략이 한 세대의 기간 동안 작동했다. 국가가 경제 개발을 약화시키는 일체의 행위를 중단하면서, 중국은 경제 약진을 거듭했다. 2006년까지 미국과 유럽에 수출한 총액은 중국 국내총생산GDP의 37%에 이르렀다. 이 과정에서 연안 지역은 상대적으로 큰 번영을 누렸다. 반면 그 외 지역과 완충 지대는 여전히 뒤처진 채로 남게 되었다. 비록 불평등이 조성되었다 해도, 이러한 경제 성장은 중국 전체의 생활수준을 높이는 데 큰 도움을 준 것도 사실이다.

그러나 이후 2008년에 큰 전환점이 있었다. 중국의 주요 고객인 유럽과 미국의 경기가 침체에 빠졌고, 중국산 제품에 대한 수요가 감소한 것이다. 경제 성장이 크게 둔화되면서, 2016년에 이르자 수출이 중국 경제에 미치는 기여도가 GDP의 19%까지 감소했다. 내수가 증가했음에도 불구하고, 연안 지역은 내륙이 대체해줄 수 없는 선진국 시장에 중점을 뒀다.

침체된 경제를 유지하고 일자리를 줄이고, 내수를 증대하는 과정에서, 생산 비용은 상승했다. 더불어 중국은 시장을 두고 중국식 경제 모델을 따르는 다른 국가들과의 경쟁에도 직면했다. 이로 인해 내수 시스템에 대한 압력이 다시 고조되었고, 해안과 내륙의 이해관계가 다시 엇갈리는 상황이 발생했다. 연안과 내륙은 위기에 각자 대응하면서 다른 정책을 옹호하게 됐다. 중국 정부는 모든 것을 수용하려 했지만 아무 것도 수용하지 못했다.

2012년, 시진핑이 주석이 되면서 그는 램프의 요정을 다시 램프에 넣으려고 시도했다. 그는 두 가지 목표를 가지고 독재를 시행했는데, 하나는 공산당을 장악하는 것, 또 하나는 국가 전역에 걸쳐 강력한 원칙을 적용하는 것이었다. 시진핑의 반부패 운동은 경제를 통제하고 중국 정부가 연안 지역의 볼모가 아니라는 점을 내륙에 납득시키기 위한 데 있었다. 시진핑은 가급적 수출을 유지하고 경제에 미치는 영향을 최소화하면서 중앙 집중식 통제를 재확립하기 위해 모든 노력을 다 기울였다. 동시에 시진핑은 미국과 거래해야 했다. 미국의 수출 소비는 중국 경제의 주요 동력이었다. 더불어 중앙 및 지방 정부, 기업 관계자들에 대한 단속—정치적 행동—은 중국에 대한 미국의 투자 및 기타 이익에 영향을 미치게 된다. 따라서 중국은 미국의 투자나 수출에 영향을 미치지 않으면서, 경제를 더 잘 통제해야 했다.

그러나 최악의 경우를 대비하여 중국은 대체 전략도 개발했다. 새로운 첨단 기술 제품을 생산하기 시작한 것이었다. 또한 미국 이외의 지역에서도 새로운 시장을 찾아야했다. 다만 이러한 경제적 해결책은 군사적 문제를 야기했다. 프리드먼이 말한 것처럼, 미국과의 경제 관계가 어려워지는 상황에서 중국은 군사적 대치 가능성을 고려해야 했다. 핵심 쟁점은 중국이 해로sea lanes에 접근할 수 있도록 능력을 확보하는 것이었다. 이 점에서 중국은 주요한 지리학적 문제를 안고 있었다. 남중국해와 동중국해는 작은 섬들로 둘러싸여있어 비교적 쉽게 막힐 수 있다. 더군다나 미 해군은 중국 해군에 비해 월등히 뛰어난 역량을 갖추고 있으며, 예기치 않은 위기 상황에서 미국은 (중국에게) 필수적인 해로를 차단할 수 있었다. 작은 섬들이 중국의 국가 이익 중심에 서게 된 것이다.

이에 중국은 전략적 문제에 대한 정치적 해결책을 고민했다. 인도네시아나 필리핀과 같은 국가가 미국 대신 중국과 제휴한다면 미국과 대면할 필요 없이 글로벌 항로에 대한 접근이 보장될 것이었다. 여기서 문제는 두 가지 전략—각 지역 해역에 대한 중국의 공격적

입장과 각 지역 강대국들과의 화해 조성—이 서로 훼손된다는 데 있다. 게다가 어떤 경우든 미국의 개입이 없어야만 했다. 하지만 그런 경우는 거의 없었다.

중국이 아시아를 통해 유럽으로 향한 수출 경로에서 발생할 수 있는 잠재적인 미국의 대응 조치를 회피할 수 있는 또 다른 선택도 준비했다. 그것은 '원 벨트, 원 로드One Belt, One Road' 개념이었다. 그러나 이마저도 결함이 있었다. 첫째는 필요로 하는 인프라를 구축하는 데 드는 엄청난 비용이었다. 둘째는 중국에게 중요하지 않은 고객, 즉 불안정한 국가를 대상으로 해야 한다는 점이었다. 원 벨트, 원 로드가 시행될 때 필요로 하는 속도 측면을 고려해도, 이것은 실질적으로 쉬운 문제가 아니었다.

따라서 중국은 일련의 맞물린 문제에 빠져있다. 중국의 경제 기적은 이제 보다 정상적인 성장률로 성숙화되었다. 또한 중국은 광대한 인구를 가지고 있지만, 그 인구는 그들이 생산한 모든 것을 소비하는 역량을 갖고 있지 못하다. 세계적인 경기 정체, 다른 생산자들과의 경쟁에도 맞서야 한다. 더군다나 최첨단 기술을 보유한 생산자들과의 경쟁은 그들에게 결코 쉬운 일이 아니다. 내부적 불안정성에 대한 우려와 더불어 사회적 출혈 없이 활기찬 경제를 유지하기 위해 중국이 내린 결론은 독재였다. 이를 위해 수출을 늘리고 중국 경제에 대한 접근을 통제해야 했다. 미국과 같이 크고 위험한 국가를 회피하기 위한 조치도 취해야 한다. 아직까지 중국은 미 해군을 이길 수 있을 만큼의 해군력을 갖추고 있지 못하다.

즉, 중국은 미국을 설득할 필요와 가능한 다양한 문제를 통해 초점을 희석시킬 필요 사이에 위치해 있다. 여기에서 북한이라는 존재는 완벽한 완충 지대일 수 있다. 그러나 평양에 기대는 것은 어떤 선택 사항도 되지 못하고 있다. 미국이 평양에 기대하는 관심이 큰 만큼, 중국은 미국을 돕는 입장을 취해야 하기 때문이다.

이것은 힘의 위치가 아니라 중국의 근본적 취약성에서 나온 전략이다. 중국의 내부적 모순은 경제 번영이 내부 불안정성을 만들어 내는 반면, 안정성은 그들의 번영과 양립할 수 없다는 것이다. 이러한 복잡성이 중국이 안고 있는 문제의 근원이다. 따라서 중국은 체제를 안정시키면서, 가능한 한 번영을 유지하기 위해 노력하고 있다.

사회적 격변 없이 고성장 국가에서 저성장 국가로 이동한 일본과 달리, 중국은 행운을 누리지 못할 수도 있다. 일본은 균질하고 사회적으로 통합된 사회인 반면, 중국은 동질성이 부족하고 상반되는 차이점으로 통합되지 않은 사회이기 때문이다. 중국의 세계 전략에는 이러한 모순이 늘 투영되어 있어, 기회에 대한 위험성이 다른 국가보다 월등하게 큰 위험성이 존재하고 있다.

이러한 중국의 현실과 향후 세계적 흐름을 볼 때, 우리는 앞으로 4가지를 예측할 수 있다.

첫째, 시진핑 주석은 안정성을 확보하고 갈등의 원인을 해결하는 데 그의 거대한 권력을 집중할 것이다. 덩샤오핑 시대는 중국이 부유해지는 데 도움이 되었다. 하지만 연안 지방만 내륙보다 훨씬 더 큰 이익을 얻었다. 이것은 번영기에는 이것이 큰 문제가 되지 않지만, 경제성장이 둔화되는 시기에는 간과할 수 없는 문제가 된다. 최근 이 문제는 공산당에게 큰 위기감을 주고 있다. 시진핑은 이러한 위험성을 인식하고 현재 위험에 처해있음을 잘 알고 있다. 지금까지 위험을 완화하는 그의 방식은 권력을 지역으로부터 중앙으로 이동시키는 것, 그리고 정치적, 사회적 반대를 억누르는 것이었다.

시진핑은 2020년까지 농촌 빈곤 퇴치를 계획하고 있다. 이를 위해 그는 인프라 개발을 가난한 지역으로 유도하여 성장을 도왔다. 외국의 자본 유입을 촉진하기 위해 중국은 보다 통일된 국가 투자 환경을 조성할 것이다. 좀 더 구체적으로 말하자면, 시진핑은 외국인 투자자가 참여할 수 있는 분야를 전체 국가 목록으로 작성하여 중앙 정부가 각 지방 정부 및 지방 자치 단체의 경제 관리자들을 보다 효율적으로 통제할 수 있도록 할 계획이다. 이로 인해 해외 투자는 연안 지역의 외부로 향하도록 장려된다.

지난 2년 동안 시진핑은 중국의 내륙에 대한 투자를 장려해 왔다. 중국내 자본의 해외로의 유출에도 제한을 걸고 있다. 실제로 지금까지 연안의 부유 계층과 투자자들은 해외의 유명 스포츠 팀이나 호텔과 같은 외국 자산에 돈을 투자하여 중국내 자본 부족을 초래해왔으며, 중국인민은행은 위안화 안정을 위해 외국 자산을 매각해야만 했다. 그러나 이제 외국에 대한 투자는 전략적 산업에서 기술을 습득하거나, '원 벤트, 원 로드'와 같은 프로젝트에만 지원할 수 있다.

둘째, 시진핑은 필리핀을 중국의 영향권으로 끌어 들여 중국의 해양 부문의 취약성을 보충하려는 시도를 계속할 것이다. 남중국해와 동중국해는 일본에서 인도네시아까지 이어지는 일련의 작은 섬으로 둘러싸여 있다. 이와 관련하여 중국이 생각하는 주요 위협은 미국이다. 남

중국해와 동중국해의 지형은 해군을 봉쇄하는 데 매우 이상적이다. 중국은 이러한 사실을 잘 알고 있다. 그러나 중국은 미국을 정확하게 예측할 수 없고, 해군 또한 미 해군과 대치할 준비가 되어 있지 않다. 따라서 중국이 유일하게 실행 가능한 전략은 인도네시아에서 일본으로 뻗어있는 군도를 구성하는 국가 중 하나와 정치적 편의를 도모하여 비교적 안전한 통로로서의 해로를 사용하는 데 있다. 다만 그러한 국가 중 일본과 대만은 중국과 협의할 마음이 없으며, 인도네시아는 그나마 가장 적합한 국가지만 역사적으로 중국과 오랜 갈등을 빚어왔다. 말레이시아는 인도네시아와 필리인에 의해 가로 막혀 태평양으로 진출하는 문제를 해결하지 못하고 있다. 따라서 필리핀이 중국을 위한 유일한 실용적 선택이다. 필리핀은 남중국해에서 우수한 출구를 제공하고 동중국해에서 사용할 수 있는 길을 제공할 수 있다. 중국이 필리핀과 협의에 이를 수 있다면 이것만이 유일한 해결책이 될 것이다. 따라서 시진핑과 트럼프가 필리핀 로드리고 두테르테Rodrigo Duterte 대통령에게 경쟁적으로 어떤 인센티브를 제공하는 지를 유심히 지켜봐야 할 것이다.

셋째, 중국은 내륙에서의 경제 활동을 창출하기 위해 다국적 기업들에게 인센티브를 제공할 것이다. 소비 경제를 창출하고 불안정성을 최소화하기 위해 시진핑은 생활수준 향상을 중국 연안 너머까지 확대해야 한다. 이것은 중국의 내부 자원만으로는 불가능하다. 이로 인해 중국으로의 확장을 모색하는 중소기업뿐만 아니라 다국적 기업에게 중국은 큰 기회를 열어 줄 수 있다.

넷째, 2050년까지 중국은 군사력을 극단적으로 확대할 것이다. 정교한 핵 능력과 재래식 군사 능력을 갖추고 있음에도 불구하고, 중국이 미국처럼 군사력을 전 국경과 국경 너머까지 확대하기에는 군사 자산이 절대적으로 부족하다. 예를 들어, 중국은 완벽하고 완전한 항모 전단을 갖추고 있지 않으며, 대륙간 탄도 미사일을 탑재한 핵 잠수함도 없다. 중국이 최근 공개한 최첨단 전투기 또한 수적으로 열세에 있으며, 전투 능력 또한 보장된 바가 없다. 더군다나 이 또한 러시아 제트 엔진 기술에 의존하고 있다. 그러나 향후 33년간 중국은 러시아와 미국의 군사력과 경쟁이 치열한 부문에서 기술을 습득할 수 있게 될 것이다. 미국을 비롯하여 한국과 일본, 나토 분석가들은 이미 이러한 미래를 예측하고 있다.

세계 무역 대전: 중국 vs 세계

중국이 세계를 대상으로 경제 대전을 선언했다는 점은 여러 정황상 확실한 것 같다. 그리고 그 상대국들은 반격을 준비하고 있다. 중국의 전략과 목표는 무엇인가? 미국을 위시한 나머지 국가들은 어떻게 효과적으로 이 전쟁을 치르게 될까?

클린턴, 부시, 오바마 행정부 모두 중국 지도자들과 협의와 대화를 추구했지만, 중국이 세계를 대상으로 경제 대전을 선포한 것은 확실한 것 같다. 수십 년 동안 미국의 정책입안자들은 이러한 협의와 대화가 중국 정부로 하여금 이기적이고 불공정한 중상주의mercantilist 경로에서 후퇴할 것으로 믿고 기대했다. 그러나 이제 객관적 분석에 따르면 이 접근 방식은 실패한 것이 분명하다. 중국은 무역 파트너 국가들이 요구하는 개혁보다는 소위 '혁신-중상주의 전략'을 더 적극적으로 추진 중이다. 정책이나 경제 활동에 대한 중국의 일부 사과에도 불구하고, 최종 게임은 분명해 보인다.

한 경제 보고서에서, 미국의 IT싱크탱크Information Technology and Innovation Foundation, ITIF는 중국의 '혁신-중상주의'의 철회를 위해 훨씬 더 적극적이고 광범위한 동반자 동맹이 필요하다고 주장하고 있다. 목표는 WTO가 만들어질 때 계획된 진정한 시장 기반, 원칙 기반의 글로벌 무역 시스템을 복원하는 것이다.

왜 오늘날과 같은 상황이 되었는지 이해하려면, 중국의 최근 역사를 고려할 필요가 있다. 2015년, 중국 시진핑 총리는 중국을 '자체 기술의 주인'으로 만들겠다는 목표를 천명했다. 이것은 중국 기업이 중국 소비자를 대상으로 모든 기술 제품과 서비스를 생산할 것이라는 의미였다. 이것은 지난 20년간 중국 경제 정책의 진화에서 나온 것이다. 2000년대 중반까지 중국의 경제 개발 전략은 주로 해외 직접 투자foreign direct investment, FDI를 유치하고 다국적 기업들이 중국에 생산 기지를 건설하도록 유도하는 것이었다. 이러한 생산은 대부분 전통적인 제조업에 집중됐다. 이 과정에서 중국은 조직적인 통화 조작, 기업에 대한 막대한 보조금 제공, 수입 제한, 중국에서 제품 판매를 원하는 기업의 강제 현지 생산 요구 사항 등 목표 달성을 위한 일련의 불공정한 전술을 활용했다.

이 전략은 2006년 중국이 '중국식 혁신', 소위 '중국 주식회사' 개발 모델로 전환함에 따라 변화를 맞게 됐는데, 이 새로운 개발 모델은 선진국의 혁신 기반 산업의 중추 기업들을 대상으로 중국 기업들을 성장시키는 데 중점을 둔 것이다. MLP로 불리는 중국의 국가 중장기 과학기술 발전 전략(2006~2020년)National Medium-Term and Long-Term Program for Science and Technology Development을 보자. MLP는 현대 중국 경제 전략이 사실상 모든 선진 산업에서 절대 우위를 갖추게 됐다고 선언했다. 이는 비교 우위라는 개념을 근본적으로 거부했다. 비교 우위의 개념은 각 국가들이 그들에게 가장 효율적인 제품이나 서비스를 생산하고 그 남은 것을 무역으로 해소한다는 것이다. 대신 중국의 목표는 상품 제조뿐만 아니라 항공기, 반도체, 컴퓨터, 의약품과 같은 첨단 기술 제품 모두를 스스로 지배하겠다는 것이다. 궁극적으로 중국 정책 입안자들은 중국 시장에 첨단 기술 제품과 서비스를 공급하는 데 있어 자급자족을 원한다. 동시에 기술 수출과 해외 투자를 위한 세계 시장에 자유롭게 접근하여 이익을 얻고, 해외 기술을 중국 회사의 노하우로 통합해 취득하길 원한다. 이에 중국은 자국내 산업을 지원하기 위해 이러한 산업 부문에서 외국 경쟁자를 차단하는 전략을 점차적으로 추구하고 있다.

이러한 목표를 위해, 중국은 외국 경쟁자들을 희생시키면서 중국 생산자들에게 불공정하게 혜택을 주는 '혁신-중상주의 관행' 전략을 추진 중이다. 이러한 관행의 사례는 다음과 같다.

- 시장 접근에 대한 조건으로 강제적인 자국내 생산 및 기술과 지적재산권 이전 강요
- 외국의 지적 재산권 무단 이용
- 특정 산업 분야의 중국 시장으로의 접근 축소, 혹은 거부
- 기술 표준 조작
- 국영 기업에 대한 특별 혜택
- 외국 기업이 라이선스를 할인해 팔도록 강요하는 변덕스러운 법적 소송

- 희토류와 같은 희귀 자원에 대한 기업 차별(중국내 소재 기업에게만 허용) 및 접근 제한
- 해외 기술 기업 인수에 대한 정부 보조금 지급

이러한 관행의 의도는 너무나 명확하다. 외국 기업의 희생으로 자국의 이익을 극대화하는 것이다. 2015년 미국의 세계 무역 적자의 60%는 중국과의 교역에서 발생했다. 같은 해, 미국의 중국산 완제품 수입은 같은 해 중국으로 수출한 총액의 6배에 달했다. 또한 2015년 미국-중국 교역에서 10대 첨단 기술 분야의 중국 제품 수출은 1조 1,200억 달러로 미국의 7,520억 달러 수출보다 50%가 더 큰 규모였다. 더욱이 이러한 10대 첨단 기술 분야의 전체 무역에서 중국은 3,540억 달러의 흑자를 미국은 3,570억 달러의 적자를 기록했다. 2009년부터 2015년까지 중국의 흑자 규모는 128% 증가한 반면, 미국의 적자 규모는 166%나 증가했다. 이러한 변화는 제조 상품의 전세계 미국의 점유율 변화와 일치하고 있다.

실제로 미국 제품의 세계 수출 비중은 2000년 18%에서 2015년 12%로 급감했으며 중국 점유율은 같은 기간 6%에서 24%로 4배 이상 급성장했다. 이것을 절대 수치로 표현하자면, 2000년 미국은 6,500억 달러를 수출했는데 이는 같은 해 중국의 2,200억 달러 수출의 거의 3배였다. 그러나 2014년, 중국이 2조 2,000억 달러를, 미국이 1조 2,000억 달러를 수출함으로써 중국의 수출이 약 2배 더 커졌다.

교역에 관한 OECD의 한 연구는 중국의 대미 무역 흑자는 '어느 나라가 수출과 수입에 들어가는 부품과 서비스를 제공하는가'에 따라

계산하면 4분의 1로 줄어든다고 지적했다. 그러나 그럼에도 불구하고 지난 15년 간 미국과 중국의 교역에는 심각한 불균형이 초래됐다.

중국의 혁신-중상주의 정책에 효과적으로 대처하기 위하여, 미국 정책 입안자들은 '중국 주식회사'가 서구의 민주주의 자본주의와 다르다는 점을 인정하기 시작했다. 대부분의 경제학자들이 가정한 것과는 달리, 중국은 근본적으로 6가지 요소가 다르다.

1. 중국의 성장 전략은 중상주의에 근거한다. 이는 수출을 지향하고 수입을 제한함으로써 성장을 추구한다는 것을 의미한다. 물론 이것은 중국만의 전략은 아니다. 많은 아시아 국가들이 이 전략을 통해 경제를 성장시켰다. 그러나 중국은 이들 아시아 국가들과는 다르다. 그러한 이유로 이 전략은 이제 중국만의 독특한 전략이 되었다.

2. 중국의 최종 전략은 중상주의 그 자체가 아니라 자급자족에 있다. 중국 정부는 철강, 조선을 비롯한 수많은 전통 산업, 우주 항공과 컴퓨터, 반도체와 같은 신흥 산업 모두에서 자급자족을 추구한다. 따라서 자유 무역의 기초가 되는 비교 우위의 원칙과는 다른 접근법으로 이해해야 한다.

3. 중국의 초점은 산업 구조를 고부가가치 산업 구조로 변환시키되, 이 과정에서 모든 것을 중국 기업이 해야 한다는 데 있다. 싱가포르, 아일랜드와 같이 외국 기업과 병존하는 일부 국가와 달리 중국에게 있어 해외 기업은 기술 이전을 위한 과도기적 단계에서 필요한 존재이다.

4. 시장 지향적인 민주주의와 달리 중국은 국가와 시장이 잘 분리되지 않는다. 중국 경제의 주요 구성 요소인 SOE뿐만 아니라 수많은 민간 기업들도 중국 정부의 영향에서 자유롭지 않다.

5. 중국만이 유일하게 '법의 지배'가 부족한 국가는 아니다. 그러나 유사한 다른 국가와 달리, 중국은 제제하기가 쉽지 않은 국가다. WTO와 같은 국제기구에서도 중국에 대한 제제나 명령은 원활하지 않다. 예를 들어, 중국 정부는 외국 기업의 시장 접근과 교환되는 기술 이전을 공식적으로 규정하지 않았다고 주장한다. 그러나 이러한 요구 사항은 비공식적으로 체계적으로 시행되고 있는 것이 사실이다. 그래서 중국을 기소하기란 쉬운 일이 아니다.

6. 중국은 큰 국가다. 국내 총생산이 세계에서 두 번째로 큰 경제이고 인구면에서는 세계에서 가장 큰 국가다. 이러한 크기는 두 가지 방식으로 나타난다. 첫째, 시장 규모가 너무 크기 때문에 다국적 기업이 중국 시장에서 쉽게 벗어날 수는 없다는 것이다. 중국 당국자들도 이러한 점을 잘 알고 있다. 둘째, 중국의 규모가 크다는 것은 중국의 정책이 많은 국가들에게 큰 영향을 미친다는 것을 의미한다. 태국과 같이 작은 국가들이 중국과 같은 정책을 펼칠 수는 없다. 즉, 중국이 어떤 유형의 정책을 활용할 때, 이는 세계 무역 체제의 근본적인 위협이 된다는 것이다.

이러한 사실에 근거했을 때, 우리는 앞으로 4가지를 예측한다.

첫째, 트럼프 행정부는 다음과 같은 중국의 경제적 위협에 대한 중요한 현실을 인지하게 될 것이다.

1. 중국은 매우 큰 국가이고, 중국의 혁신-중상주의 정책은 매우 심각한 사안이기에 미국은 이를 무역 정책의 주된 중점 사항으로 다뤄야 한다.

2. 중국의 전략은 근본적으로 중상주의 정책이되, 최종 목적은 자국내 생산, 자국내 공급의 자급자족이다. 이는 중국이 앞으로 첨단 기술 혁신 산업에 매진한다는 것을 의미한다.

3. 중국이 자국의 이해만을 중심으로 하는 혁신-중상주의 정책을 추진하면 미국을 비롯한 다른 국가들의 기업들이 생존하기 어려운 환경이 도출된다. 이는 국제 협약에 의거하여 권한을 가진 기구들이 적극적으로 해결해야 할 사안이다.

4. 중국이 공정성, 상호주의, 투명성을 포함하는 국제 규약을 위반하는 경우 미국과 유럽 연합, 일본 등 민주주의 시장 경제를 유지하는 국가들이 연대하여 이에 대처하지 않는다면 WTO가 기반하는 자유 시장주의 원칙을 중국은 준수하지 않을 것이다.

5. 중국과의 윈-윈 경제 및 무역 관계는 규칙 기반, 시장 결정, 기업 주도 무역 활동의 틀에 근거한 경우에만 가능하다. 이것은 한 국가가 아닌, 같은 목표를 지닌 국가들과 함께 힘을 합칠 때 가능하다.

둘째, 새로운 현실을 감안할 때 미국은 다음과 같은 전략을 바탕으로 2020년까지 새로운 방향을 정할 것이다.

- 중국의 혁신-중상주의 정책 및 관행에 대한 포괄적인 세부 사항을 면밀히 조사 작성하고, 문제를 해결하기 위해 자유 시장주의 원칙을 지키는 국가들과 협력해 WTO에 어떤 요소와 규칙이 새로 추가되어야 하는지를 결정하는 것.
- 중국의 혁신-중상주의를 완벽하게 다룰 수 있는 새롭고 개선된 규칙을 개발하는 것.
- 이후 중국과의 모든 협의에 이 새로운 규칙이 포함되도록 하는 것.

셋째, 2021년까지 미 행정부와 의회는 중국 경제 전략에 효과적이고 조정된 대응을 하기 위해 연방 정부 조직을 개혁할 것이다. 이러한 조치에는 다음과 같은 사항이 포함될 것이다.

- 국가정보위원회National Intelligence Council내 '산업정보국Industrial Intelligence Unit' 설치
- 각 정부간 대응을 개발하고 조정할 국가안보위원회NSC내 감독관 설치
- 미국 무역 대표부 사무소 내 외국 정부의 정책과 관행을 확인하는 부서 신설(산업계 전문가, 변호사 및 기타 전문가, 경제학자들로 구성)
- 전 세계적으로 미국의 지적 재산권 네트워크와 무역 파트너십을 확장

넷째, 2020년까지 미국은 중국 혁신-중상주의와 경쟁하기 위한 보다 강력한 프로세스를 구축할 것이다. 이러한 조직 개혁에는 중국의 혁신-중상주의 정책에 대응할 새로운 접근법과 프로세스가 다음과 같이 수반될 것이다.

- 중국의 혁신-중상주의를 분석하고 이의 제기를 위한 주요 정책 수립
- 추가 행정 및 입법 조치
  : 지적재산권 침해에 대한 대응(해당 중국 기업에 대한 금융 제재 등)
  : 지적재산권 보호에 대한 보다 강화된 외교 정책 행동
  : 지적재산권 침해에 대한 책임 소재 추적
  : 불공정 관행으로 피해를 입은 기업 지원
  : 비 시장경제국에 대한 무역법 조정(지적 재산권 통제 포함)

사우디아라비아가 미국에서 에너지를 수입하는 일이 일어날까?

석유수출국기구OPEC가 전 세계 에너지 시장을 지배한 지 45년 만에, 이제 미국이 시장의 주도자로 확고하게 자리매김을 하고 있다. 북미 에너지 혁명이 이제 본격적인 가속화의 길에 들어섰기 때문이다. 미국의 에너지 시장은 어디를 향하고 있는가? 세계 경제에 미치는 영향은?

미국이 세계 유가를 책정하는 시대가 올 것인가? 사우디아라비아가 미국에서 에너지를 수입하는 일이 일어날까? 미국의 에너지가 북미 대륙 산업 분야 제조비용의 효율성을 세계 최고 수준으로 달성하게 도와주는 일이 가능할까? 미국의 대외 정책이 페르시아만에서 일어나는 어떤 일에도 의존하지 않는 세상도 상상해보자. 러시아와 사우디아라비아와 같은 원유 기반 국가들이 21세기를 살아가길 희망한다면 다각화되고 근본적인 개혁을 추진해야 하는 상황이 올 것인가?

이러한 상상은 1973년에서 2013년 사이의 경제적 사실과 가정에

얽매여 있는 사람들에게는 믿을 수 없는 일일 것이다. 그러나 아마도 이러한 상상이 실현화될 수 있고, 그 실현은 대부분의 사람들이 이해할 수 있는 것보다 더 빨리 다가오고 있다. 4년 전, 〈워싱턴 포스트〉지는 친환경 에너지가 화석 연료를 쓸모없게 만들고, 석유와 가스 생산자를 '고립된 자산'으로 밀어낼 것이라고 이야기했다. 또 다른 이들은 미국의 석탄은 조만간 '나쁜 기억'이 될 것이라고 예측했다. 이들의 예측이 반드시 틀렸다고 보진 않지만, 실현화까지는 아직 요원하다.

그리고 이들과 달리 40년 전, 전문가들이 이미 미국의 셰일층에 갇힌 엄청난 에너지에 대해 이야기해왔다. 다만 북아메리카의 혈암퇴적물에 갇힌 이 에너지는 채굴 비용 대비 매력적이지 못했고, 석유수출국기구OPEC의 우월적 경쟁성이 유지되는 한 큰 변화는 일어나지 않을 것이라는데 이견은 없었다. 더군다나 게임에서 예측할 수 없었던 와일드카드는 '친환경 에너지 이데올로기'의 무한한 공약이었다. 이 공약으로 인해 미국은 그동안 셰일을 이용한 에너지 시장 지배에 대한 비전을 실현하는 데 주저했고, 해당 업계를 절름발이가 되게 몰아넣었다. 다행히, 이러한 이데올로기가 약화되고, 셰일 에너지에 대한 기술적 장애물이 사라지면서 새로운 미래가 밝아오고 있다.

리서치 회사 '리스타드 에너지Rystad Energy'에 따르면 미국은 2018년까지 원유 생산량을 최소 10% 이상 늘려 1일 1,100만 배럴bbl(1,741,790,000ℓ)을 생산할 것으로 전망된다. 그리고 셰일층에서 원유 추출이 더 급증하면 미국은 마침내 주요 원유 생산국 러시아와 사우디아라비아를 왕좌에서 밀어낼 수 있게 된다. 석탄과 천연가스까지 고려한다면 미국은 이미 세계 최고의 에너지 생산국이다. 하지만 1975년 제럴드 포드Gerald Ford 대통령 이후 원유 부문에서는 세계 최고가 아니었다.

리스타드Rystad가 설명한 바와 같이, 수압파쇄fracking(프랙킹) 혁명은 미국을 에너지 강국으로 만들었고 트럼프 대통령은 이에 대한 규제를 없애고 미국 내 셰일을 추가 개발함으로써 그 변화를 더욱 가속화하겠다고 약속했다. 이러한 변화는 석유에 대한 미국의 해외 의존, 특히 격동하는 중동산 석유에 대한 의존을 종식시킬 것이다.

이 변화의 중요한 변곡점은 사우디아라비아가 주도하는 석유수출국기구가 2015년에 시작한 부당한 가격 전쟁에도 불구하고 미국의 석유 생산 기반이 붕괴되지 않은 시기였다. 석유수출기구의 목적은 셰일이나 다른 원유 생산국들의 시장 점유율을 잃게 하는 것이었다. 이 전략은 원유 공급 과잉으로 원유가 배럴당 110달러에서 26달러로 떨어지는 원인을 제공했다.

이러한 매우 낮은 가격은 텍사스와 노스다코타, 그리고 그 밖의 다른 지역의 셰일 회사들을 위축되게 만들었다. 즉, 미 에너지정보국US Energy Information Administration에 따르면 미국의 국내 생산량은 2015년 4월 정점에서 11% 하락한 2016년 9월 하루 850만bbl 수준으로 축소되었다. 그러나 많은 파산과 상당한 실업이 수반되는 해당 산업계의 고통스러운 사태 이후, 더 꾸준한 셰일 드릴링 산업이 발생했고 이 산업은 더 우량한 재원을 확보한 회사와 세계적 수준의 비용 구조로 인해 튼튼한 자리매김을 하고 있다.

현재 서부 텍사스 중질유 가격은 배럴당 65달러로, 미국은 세계에서 가장 지배적인 생산국이 되었다. 이로 인해 미국 석유 산업은 중국이나 인도처럼 성장하는 전 세계 시장에 에너지를 공급하는 데 있어 기존 경쟁자들을 압도할 수 있는 능력을 갖추게 되었다. 이러한 변화는 미국에게 180도의 전환을 의미하고, 그 여파는 전 세계적이다. 이는 미국의 에너지 안보에 기여할 뿐만 아니라 세계 시장에 새로운 에너지를 공급함으로써 글로벌 에너지 안보에 기여하고 있다.

셰일과 같은 단단한 암석에서 원유를 비용 효과적으로 채굴할 수 있는 기술적 진보는 채굴 붐을 일으켜 약 10년 만에 생산량이 2배로 늘어날 수 있게 됐다. 이로 인해 노스다코타와 뉴멕시코의 몇몇 지역이 세계 최고 수준의 석유 허브로 탈바꿈되었다. 그리고 텍사스를 가로지르는 새로운 파이프라인이 건설되고 있는데, 이를 통해 비용 효율적으로 석유가 중국, 인도 및 다른 시장을 향한 유조선으로 이동할 수 있다는 의미가 된다.

2017년 기준 미국 내 생산량은 하루 평균 930만bbl로, 미 에너지부는 2018년 1130만bbl을 기록하여, 1970년의 기록을 뛰어넘을 것으로 예측하고 있다.

이미 2015년에 40년 동안의 수출 금지 조치가 해제된 이후, 미국산 석유의 수출은 하루에 약 2백만bbl까지 증가했다. 이는 석유수출국기구 회원국 이상이다. 2016년 미국은 먼저 수출에 필요한 해로를 테스트했다. 이후, 2017년 파이프라인과 도크 기반 시설이 빠르게 성장했고, 미국산 경질유 구매가 이뤄졌다. 그리고 외국과 미국 내 원유의 가격 폭이 넓어지면서 해외 수출은 더 늘어났다.

한때 미국 원유의 구매자였던 캐나다는 이제 유럽과 아시아의 정유 회사와 경쟁하고 있다. 미국 원유에 대한 중국의 선호 또한 매우 높다. 2018년 4월, 중국은 처음으로 캐나다보다 더 많은 원유를 구입했다.

현재 미 에너지부는 2019년 미국 내 생산량이 하루 50만bbl이 증가할 것으로 전망하고 있다. 세계적 경제 붐이 유가를 배럴당 70달러로 밀어 올리면 생산량은 더 늘어날 것이다.

세계 경제와 석유수출국기구에 대한 더 큰 그림은 다음과 같다. 미국은 높은 생산력, 기술의 우월성, 타의 추종을 불허하는 파이프라인, 정유 및 저장 인프라에 힘입어 전 세계 유가에 한계(상하선)를 설정해두고 있다. 왜 그럴까? 전문가에 따르면 최근 석유 가격이 배럴당 60달러 이상으로 올라갈 때마다 미국의 시추가 시작된다. 이것은 지난 1년 동안 미국 전역의 시추 장비 대수가 3분의 1 이상으로 증가한 이유를 설명한다. 이러한 시추 작업은 미국 및 심지어 전 세계 에너지 재고량을 보충하고, 과도한 가격 상승을 막아준다. 향후 20년 내에 페르시아 만에 큰 전쟁이나 유사한 혼란이 일어나지 않는 한 원유 가격이 천정부지로 치솟는 일은 이제 거의 구경하기 힘들 것이다.

이에 앞으로 다음과 같은 6가지 예측을 내려본다.

첫째, 미국의 원유 수출량은 적어도 2025년까지 계속 상승할 것이다. 미 에너지정보국Energy Information Administration 통계에 따르면 미국은 40년 동안 지속된 석유 수출 금지가 해제된 이후 2년 만인 2017년 10월에 하루 170만 bbl의 석유를 수출했다. 이것은 미 연방법이 캐나다를 제외한 대부분의 지역으로 석유를 운송하는 것을 금지했던

2015년의 4배에 해당한다. 주목할 만한 것은, 수출 금지 해제가 다음 3가지와 동시에 일어났다는 점이다.

- 석유수출기구와 러시아가 산출량을 줄이기로 한 합의
- 원유 수요가 증가하는 세계 경제의 강세
- 미국의 달러 약세로 인해 해외 바이어를 위한 미 원유가의 하락

그리고 원유가 더 높은 가격을 형성하면, 미국 생산자들은 웨스트 텍사스와 뉴 멕시코의 퍼미안 분지Permian Basin와 같은 셰일 지대에서 더 많은 원유를 추출해 수익을 올릴 수 있다. 제한 조건만 없다면, 전 세계의 수많은 셰일 오일을 더 발견할 수도 있다.

에너지 조사 기관 클리퍼데이터Clipper Data에 따르면, 미국은 2017년에 캐나다 다음으로 중국(16.5%), 영국(11.3%), 네덜란드(8.4%)에 원유를 수출했다. 아직까지 석유수출국기구에게는 다행이지만, 미국의 구식 파이프라인, 선적 터미널과 도크는 여전히 낡아 보완이 필요하다. 더군다나 미국 수출업자는 여전히 작고, 덜 경제적인 유조선 혹은 복잡한 운송 수단을 사용해야 하기 때문에 비용이 추가되는 상황이다. 이러한 조건들이 미국의 수출 증가 속도에 당분간 제한을 가할 것이다.

둘째, 향후 10년 내 사우디아라비아는 연간 1,200만 톤의 액화 천연가스를 수입할 것이고, 그중 대부분은 미국으로부터 수입될 것이다. 미국 천연가스는 세계에서 가장 비용 효율적인 발전용 에너지원이 되었다. 이러한 비용 우위 덕분에 사우디아라비아는 발전소 에너지를 석유에서 천연가스로 바꿀 수 있다. 이로 인해 사우디아라비아는 더 많은 원유를 수출용으로 돌릴 수 있다. 사우디아라비아 국영석유회사

아람코Saudi Aramco는 미 휴스턴에 본사를 둔 액화 천연가스 개발사 텔루리안Tellurian Inc.의 지분 취득에 대해 협의를 진행하고 있다. 이들은 이와 별도로 미국의 거대 석유 가스 매장지 페미안 분지와 이글 포드Eagle Ford에서 석유와 가스 자산을 구매하는 방법에 대해서도 문의하고 있다. 미국의 석유 및 가스 생산 자산을 인수하려는 노력은 사우디아라비아에게는 에너지 분수령이 될 것이다. 수십 년 동안 세계 최고의 원유 수출국이었지만, 미국 생산량 붐이 이들 왕국을 흔들고 세계 원유가를 압박하기 때문에 막대한 석유 매장량을 통한 수익에만 의존하는 것을 재고하게 만들고 있기 때문이다.

셋째, 북미 에너지 혁명으로 인한 효과적인 '가격 상한선'이 세계 경제 성장을 이끌 것이다. 당분간 원유가 배럴당 50달러에서 65달러의 범위를 유지할 것이란 점을 안다면 수요 곡선이 급격히 바뀔 것이다. 미국 셰일 생산자들이 배럴당 35달러에서 40달러에 수익을 얻는다면, 공급 증가는 계속 강화될 것이다. 향후 기업, 소비자, 정부 모두 낮은 에너지 가격으로 혜택을 볼 수 있다. 전 세계의 소비자, 기업 및 정부는 수 조 달러를 절약하고, 절감된 비용을 기술 개발 투자, 임금 상승, 제품 및 서비스 가격의 하락에 기여할 수 있을 것이다.

넷째, 환경주의자들의 비난에도 불구하고, 화석 연료는 여전히 지금부터 32년 동안 미국 에너지 수요의 약 80%를 충족시킬 것이다. 대부분의 전문가들은 풍력, 수력, 태양 및 바이오매스가 2050년에 미국 에너지 수요의 10~15%를 제공할 것이라고 믿는다. 그러나 그렇게 되지는 않을 것이다. 피크 오일의 신화를 강조하는 것이 화석 연료를 대체하려는 이들에게 아주 중요했을 것이다. 그러나 풍부하고 접근 가

압력을 받고 있는 OPEC

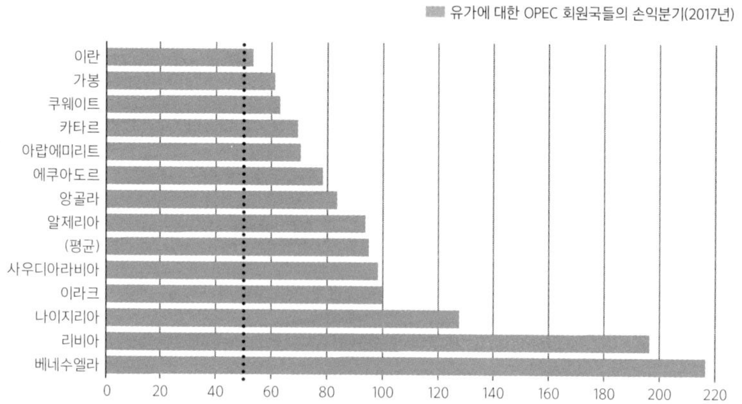

출처 : IMF, 세계은행, RBC 캐피탈 마켓, 불룸버그

능한 화석 연료가 이들이 주장하는 기한 내에 오일 피크에 이르지는 않을 것 같다.

다섯째, 핵에너지는 2050년 이후, 화려하게 재등장할 것이다. 토륨 및 액체 금속 열교환기에 기반하는 소규모 핵분열 기술이 21세기가 끝나기 전에 전력 생산에 있어 화석 연료를 대체할 것이다. 현재 우라늄 핵 핵분열과 관련된 안전 및 핵 확산 위험성에 대한 우려는 여전히 해결되지 않았다. 또한 석탄에 대한 상업적 대안이 되지도 않는다. 그러나 새로운 기술은 이러한 주요 위험 요인을 회피할 수 있다. 핵 융합에 의해 생성되는 전력은 중국과 OECD 국가에서는 활용할 여지가 클지 모르나, 규모의 경제를 달성하기 어려운 세계 나머지 국가들의 경우는 또 다른 이야기가 될 것이다.

여섯째, 향후 25년 내에, 원유에 기반하여 경제를 유지하는 국가들은 개혁을 하거나 사라지거나 둘 중 하나가 될 것이다. 향후 30년간 단기간을 제외하고 유가가 배럴당 100달러를 넘지 않을 것 같다. 이는 러시아뿐만 아니라 대부분의 석유수출국 국가들이 경제를 극적으로 변화시켜야 함을 의미한다. 베네수엘라와 사우디아라비아 같은 국가들의 복지는 지속 가능하지 않다. 모하메드 빈 살먼 Mohammed bin Salman 왕자에 의한 사우디에 대한 광범위한 개혁이 이뤄지는 이유도 여기에 있다. 베네수엘라, 나이지리아, 리비아 같은 국가는 이런 종류의 변화에 필요한 현금 보유량이 없기 때문에 힘든 전망을 피해가기 어려울 수 있다.

전 세계 의료 산업을 뒤흔들 '가치 기반 의료'

유지가 불가능한 비율로 급등하고 있는 미국의 헬스케어 비용! 미 의회 예산국은 이러한 비율로 상정하면 2060년 미국 연방정부의 세수가 사회 보장, 메디케어, 메디케이드에 거의 전액을 써야 한다고 밝혔다. 그러나 새로운 시스템이 대안으로 등장하고 있다. 바로 가치 기반 의료다. 전 세계 의료 산업을 흔들 수 있을 만큼 잠재력이 큰 가치 기반 의료에 대해 알아보자.

지난 50년 동안 게놈 및 생물학 지식의 폭발적 성장은 미국인들에게 수많은 새로운 옵션을 제공했다. 하지만 문제는 전체적으로 비용이 더 많이 든다는 데 있다.

미국의 메디케어&메디케이드서비스센터U.S. Center for Medicare and Medicaid Services에 따르면, 미국의 헬스 케어 비용은 2018년 기준 총 4조 달러에 이르는 것으로 예상된다. 문제에 대한 비난은 모두 제약 산업으로 향했다. 하지만 처방전에 따른 소비자들의 비용은 전체 소비자 지출의 11%에 불과하다.

전문가들은 2025년까지 미국 헬스 케어 상황이 훨씬 더 좋아질 것으로 예측하고 있다. 물론 비용도 그만큼 훨씬 더 들 것이다. 연간 5조6천억 달러 이상이 소요될 것이다. 병원 비용은 그중 약 3분의 1에 해당되고, 그 밖의 전문 의료 서비스에 4분의 1이 소요된다. 그러나 주목할 만한 것은 보험이나 정부행정과 같은 저부가가치 기능도 가장 빠르게 커지는 비용 중 하나라는 것이다.

1980년대 이후, 최고의 분석가들은 이러한 시스템을 손볼 수 있는 방법을 알고 있었지만 선택은 기술 경제의 발전에 따른 황금시대의 도래를 기다리는 것이었다. 그리고 이제 수년 안에, 디지털 기반 기술의 물결이 헬스 케어에 대한 비용 효율성을 높이고, 구조와 정책 변화를 가장 바람직한 방향으로 이끌어 그 영향력을 극대화할 것 같다.

가치 기반 의료는 그러한 새로운 시스템 중의 하나다. 가치 기반 의료란 단기적이고 개별적인 의료 행위별 보상과 이에 따른 결과를 넘어 이를 장기적이고 전체적인 의료비용, 환자 건강상 결과에 초점을 맞추는 것으로 전환하는 개념이다.

하버드대학의 클레이튼 크리스텐슨Clayton M. Christensen 교수는 그의 저술서《파괴적 의료혁신The Innovator's Prescription》과 기타 저술서에서 진정으로 파괴적인 혁신은 처음부터 '서비스를 제대로 받지 못하는' 소비자들의 문제를 해결하는 경향이 있다고 언급했다. 이러한 진입 시장에 진출하면서, 혁신적 기술 혹은 혁신 비즈니스 모델은 규모와 경험, 그리고 범위의 경제가 비용을 억제하는 순간 훨씬 더 좋은 방향으로 약진하게 된다. 그리고 마침내 이 새로운 솔루션이 너무나 비용 효율적이 되면서, 소비자 수요는 이들이 주류 시장에 진입하고 그 시장의 지배적 모델들과 성공적으로 경쟁할 수 있게 한다. 스트리밍 영화, 전자 상거래, 차량 공유, 디지털 사진에서 우리가 목도했듯, 새로운 솔루션은 오랫동안 지배자였던 선두 주자들을 제치고 그들을 대체한다.

블록버스터Blockbuster, 보더스Borders, 옐로우캡Yellow Cab, 코닥Kodak이 그들을 파괴시킨 그 물결을 보지 못했듯, 의료산업의 소수의 경영자들만이 그들 산업에 닥친 파괴적인 경제적 쓰나미인 '가치 기반 의료'에 대해 관심을 갖고 있다. 그렇다면 왜 가치 기반 의료가 새로운 쓰나미가 될 수 있는 것일까? 다음 사례를 보자.

인도의 방갈로르Bangalore에서 심장 외과의들은 성인과 어린이들을 상대로 매일 평균 1,800달러의 비용으로 최첨단 심장 수술을 시행하고 있다. 이 기록은 미국의 평균 심장 수술 비용 9만 달러의 약 2% 수준이다. 그런데 심장 수술의 품질 면에서 볼 때 방갈로르 외과의들의 수술 결과는 세계 최고 수준이다. 고품질 및 저비용에 대한 이 사례는 미국의 거의 모든 산업에 영향을 미치는 파괴적인 혁신의 유형을 정확하게 나타낸다. 따라서 이것은 미국의 의사들과 병원들에게 큰 경보음이 되어야 한다.

현재의 제품과 서비스에 대한 저가의 대안이 도입될 때 사람들은 그것을 '파괴적 혁신'이라고 부른다. 그러나 이렇게 산업 이후의 산업이 등장할 때, 기존 종사자들은 그 대안을 비웃고, 그것의 장기적 영향을 무시한다. 10년 후에 그 대안으로 새로운 기업들이 시장을 지배했을 때 비로소 그들은 자신들이 눈이 멀었음을 알게 된다.

대부분의 미국인에게 미국 이외의 지역에서 그들의 건강이 관리되는 것에 대해, 즉 수술을 받는 등의 의료 행위에 대해 물어보라. 그들은 경멸과 부정적 반응을 보일 것이다. 그들의 마음속에, 미국 이외 지역의 품질과 의료 전문성은 일류가 아니다.

지금까지 미국의 의사와 병원은 파괴의 고통을 겪지 않았다. 그러나 이제 그러한 날이 끝나고 있다. 어쩌면 의료 산업에서 창조적 파괴가 일어나기를 바라는 사람들도 잘못된 방향을 보고 있을 수도 있다. 즉, 대부분의 전망가들은 구글이나 애플과 닮은 기업들 혹은 신생 기업들이 주도하는 파괴를 기대한다. 그러나 의료 산업은 아직 그렇지 않다. 이제는 시선을 전 세계로 옮겨야 한다.

왜 그럴까? 신흥 시장에서 최고 수준의 헬스 케어 기업들이 OECD 국가의 가장 힘든 시장과 유사한 시장을 이미 다루고 있기 때문이다. 예를 들어 인도 대부분의 가정들은 건강 보험 혜택을 받지 못하고 있어, 수술비를 지불하려면 종종 돈을 빌려야한다. 그러나 심장 수술에 1,800달러가 든다면, 인도 가정에서도 충분히 수술을 신청할 수 있다. 그리고 그 수술이 인도 이외의 OECD를 비롯한 전 세계로 옮겨간다면, 이 인도 병원은 세계의 수많은 어린이들에게 혜택을 제공할 수 있다. 비용을 더 줄일 수 있다면 훨씬 더 많은 생명을 구할 수 있다. 이에 나라야나 헬스Narayana Health와 같은 방갈로르 최고 수준의 병원들은 생명을 구하기 위해 헬스 케어를 변형하고 변혁하는 데 매우 주도적이다.

이들이 얼마나 혁신적이고 생산적인지 보자. 보통 하루에, 나라야나 병원 외과팀은 심장 및 심장 이식 수술을 포함하여 성인과 어린

이들을 대상으로 평균 37차례의 심장 수술을 수행한다. 이는 한 달에 약 900건으로, 이는 일반적인 미국의 한 대학병원이 1년 동안 수행하는 수치다. 나라야나 헬스는 어떻게 이러한 일을 가능하게 만들었을까? 그들의 성공은 대규모, 첨단 기술, 그리고 사람과 성과에 대한 집중으로부터 나온 결과다.

수술에서 성공적인 결과를 미리 예측해주는 최고의 지표는 무엇일까? 바로 집도를 담당한 외과의와 그 수술팀의 경험 수준일 것이다. 매일 매일 수행하는 상당한 수술 횟수로 짐작해보건대, 나라야나 헬스의 수술 결과는 매우 탁월하다. 미국인들의 생각과 달리, 전체적인 수술 경험은 최고 수준으로 이러한 수술이 가능한 미국 내 그 어떤 곳보다도 더 탁월하다.

예를 들어, 나라야나 헬스의 의사들은 그들이 자체 개발한 복합 전자건강기록Electronic Health Record, EHR을 사용하고 그 정보는 아이패드에 고스란히 저장되어 있다. 대부분의 미국 EHR 시스템과 달리, 이들의 프로그램은 의사나 간호사들이 최소한의 훈련만으로 이용할 수 있도록 매우 직관적으로 구성되어 있다. 수술실 자체에는 안전하게 보호된 정원으로 연결된 거대한 창문이 있어 자연 채광이 들어오고 창의성을 자극할 수 있도록 설계되어 있다.

병상 모니터링 장비는 중앙 컴퓨터 시스템과 연결되어 있어, 수석 의사들로 하여금 특정 날짜의 잠재적으로 긴급한 의료 문제에 의사가 개입하는 데 시간이 얼마나 걸리는지를 측정할 수 있도록 했다. 미국에서는 야간이나 주말에 대기 시간이 1시간을 초과하는 경우가 종종 있다. 하지만 나라야나 헬스에서는 평균 8분 밖에 걸리지 않는다. 이들이 구현한 파괴적 혁신은 단순히 비용을 낮추는 데 그치지 않고, 더 높은 품질을 제공하는 데 있다.

사람에 대한 병원의 초점도 이미 널리 알려져 있다. 의사, 간호사, 병원 직원들의 흰 코트에는 "어떻게 도와 드릴까요?"라는 글이 수놓아져 있다.

단순히 수술만 탁월한 것일까? 아니다. 성공적인 수술의 배경에는 탁월한 연구 실적이 있다. 나라야나 헬스의 연구시설은 미국 내 최고의 대학병원의 그것들과 필적한다. 완벽하게 '배열순서가 밝혀진sequenced' 수 만개의 DNA 샘플뿐만 아니라, 매일 매일 수술을 통해 나오는 암 조직이 보관되고 내일의 새로운 발견을 위한 연구가 계속 진행된다. 미국의 수많은 연구시설과 달리, 나라야나 헬스의 연구시설은 치료를 수행한 의사의 제안과 질문에 초점을 맞춘, 임상 실험과 결과와 완벽하게 통합되어 있다. 그 내부에는 나노 기술에 중점을 둔 실험실도 있다. 연구실 지하에서는 심장 마비를 예방하기 위한 백신이 개발되고 있다.

그렇다면, 마이애미와 같이 미국의 인구가 집중된 중심에서 가까운 위치에 초저가로 최고의 케어를 받을 수 있다면 어떤 일이 일어날까? 실제로 나라야나 헬스는 2014년 케이맨 군도에 헬스 시티 케이맨 군도Health City Cayman Islands, HCCI라는 병원을 개원했다. 이는 미국에 가깝지만, 규제 제한 지역 외부에 의도적으로 개설한 병원이다.

다트머스대학 터크경영대학원Turk Business School의 '혁신 구루' 비제이 고빈다라잔Vijay Govendarajan 교수는 그의 저술서《헬스 케어의 역방향 혁신Reverse Innovation in Health Care》에서 나라야나 헬스의 설립자

데비 셰티Devi Shetty 박사가 이 벤처 회사를 통해 미국의 헬스 케어 산업에 변화를 촉구하려 한다고 밝혔다. 셰티 박사는 미국의 가장 큰 비영리 병원 네트워크와 파트너십을 맺었다.

셰티 박사는 "세계가 변화하려면 미국이 변화해야 한다. 미국의 정책 입안자들과 싱크 탱크들은 미국인들이 현재 지불하는 것의 일부분만으로 똑같은 효과를 내는 모델을 눈여겨보는 것이 중요하다."고 말한다.

나라야나 헬스는 인도에서 시작된 이 혁신을 HCCI에 옮기고, 미국 가격의 25~40%로 1급 헬스 케어를 제공하고자 한다. 미국 가격의 2~5%에 불과한 인도의 나라야나 헬스만큼 저렴하진 않지만 HCCI의 가격은 미국의 가격보다는 60~75%나 더 저렴하다. 더군다나 이러한 가격으로도 환자의 규모가 커지면, 상당한 수익성을 올릴 수 있다. 개원 후 3년 만에 이미 HCCI는 약 3만 명의 외래 환자와 3,500명의 입원 환자를 기록했다. HCCI는 759번의 심혈관 조영을 포함하여 2천 번의 수술을 진행했다.

가치 기반 의료의 진정한 척도인 품질과 결과는 어떠할까?

HCCI의 결과는 탁월했고 사망률은 제로(0)이며, HCCI는 품질에 대한 또 다른 지표로 국제의료기관평가위원회Joint Commission International, JCI 인증을 받았다. 환자들의 평가도 좋다. 케이맨 군도에서 휴가를 보낸 메사추세츠의 혈관 외과의는 심장 마비로 HCCI에서 심장 수술을 받았다. 그는 이렇게 말했다. "HCCI에서의 치료와 회복은 내가 지금까지 본 것들보다 동일하게 좋거나 그 이상이었다.

이 모델은 미국의 헬스 케어 시스템이 얻고자 노력하고 있는 바로 그것이다."

HCCI는 인도 나라야나 헬스로부터 전파된 수많은 비용 절감 관행의 많은 부분을 도입함으로써 초저가 가격을 달성해냈다. 고빈다라잔 교수는 이를 역방향 혁신으로 언급한다. 비용 구성은 아래와 같이 5가지 요소로 구성된다.

1. 이 병원은 병상 당 70만 달러의 비용으로 지어졌다. 그에 비해 미국은 병상 당 2백만 달러에 이른다. 이렇게 지어진 건물에는 큰 창이 있는데, 자연 채광과 환기를 활용하고 에어컨 비용을 줄여준다. 또한 개방형 집중 치료실이 있어 물리적 공간을 최적화하고 근무 간호사의 수를 줄여준다.

2. 나라야나 헬스는 인도에서 공급업체들과의 협력을 HCCI에도 최대한 활용했다. 대량 구매에 따른 할인으로 더 낮은 가격을 누릴 수 있었고, 이는 HCCI에도 그대로 적용됐다. 예를 들어, 나라야나 헬스는 FDA가 승인한 모든 의약품을 미국에서 동일한 의약품에 드는 비용의 10분의 1로 구입한다. 마찬가지로 HCCI는 미국에서 똑같은 장비를 구입할 때 드는 3분의 1, 혹은 2분의 1 가격으로 장비를 구입한다.

3. HCCI는 인사, 회계, 재정, 의료 기록, 방사선 등의 백오피스 운영을 인도의 저렴하지만 고도로 숙련된 인력으로 아웃소싱한다.

4. 인도의 우수한 의사들이 HCCI로 파견되었다. 이들은 불필요한 검사나 절차를 수행해 부적절한 인센티브를 발생시키지 않는 풀타임 연봉제 직원이다. HCCI의 의사들은 미국 의사들 평균 급여의 약

70%를 급여로 받는다.

5. HCCI는 지능형 제조 vs 구매make-versus-buy 결정을 통해 비용을 절감했다. 예를 들어 HCCI는 높은 가격에 미국에서 수입하기보다는 그들 자체적으로 의료용 산소를 제조한다. 또한 이들은 1.2메가와트 규모의 태양광 발전소를 설치하여 에너지 비용을 40% 절감하고 있다. 방갈로르나 그랜드 케이먼Grand Cayman과 같이 광량이 탁월한 지역에서 이 시스템은 완벽하게 작동한다.

미국의 보험회사들과 경영자들은 HCCI에 관심을 가지고 있지만, 아직까지는 그들의 환자들에게 제공하는 옵션 중 하나로 선택하고 있지는 않다. 그러나 HCCI가 괄목할 만한 의료 기록을 세우고 미국의 헬스 케어 비용이 계속적으로 증가함에 따라 이들도 변화를 모색할 수밖에 없다. HCCI를 활용하여 엄청난 비용을 절감할 수 있기 때문이다. 보험회사들이 환자들과 그들의 동반자들에게 케이먼 군도에서 1주~2주 간의 머무르는 동안 발생하는 본인부담금copay과 여행경비, 숙박지 등의 각종 비용까지 제공하고도 그렇다.

교육 시스템만 별도로 둔다면, 미국 경제에서 그 어떤 분야도 헬스 케어보다 더 변화가 필요한 분야도 없다. HCCI를 방문한 미국 의사들은 이렇게 말한다. "케이먼 헬스 시티가 과도하게 비싼 미국 시스템을 결국 혁신으로 밀어붙이는 파괴자 중 하나가 될 수 있다."

가치 기반 의료의 세계적 추세, 미국 의료 시스템의 고질적인 고비용 구조, 의료 수요의 증대 등 현재의 니즈와 변화의 필요성을 볼 때, 우리는 다음과 같이 3가지를 예측할 수 있을 것이다.

첫째, 2025년까지 '가치 기반 의료'를 선호하는 극적인 정책 변화로 인해 의료 산업에는 새로운 창조적 파괴의 물결이 일 것이다. 고령 인구를 위한 헬스 케어는 앞으로 30년 내에 미국을 비롯한 전 세계의 국가들이 해결해야 할 가장 큰 도전 과제일 것이다. 정책, 방식, 혹은 인구 통계에 변화가 없다면, 현재의 시스템은 유지될 수 없을 것이다. 잘못된 개혁은 앞으로 매년 수천 억 달러의 예산을 쏟아 붓게 만들 뿐이다. 데이터 중심의 매커니즘을 통해 더 저렴한 비용으로 보다 신속한 성과를 보일 수 있는 것이 바로 가치 기반 의료다. 현재의 패러다임은 대량 생산 시대에 맞춰 설계되었다. 이제 이 패러다임은 작은 인구 세그먼트 혹은 개인을 위한 치료가 필요할 때는 더 이상 효과가 없다.

둘째, 빠르면 2019년부터 시작될 변화의 물결이 오마바케어를 가치 기반 의료를 선호하는 정책으로 흐를 것이다. 치명적이지 않은 질병의 경우, 정책은 '의료 보험'을 '하나의 비용으로 모든 서비스를 제공하는 종합 건강 프로그램'으로 대체하는 것을 선호할 것이다. 제3자 지불자를 배제함으로써, 소비자들은 더 적극적으로 가치 기반 의료를 요구하게 될 것이다. 이러한 모델의 미국 최고의 사례는 위치타Wichita에 위치한 아틀라스MDAtlasMD로, 고정 요율로 직접 1차 진료를 제공함으로써 의료비용을 절감시키고 있다. 아틀라스MD에서 환자들은 한 달에 10~100달러 범위의 멤버십 비용을 지불한다. 회원은 전화나 소셜 미디어 채널을 통해 의사와 직접 접촉할 수 있다. 환자들은 본인부담금을 내지 않고, 방문시 추가 비용을 청구받지도 않는다. 의약품은 일반적으로 '알약에 1페니'가 든다. 방사선 판독을 포함한

엑스레이는 회원에게 20~40달러 선이다. 일반적으로 병원 응급실에서는 500~1,000의 비용이 드는 일이다. 치명적인 경우에도, 대부분의 아틀라스MD 회원들은 여전히 저렴한 비용, 높은 공제 금액의 건강 보험을 소지하는 것이다.

셋째, 2025년까지 새로운 미국의 시설들이 HCCI와 같이 외부에서 입증된 비용 절감 비즈니스 관행을 수용하기 시작할 것이다. 고도로 전문화된, 프로세스 기반의 시설이나 기관을 학습함으로써, 자본과 인력 자산의 활용도를 극대화하는 방법을 도입할 수 있을 것이다. 이러한 추세와 새로운 시설들이 필연적으로 전통적인 의료 관행과 병원을 빠른 속도로 대체할 것이다. HCCI 모델이 이미 비용을 대폭 줄이면서도 고품질의 치료를 제공하고 있기 때문이다. 이는 보험 회사들이 HCCI와 같은 미국 근교의 의료 시설에 미국인 환자들을 보내기 시작하면서 더 분명하게 목도될 것이다. 고빈다라잔 교수는 이미 2013년에 이미 언급했듯이, 나라야나 헬스는 미국 가격의 절반에도 못 미치는 가격으로 심장 수술을 제공할 수 있다.

넷째, 2025년까지 미국은 무역 정책을 활용하여 혁신에 대한 인센티브를 파괴하지 않으면서 의약품 비용은 대폭 낮출 것이다. 해답은 의약 국제특허에 대한 강화와 특허를 활용하여 자국내 가격 통제를 시행하고 있는 국가들에 대한 압력 혹은 협상에 있을 것이다. 미국의 비롯하여 OECD의 부유한 국가들은 거대한 자금과 인센티브를 통해 신약 개발 등에 큰 성과를 거둬왔다. 그러나 특허 회피 혹은 국제 특허법의 맹점을 이용하여 다른 국가에서 이러한 성과를 저렴하게 이용할 수 있었던 것도 사실이다. 이런 면에서 미국은 제일 큰 부담을 감수해왔다. 그리고 그러한 부담은 미국인들이 비싼 약값을 치르는 결과로 나타났다. 한 연구에 따르면, 각 국가들이 처방 의약품에 대한 모든 가격 통제를 해제하면 제약 연구 개발 투자의 증가로 인해 2030년까지 연간 8~13개의 신약이 나올 것으로 예측된다. 트럼프 행정부는 무역 협상에서 미국의 지적 재산에 대해 문제를 제기하고 있다. 결과는 더 지켜봐야 할 것이고 트럼프에 대한 세계의 인기는 계속 저점이겠지만, 무역 상대국과의 협상에서 무역 대표부가 '이 문제를 해결하는 것'을 최우선으로 하고 있다는 사실에 주목하면 새로운 협상 결과가 나올 수 있다.

| 마인드빌딩의 한마디 |

트렌드는 자신만의 방향성과 속도를 찾는 철학적인 물음의 한 조각이다

트렌드trend를 자유자재로 읽고 쓰고 만들고 하는 일들을 우리는 독창적이라고 한다. 독창적인 것들은 대부분 알고 나면 쉽지만 따라 하기는 힘들다. 왜일까? 그것은 열심히 한다는 말과 실제로 열심히 한 행위와의 차이에서 발생한다. 열심히 한다는 말은 말이지 실행을 기반으로 하지 않아도 된다. 부동산 투자 책이 인기다. 주변에 돈을 많이 벌었다는 말들이 많다. 그 말들 속에 나도 편입되고 싶은 마음에 금방 부자가 되는 방법이나 아파트로 몇 억 원을 금방 벌 수 있다는 책들을 보게 된다. 그 책들이 그렇게 많이 팔리는 데도 부자가 되었다는 사람들은 찾기가 쉽지 않다. 책에는 있는 사람들이 왜 현실에는 쉽게 찾을 수 없을까? 그 물음에 대한 답을 찾는 길이 결국 자기만의 트렌드를 찾는 길이지 않을까?

매년 연말이면 트렌드 책들이 출간된다. 트렌드의 원뜻은 경향이나 추세이다. 경향이나 추세를 다시 해석하면 방향이나 속도라고 말할 수 있다. 책들 속에는 다양한 방향성과 속도가 있기도 하지만 너무 친절하거나 밋밋한 설명들로 실망하기도 한다. 비슷한 생각들 속에서 자신만의 지향점과 의미를 찾을 수가 없다. 모두가 비슷한 속도나 같은 방향을 향한다면 그것이 트렌드일까? 잘 다듬어진 트렌드 책을 읽다보면 만족감은 크지만 자신이 가야할 방향성을 잃어버리고 모두가 가야하는 방향을 내 것인 양 착각하게 된다. 회사에서 보고서를 어렵게 쓰고 나면 일이 다 이루어진 듯한 착각을 하는 것과 같다.

지식 정보로 볼 것인지, 실행을 위한 기준을 마련할 것인지, 색다른 시야를 확보할 것인가는 자신이 쌓아온, 혹은 혁신해 나갈 자신 안에 답이 있다. 지식 정보로서의 트렌드 책보다는 자신에게 질문과 물음이 많아지는 인문적 트렌드 책을 만들고 싶었다. 《와이즈 트렌드》는 많이 거칠어서 읽다보면 비포장도로를 달리는 것처럼 흔들리게 된다. 35가지의 흔들리는 다양한 길을 걷다보면 자신만의 방향과 속도를 발견할 것이다. 트렌드의 주인공은 자신이다. 자신만의 트렌드를 찾는 길은 넓고 거칠다. 그 길의 한 조각을 드리고 싶었다.

마인드빌딩 경영책임자 서재필

와이즈 트렌드

초판 1쇄 발행 2018년 12월 1일

지은이 〈트렌즈〉지 특별취재팀
번역 권춘오
펴낸이 서재필
기획책임자(CPO) 심미정
표지 디자인 이샘(studio SAM)
본문 디자인 designforme
인쇄제본 김용문 · (주)상지사P&B
용지 우승헌 · (주)타라유통

펴낸곳 마인드빌딩
주소 경기도 고양시 덕양구 도래울로 86, 309-601
출판신고 2018년 1월 11일 제395-2018-000009호

이메일 mindbuilders@naver.com
블로그 blog.naver.com/mindbuilders
페이스북 www.facebook.com/mindbuildings

ISBN 979-11-963390-5-0 03320

이 도서의 국립중앙도서관 출판예정도서목록(CIP)은 서지정보유통지원시스템 홈페이지(http://seoji.nl.go.kr)와 국가자료공동목록시스템(http://www.nl.go.kr/kolisnet)에서 이용하실 수 있습니다. (CIP제어번호: CIP2018037213)